VOYAGE PITTORESQUE

DANS LE BRESIL.

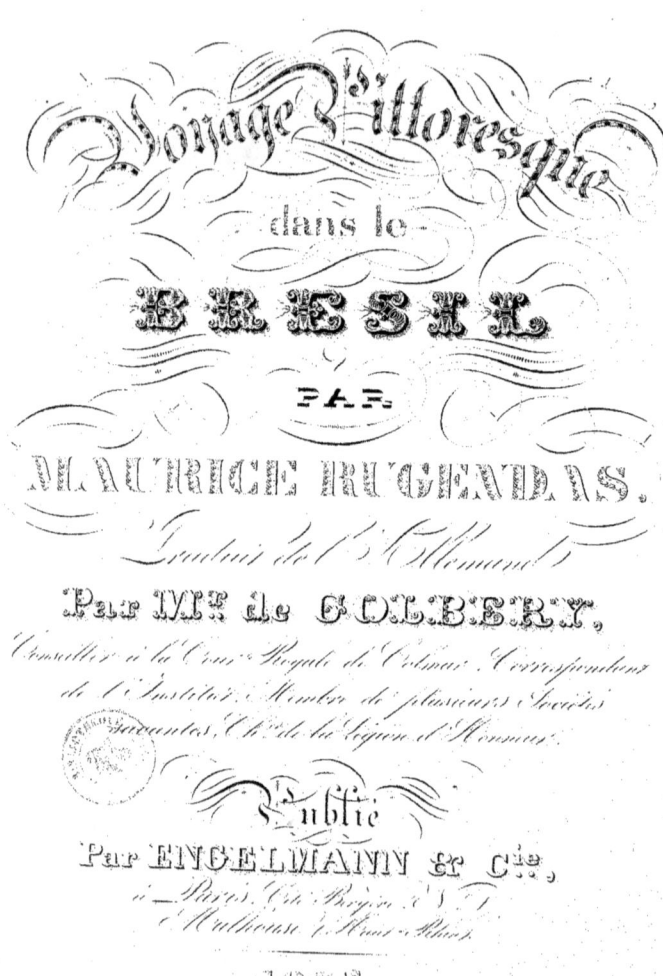

Voyage Pittoresque dans le BRÉSIL par MAURICE RUGENDAS.

Traduit de l'Allemand

Par M. de GOLBERY,

Conseiller à la Cour Royale de Colmar, Correspondant de l'Institut, Membre de plusieurs Sociétés Savantes, Ch.er de la Légion d'Honneur.

Publié

Par ENGELMANN & Cie,

à Paris, Cité Bergère, N.º 1,
à Mulhouse (H.t Rhin).

1835.

VOYAGE PITTORESQUE
DANS LE BRÉSIL.

PAYSAGES.

Le pays tel qu'il se présente à l'œil du voyageur, les caractères distinctifs que l'on aperçoit dès le premier aspect, les développemens de ces particularités que le dessin ne saurait indiquer, enfin la détermination de divisions territoriales, que nous appellerons pittoresques, par opposition à celles de l'administration politique; voilà tout ce que doit renfermer ce premier cahier.

Si nous recherchons les causes et les circonstances qui ont opéré ces divisions pittoresques, nous les retrouverons évidemment dans les variétés du climat et du sol. Ces variétés exercent en même temps une si grande influence sur les rapports politiques et statistiques de ces contrées, que leur connaissance facilitera beaucoup notre tâche, lorsque nous aurons à nous occuper plus spécialement de ces objets.

Dans ce coup d'œil sur la disposition géographique du Brésil six divisions principales s'offrent à nos regards. Ce sont les régions du fleuve des Amazones, du Paraguay, du Parana, de la côte du sud, du San-Francisco, et enfin du Parahiba ou de la côte du nord. Les trois premières n'appartiennent pas au Brésil en entier, mais pour la plus grande partie; elles reçoivent leurs limites de plusieurs chaînes de montagnes. Il est vrai que la région des Amazones forme plutôt l'une des principales divisions de l'Amérique méridionale et du versant oriental des Andes; néanmoins la plus grande portion de cette région est comprise dans le Brésil. En ce sens, voici quelles sont ses frontières naturelles : au nord, une chaîne de montagnes qui, sous différens noms, s'étend de l'ouest à l'est, sépare ce territoire de celui de l'Orénoque, et sert en même temps de frontière au Brésil vers Colombie. Ces monts, appelés Serra-Parime, Serra-Pacarayna, Serra-Tumucumaque, envoient aux Amazones un grand nombre de rivières. La plus digne d'être citée est celle de Rio-Negro, qui, au moyen du Cassiquiare, joint l'Orénoque à la rivière des Amazones.

Au sud et à l'est une autre chaîne enveloppe la province des Amazones, et la sépare de celles du Paraguay, du Parana et du San-Francisco. Cette chaîne commence aux confins du Haut-Pérou, se dirige au sud-est jusqu'au 20.ᵉ degré de latitude, puis tourne au nord-est jusques vers le 10.ᵉ degré, où elle se brise en deux branches qui, formant un demi-cercle, renferment le bassin du Parahiba. C'est cette chaîne qui fournit à la rivière des Amazones les affluens les plus considérables : nous citerons le Rio-Madeira, le Topayas, le Xingu, l'Uraguay et le Tocantin. Cette immense région, qui dans sa plus grande largeur a 22 degrés et tout autant de longueur, se rétrécit de plus en plus vers l'est. Le plus occidental de ses fleuves, coulant du sud au nord, est séparé des provinces de la côte du nord et du Rio-de-San-Francisco par la partie septentrionale de cette chaîne, que nous pourrions qualifier d'intérieure. La première de ces deux provinces renferme une multitude de fleuves qui du sud au nord s'écoulent dans la mer : nous ne nommerons que le Parahiba, qui est le plus important. Ses frontières, à l'ouest vers les Amazones, et vers le San-Francisco au sud, sont formées par le demi-cercle de montagnes ouvert par la chaîne principale de l'intérieur. A la vérité, le San-Francisco se jette dans la mer à l'est, néanmoins son cours se dirige principalement du sud-ouest au nord-est, et la province qu'il nomme est divisée de celle de la côte d'orient, d'abord par la portion de la chaîne intérieure qui suit la même direction, puis par la seconde ligne parallèle des montagnes du Brésil et par leurs embranchemens. Cette seconde ligne, que nous appellerons celle de la côte, part de l'extrémité méridionale du Brésil, puis, sous différens noms, elle suit le rivage jusqu'au Rio-San-Francisco, où elle fait un coude à l'ouest, ce qui l'éloigne un peu de la côte ; enfin, se tenant à peu près à pareille distance et de cette côte et de la chaîne intérieure, elle se replie au nord-est, traçant ainsi la frontière qui divise la province du San-Francisco de celle de la côte orientale : la première a de plus pour limite méridionale une branche de communications entre les deux chaînes. Ce que nous avons dit, suffit pour faire connaître les limites de la seconde, elle comprend ainsi l'espace laissé entre la mer et la seconde chaîne, qui lui envoie beaucoup de rivières, tant dans la direction de l'est que dans celle du sud-est. Dans presque toute sa longueur cette province maritime est coupée par une chaîne de montagnes qui est aussi parallèle à la côte : on l'appelle Serra-do-Mar ; elle ne divise point le cours des eaux, mais elle ouvre des passages à celles qui viennent de l'intérieur.

Les limites des régions du Paraguay et de Parana résultent aussi en grande partie de ce que nous avons dit; car au nord et à l'ouest elles sont tracées par la portion occidentale de la chaîne intérieure, par la portion méridionale de la seconde chaîne, et enfin par la branche de jonction de l'une à l'autre. Un chaînon des montagnes intérieures vient courir au sud du Paraguay pour le séparer de la province de Parana; et quant à la limite occidentale du Paraguay, c'est encore une branche de ces montagnes intérieures; mais cette branche qu'elle envoie vers le sud, ne fait plus partie du Brésil, et en général les frontières de cet empire du côté du Rio-de-la-Plata et du Haut-Pérou sont tracées par des fleuves, et croisent ainsi les divisions naturelles des provinces en bassins.

Comparons maintenant les divisions politiques à celles de la nature.

L'immense région des Amazones compose la plus grande partie des provinces de Para, Mato-Grosso et Goyaz. Celle de la côte du nord forme aussi la plus grande partie des provinces de Maranham, Piauhi, Seara, Parahiba et Rio-Grande-do-Norte. La région du San-Francisco forme la province de Pernambuco et presque toute celle de Minas-Geraes. La région de la côte de l'est, outre le reste de Minas-Geraes, forme les territoires de Sergipe, Ilheos, Porto-Seguro, Espiritu-Santo, Rio-Janeiro, une partie de San-Paulo, Santa-Catharina, et Rio-Grande-de-Sul. Quant au Paraguay, il englobe la partie méridionale de Mato-Grosso; enfin le Parana est réparti entre le sud de Goyaz, San-Paulo et Rio-Grande-de-Sul.

On ne peut méconnaître dans l'ensemble une certaine coïncidence des frontières naturelles et politiques. On la retrouve plus particulièrement dans la série des petites provinces qui se sont formées en bandes étroites sur la côte de Santa-Catharina à Seara, comme pour répondre au cours des rivières qui se jettent ici dans la mer. Cette série n'est interrompue que par la province de Pernambuco qui compose la partie inférieure ou septentrionale du grand bassin de San-Francisco. A l'ouest de Seara les grandes provinces de Maranham et de Piauhi répondent aux deux fleuves les plus importans de la côte du nord: enfin, des limites très-incertaines et marquées seulement de lignes droites très-arbitraires, dessinent dans l'immense région des Amazones, si peu connue encore, les provinces très-étendues de Mato-Grosso et de Para. Sous ce point de vue les anomalies les plus frappantes sont celles que nous offrent les provinces de Minas-Geraes et de San-Paulo; mais elles s'expliquent quand on considère que leur existence politique et leurs frontières sont dues principalement à l'extension des mines d'or que l'on trouve sur les deux versans des montagnes de la côte. C'est ainsi que cette chaîne, qui partage le cours des eaux entre la côte d'orient et San-Francisco, au lieu d'être aussi la limite entre Minas-Geraes et les provinces de la côte, se trouve presque au milieu de la première, destinée à être exclusivement la province de l'or. A certains égards on en peut dire autant de San-Paulo, et en général les divergences qui dans l'intérieur existent entre les limites naturelles et politiques, sont le résultat des expéditions des habitants de cette province, pour conquérir des esclaves et de l'or : d'ailleurs de ce côté la plupart des montagnes sont peu élevées.

La conformation générale du pays exerce une double influence sur son aspect pittoresque. D'abord, à raison de la hauteur, de la coupe des montagnes, de leur nombre et de leur disposition envers la plaine; en second lieu, au moyen du climat et de la végétation. Les parties les plus élevées du Brésil ne sont pas celles où il y a le plus de montagnes, mais celles où il y a le plus de collines. A ne considérer les choses que sous le point de vue pittoresque, on serait fondé à dire que les Andes sont les véritables montagnes du Brésil, et cela serait vrai aussi en géographie et en géologie, mais elles sont entièrement en dehors de notre horizon et des limites politiques de cet empire. Si par la pensée nous rapprochions des Andes les montagnes de la côte et de la chaîne intérieure, celles-ci en seraient comme les glacis avancés : mais ce qui imprime au Brésil un caractère si singulier, c'est précisément l'immense intervalle qui divise ses Alpes, c'est-à-dire les Andes, de leurs lignes antérieures de la côte. Cet intervalle énorme, qui comprend la plus grande partie du Brésil, les Amazones, le Paraguay, Parana, San-Francisco, est moins une plaine élevée qu'un amas sans fin, une suite confuse de collines. La plupart égalent en hauteur les premières chaînes de montagnes; elles ont de trois à quatre mille pieds. C'est du sein de cette mer que sortent à l'ouest les chaînes qui, d'abord peu sensibles, s'élèvent par degrés et forment de ce côté la frontière de l'empire : ce n'est qu'en approchant de la côte qu'elles prennent une attitude plus prononcée, non que, comparée au niveau de la mer, leur hauteur gagne beaucoup, mais des deux côtés les collines s'abaissent de plus en plus, eu égard à ce même terme de comparaison, sans que leur hauteur relative en soit dérangée. Cet abaissement progressif détermine le cours des rivières, et probablement aussi c'est ce cours qui a déterminé la disposition des collines. Un coup d'œil sur la carte et sur la direction des fleuves suffit pour nous faire apercevoir cette pente dans la région des Amazones; elle s'incline vers le nord, au septentrion et à l'est de la chaîne que nous avons qualifiée d'intérieure; et de l'autre côté elle descend insensiblement vers le sud jusqu'à la mer; tandis que du côté de l'est, les Alpes antérieures, qui bornent ces régions et San-Francisco, sont assez près du littoral, et s'élèvent brusquement du sol.

Nous manquons encore d'observations suivies pour déterminer l'état géologique des montagnes du Brésil; mais on s'accorde à y reconnaître les formations primitives, et principalement le granite, qui néanmoins se transforme en schistes micacés ou en gneis, au moyen de l'adjonction plus ou moins considérable de mica. Cela paraît être arrivé plus particulièrement dans l'intérieur du pays, tandis que vers la côte, à Rio-Janeiro par exemple, le granite domine. La terre proprement dite, celle qui recouvre le roc, est une argile rouge; mais sur la côte, et surtout sur celle du nord, à l'embouchure des Amazones, du Parahiba, du San-Francisco, il s'est formé des dépôts considérables de sable et de terreau.

Sur la côte, et dans les parties basses qui avoisinent les fleuves, le climat est en général humide et chaud; dans les montagnes, au contraire, et dans l'intérieur, il est sec et frais. Le thermomètre donnait pour terme moyen dans les plaines 26° 30′; dans les régions ordinaires, 15° 20′ de Réaumur. La saison des pluies commence en Octobre et finit en Mars.

Ce que nous avons dit suffit pour rendre compte des différences que présente l'aspect des côtes, des rivages de fleuves, des montagnes et des collines; mais selon que le voyageur pénètre dans le pays, en venant de la côte du nord ou de celle de l'est, la disposition de ces tableaux change. S'il vient de l'est, il aperçoit dans le lointain les formes hardies des montagnes granitiques, qui tantôt s'éloignent, tantôt s'approchent de la mer, et qui, à Rio-Janeiro, s'étendent jusque dans ses ondes. Pour arriver d'ici à la région des collines supérieures, il faut que le voyageur gravisse plusieurs chaînes de rochers avant d'atteindre aux montagnes escarpées que nous avons appelées Alpes avancées des Andes. Il n'est pas besoin alors qu'il redescende beaucoup pour se trouver dans la région intérieure des collines. Il en est tout autrement quand on vient de la côte du nord, ou plutôt de toute l'étendue de côtes comprises entre le Rio-de-San-Francisco et les Amazones. Le littoral y est ou plat, marécageux et sablonneux, ou garni de simples collines; et l'on peut parcourir les immenses régions des Amazones, de Parahiba et même de San-Francisco, sans franchir de montagnes remarquables; on passe d'une série de collines à l'autre, jusqu'à la naissance des fleuves, jusqu'aux cimes peu élevées de la chaîne intérieure, dont la hauteur au-dessus de la mer est cependant égale à celle des plus grandes montagnes de la côte orientale, où elles vont aboutir. Cette transition progressive depuis la côte aux points les plus élevés du pays, communique la même gradation aux variations du climat et de la végétation, tandis que ces variations pour le voyageur qui arriverait par exemple de Rio-Janeiro, seraient à la fois très-subites et très-prononcées. En général, dans le Brésil le climat et la végétation se gouvernent plus selon la disposition du pays que selon les divers degrés de latitude, et dans les cantons situés de même, il y a peu de différences locales entre les provinces du nord et celles du sud; c'est la hauteur au-dessus du niveau de la mer, c'est la proximité des fleuves et des eaux qui les produisent. On trouve sur toutes les rives, tant de la mer que des fleuves, la végétation de forêts qui peu à peu rejoignent celles qu'on peut appeler primitives; mais elles se perdent à mesure qu'on s'avance vers l'intérieur, et vers la source des fleuves elles disparaissent aussi de leurs bords. Enfin, là où la côte maritime est hérissée de rochers, comme la portion méridionale de celle d'orient, et là où elle se compose de marais et de dunes, comme cela arrive au nord, il n'y a point non plus de forêts. A Pernambuco, Seara, Rio-Grande, Maranham, etc., il faut s'avancer de plusieurs journées de marche vers l'intérieur des terres pour en trouver; au contraire, elles sont à peu de distance du rivage entre Santa-Catharina et Sergipe, et bientôt on rejoint les forêts natives, de sorte que la région que nous avons appelée de la côte orientale, offre à la fois et les plus belles formes de montagnes et la plus active végétation. En ce qui concerne les modifications apportées au caractère d'un pays par les ouvrages de l'homme, il faut remarquer que la plupart des plantations occupent au bord des rivières l'espace laissé vacant par les forêts, tandis que les collines de la région intérieure sont animées par des métairies éparses, par des troupeaux et par l'exploitation des mines.

Passons maintenant à une description plus particulière des diverses régions du Brésil.

Le littoral, premier objet qui frappe l'attention de l'Européen, offre des divergences si grandes, qu'il est impossible de le comprendre dans une seule description générale. Au sud de la côte orientale, où les montagnes et les forêts primitives se rapprochent de la mer, les paysages présentent sur le second plan, ou même immédiatement au-dessus de la mer, les masses vigoureuses et pyramidales des formations primitives, et le long de leurs bases se dessinent en vert foncé les forêts vierges qui les accompagnent; mais là où, serrant la côte, les montagnes plongent leurs roches dans l'onde même, le rivage est nu ; seulement on voit çà et là quelques groupes de palmiers-cocos à tige grêle et élancée ; de limpides ruisseaux se précipitent du sein d'anses sauvages et boisées, et sur leurs bords il y a des cabanes éparses de pêcheurs ou des petites plantations. Si, moins abruptes et moins rocailleuses, les montagnes se retirent du rivage pour faire place aux forêts primitives qui couvrent leurs flancs moins escarpés, la lisière de ces forêts, d'un vert obscur, et qui sont surmontées des pointes du roc, est elle-même entourée d'une ceinture d'arbres d'une moindre proportion : là sont des palmiers de la petite espèce, des lauriers, et plus près du rivage encore ils font place à un grand nombre de buissons à fleurs odorantes et à des plantes vivaces.

L'espace laissé par cette guirlande, dont les fleurs ceignent la forêt primitive, est sablonneux, et le bord de la mer est dépourvu de végétaux élevés : en revanche il y a beaucoup de plantes rampantes, qui se distinguent soit par la couleur de leurs fleurs, soit par la forme de leurs feuilles. L'herbe jaunâtre, dure et piquante du rivage, se rencontre partout ; il y a néanmoins de vertes prairies, surtout à l'embouchure des fleuves : parfois aussi on voit des lagunes entourées de bancs de sable ou de marais, dont les buissons et les roseaux sont impénétrables. Ajoutez-y des groupes de palmiers et la vue de la mer, et vous aurez achevé ce tableau des côtes près de Rio-Janeiro, où la Serra-do-Mar se présente dans sa plus grande élévation et s'approche le plus du rivage. La première planche offre à la vue la Praya-Rodriguez au sud de Rio-Janeiro.

Plus les montagnes s'écartent du rivage et s'abaissent vers le nord, en se perdant au milieu des collines intérieures, plus la côte devient nue et sablonneuse. Souvent le voyageur, pendant plusieurs journées, ne trouve que d'humbles collines de terre glaise ou de véritables déserts de sables mouvans, ou bien des herbes desséchées. Il y a de distance en distance des arbres d'un vert foncé, dont la feuille touffue a la consistance du cuir. Rarement on rencontre des citernes d'eau saumâtre, ou bien, sur le bord de rivières laissées à sec, quelques cabanes misérables, dont les habitans osent à peine espérer de survivre à la faim qui les menace, tandis que leurs bestiaux décharnés demandent en mugissant une nourriture et un breuvage qui leur sont refusés. Çà et là on voit parmi le sable des accidens singuliers de rochers, dont les formes, ainsi que les débris des coquillages mêlés au sable, permettent de croire que la mer s'étendait sur ces contrées ; et même, dans la saison des pluies, l'eau les couvre encore. Ce n'est qu'au bord des grands fleuves, et plus loin vers l'intérieur, que ces déserts se changent en forêts et en *campos* d'une riche végétation, tandis qu'à l'embouchure des Amazones ils font place à des marais immenses et impénétrables.

Il n'est pas plus possible de donner une description qui convienne généralement à tous les rivages des fleuves. D'abord, ainsi que l'assurent MM. Spix et Martius, chacun des grands fleuves paraît avoir sa végétation particulière. Nous attendons avec impatience les détails qu'ils doivent donner dans le second volume de leur intéressant ouvrage, où il sera question des grands fleuves des provinces septentrionales, du Tokantin, du Paraïba, du Rio-Negro et du littoral des Amazones. Cependant ceux de la côte orientale, auxquels nous nous restreignons ici, offrent aussi des différences très-prononcées, selon que leurs bords sont chargés de montagnes, de collines ou de marais; selon que la forêt primitive rejoint leurs eaux, ou fait place à une moindre végétation ou à des plantations : les blanches murailles des habitations sont d'un aspect agréable sous la verdure des orangers, des bananiers et des mangos qui les couvrent, pendant que le grêle palmier agite dans les airs sa cime branlante, et que dans le fond les forêts vierges et les montagnes ferment le tableau.

Quand les rives sont basses, elles sont le plus souvent bordées de buissons impénétrables. Néanmoins les arbres et les arbrisseaux se montrent pour l'ordinaire en grande quantité et de la manière la plus variée. L'abondance de leurs fleurs, la beauté de leurs formes, contribuent beaucoup à donner au paysage un caractère particulier. On y voit la canne uba avec ses fleurs en banderolles; le bambou élancé; les avicennies, les bignonies et d'autres espèces grimpantes, à feuilles abondantes, à fleurs de couleur vive. Devant la nacelle du voyageur, des canards de différentes sortes, des martins-pêcheurs et d'autres oiseaux aquatiques s'envolent de distance en distance, pendant que de beaux hérons blancs se réfugient sur la cime des arbres. Aux endroits où les ondes de la mer sont encore mêlées à celles des fleuves, les rives marécageuses sont chargées de touffes de mangliers, qui toujours jettent leur semence plus avant dans les eaux. Le reflux met à découvert une immense quantité de coquillages, d'huîtres et de crabes, qui recouvrent leurs racines. Souvent les broussailles sont si élevées, que c'est à peine si dans le lointain le voyageur peut apercevoir les cimes des forêts natives ou les sommités des montagnes; car ce n'est que rarement que ces forêts vierges touchent immédiatement à la rivière. Notre seconde planche, qui représente l'Inhomerim dans la baie de Rio-Janeiro, peut donner une idée de ce genre de paysages. Les fleuves se fraient souvent une route à travers les montagnes, et se précipitent en cascades nombreuses. Plus haut ils arrosent les collines dégarnies de l'intérieur, et là leurs rivages sont nus, ou bien ils n'ont que des broussailles du genre des saules.

Les forêts natives forment la partie la plus intéressante des paysages du Brésil; mais c'est aussi la partie la moins susceptible de description. En vain l'artiste chercherait un point de vue dans ces forêts, où l'œil pénètre à peine au-delà de quelques pas; de plus, les lois de son art ne lui permettent pas de rendre avec une entière fidélité les variétés innombrables des formes et des couleurs de la végétation dont il est entouré. Il est tout aussi impossible d'y suppléer par une description, et l'on s'abuserait beaucoup si l'on croyait pouvoir y parvenir par une nomenclature complète ou par une répétition fréquente d'épithètes, qui seraient ou inintelligibles ou peu précises. L'écrivain se trouve resserré par les règles de la saine raison et par la théorie du beau dans des bornes aussi étroites que le peintre lui-même, et il n'est donné qu'au seul naturaliste de les franchir. Si l'on veut établir une comparaison entre les forêts vierges du Brésil avec les plus belles et les plus anciennes de notre continent, il ne faudra pas faire remarquer seulement la plus grande étendue des premières, ou la plus grande élévation des arbres, il faudra encore signaler comme différences caractéristiques les variétés infinies que présente la forme des troncs, celle des feuilles et des branches, puis la richesse des fleurs et l'indicible abondance des plantes inférieures et grimpantes, qui remplissent les intervalles laissés par les arbres, entourent et enlacent leurs branches, et composent ainsi un véritable chaos végétal. Nos forêts n'en fournissent pas même l'image la plus éloignée. Dans les forêts primitives les bois et feuilles sont bien ce qui offre à l'Européen le plus d'analogie avec ce qu'il connaît; mais il en est aussi qui ont un caractère tout particulier. Je citerai le figuier d'Amérique, dont les racines sortent du tronc comme des contre-forts, la cécropia à grandes feuilles pendantes, argentées, les myrtes élancés et les bégones à fleurs d'un jaune d'or. Les nombreuses variétés de palmiers sont entièrement nouvelles pour l'Européen, et sont, ainsi que les arbres de l'espèce des fougères, les enfans d'un tout autre monde. En vain nous essayerions par des paroles de faire concevoir une idée de la grâce et de la beauté de ces êtres que les poètes, dans la disette d'expressions qui puissent les peindre, nous offrent comme étant le terme de la perfection. Plusieurs espèces de palmiers atteignent à une hauteur de deux cents pieds, balançant leurs têtes légères au-dessus des arbres les plus élevés de la forêt. Il y a peu d'arbres à aiguille, et le pin et sa sombre verdure ne se montrent qu'isolés au milieu de cette riche végétation. Ici la nature produit et détruit avec la vigueur et la plénitude de la jeunesse : on dirait qu'elle dévoile avec dédain ses secrets et ses trésors à la vue de l'homme, qui se sent étonné, abaissé devant cette puissance et cette liberté de création.

La nature animale développe aussi d'admirables richesses de formes et de couleurs. Les cimes des arbres sont animées par des troupes de singes, de perroquets et par d'autres oiseaux à plumage varié : les papillons rivalisent, pour la beauté des couleurs, avec les fleurs sur lesquelles ils se reposent; ils ne sont surpassés que par les diamans, les rubis, les émeraudes du colibri, qui puise aux mêmes calices. Les bizarres édifices des fourmis arrêtent aussi le regard de l'étranger. Un bourdonnement continuel et mystérieux vient augmenter encore l'ivresse qui s'empare de lui, et cependant on distingue le claquement de bec du toucan, puis les sons métalliques de l'uraponga, semblables au bruit du marteau sur l'enclume; les cris plaintifs de l'aï, les mugissemens d'une espèce d'énormes grenouilles; enfin, le cri des cicades, annoncent les approches de la nuit. Les insectes luisans répandent des étincelles par myriades; et, comme des spectres lugubres, les chauve-souris, avides de sang, promènent dans l'obscurité leur vol pesant; le rugissement lointain des tigres, le bruissement des fleuves, le craquement des arbres renversés, interrompent par intervalles la solennité du silence.

La nature inanimée elle-même est en harmonie avec ces grandes images offertes par les forêts primitives de la Serra-do-Mar. S'il arrive que d'un point plus élevé ou plus dégagé l'œil puisse s'étendre jusqu'aux montagnes, leurs masses hardies se dessinent sur les chaînes granitiques de l'intérieur; et dans les forêts même on voit souvent des blocs de rochers porter sur leur cime aplatie des parterres des plus belles fleurs. Plus on avance dans ces forêts, et moins il y a d'ouvertures : on peut y marcher l'espace de plusieurs jours, et le ciel se montre rarement à travers les voûtes aériennes dont la verdure recouvre le voyageur. L'ame se sent en quelque sorte fatiguée, oppressée; on réclame la vue du firmament, on veut revoir les constellations qui jusque sur une mer ennemie sont la consolation et l'espérance du navigateur.

Enfin, l'horizon s'agrandit : on quitte pour les collines de l'intérieur la nuit épaisse des forêts; on respire enfin l'air des montagnes, et l'on salue le firmament. Les habitans ont nommé ces contrées *campos geraes*, à cause de leur immense étendue. Ces *campos*, quand on arrive de l'est sur les montagnes, présentent dès l'abord de grandes diversités de terrains, et, semblables aux Alpes antérieures du Tyrol et de la Suisse, elles forment de vastes vallées, où les bois se mêlent aux prairies, où sont des précipices affreux. Notre planche 4 en donne une idée par une vue de la Serra-do-Ouro-Branco. La végétation perd son caractère à mesure qu'on s'éloigne des forêts primitives : celles-ci sont d'abord entourées d'une lisière de bosquets en fleurs, surmontés de palmiers et d'arbres à fougères. On voit des groupes d'arbres à écorce épaisse, à branches séparées et de courbure diverse, à feuilles sèches et d'un vert pâle, et, parmi ces groupes, les formes grotesques du cactus et des pins, dont les branches jettent autour de l'arbre une voûte impénétrable au jour. Ces pins sont du côté des *campos* les avant-postes des forêts vierges, comme les palmiers vers la côte.

Mais, en pénétrant dans l'intérieur, le voyageur dépasse bientôt cette région de bosquets (*taboleiros*) : ils s'éclaircissent ; les grands arbres s'isolent, et des collines riches de gazons et de fleurs se présentent à la vue. Cependant on ne pourrait les appeler du nom de prairies, et leur caractère est tout différent de celui des steppes de l'ancien monde. Il est rare que celles des *campos geraes* soient étendues : le plus souvent on n'aperçoit que les collines dont on est immédiatement entouré ; et, tandis que dans les steppes de l'Asie d'immenses régions appartiennent à quelques familles de végétaux, les *campos geraes* conservent la variété des couleurs et des formes que l'on remarque dans les forêts primitives, ce qui tient lieu de l'agréable verdure des prairies d'Europe. Entre leurs herbes fines, pâles et sèches, de nombreuses espèces de rubiacées et de malpighies couvrent le sol de leurs fleurs variées, tandis que des arbres à fougères s'élèvent parmi les liliacées : les congonhas et les acajous nains forment de petits bois. Le sol est d'une argile dure, couverte de débris de quarz. Des roches parfois traversent cette mer de collines, sous la forme de tours, de murailles et de créneaux ; et, quand les rayons du soleil frappent leurs faces micacées, ces roches brillent d'un éclat superbe : elles arrêtent le cours des fleuves, et les forcent souvent à s'échapper de chute en chute, ou de changer en étangs le fond des vallées.

Le règne animal prend ici un caractère plus calme, et qui fait contraste avec la variété et le mouvement des espèces dans les forêts vierges. De petites troupes d'autruches courent dans les broussailles, tandis que des oiseaux du genre de la poule y cherchent leur nourriture. Sur les cimes se posent le toucan aux ailes variées, le tanagran à couleur rouge, et le cahoa, qui guette les serpens lorsqu'ils viennent dérouler leurs anneaux au soleil. Ce n'est que rarement que des troupes de perroquets, arrivant des forêts ou retournant vers elles, interrompent de leurs cris désagréables le silence des collines.

Le voyageur ne doit s'attendre à retrouver des hommes et des ouvrages humains qu'aux extrémités de ces *campos* : là sont quelques demeures éparses et quelques plantations, ou bien les cabanes de pâtres qui conduisent d'innombrables troupeaux de vaches et de chevaux. De temps à autre on rencontre de longues caravanes de mulets, qui entretiennent le commerce entre les provinces des pâturages et des mines et celles de la côte. Dans la province de Minas-Geraes et dans une partie de celle de Goyaz les excavations et les terrasses produites par l'exploitation de l'or, ajoutent une particularité de plus au caractère général du pays. On voit sur la cinquième planche une partie des *campos* de la province de Minas-Geraes. Le Rio-das-Velhas arrose la contrée, et dans le lointain s'élève la Serra-Coral-de-El-Rey.

Il faut accorder une mention particulière aux marais et aux lacs qui se trouvent dans la partie la plus élevée de l'intérieur du Brésil, et qui, dans la saison des pluies, occupent presque toute la région brésilienne du Paraguay. Ces marais (*pantanaes*) étaient autrefois fréquentés par les habitans de San-Paulo, qui, par eau, et sur le Tiete, le Parana, le Rio-Gardo, le Taguary et le Paraguay, faisaient le commerce avec la province de Cujaba : aujourd'hui ce commerce a lieu par terre, à travers la Serra-Fria et par Minas-Geraes. D'après les descriptions que nous possédons de ces lagunes, des rivières qui en sortent, des îles qu'elles renferment, il paraît que la nature animale et végétale y déploie une richesse particulière. Les nacelles des habitans de San-Paulo naviguaient entre d'immenses plaines de riz; et, sur les bords, de nombreux canaux s'élevaient des touffes de palmiers d'espèces inconnues et d'arbrisseaux fleuris; enfin, l'onde était peuplée d'oiseaux aquatiques, de poissons et de monstrueux crocodiles.

Toutefois nous manquons absolument de notions détaillées sur cette partie de l'intérieur du Brésil, nul Européen encore ne l'ayant visitée ni décrite.

VOYAGE PITTORESQUE
DANS LE BRÉSIL.

PAYSAGES.

La baie de Rio-Janeiro est de forme ovale irrégulière, et présente beaucoup d'anses et de promontoires. Sa plus grande longueur est de cinq lieues, du sud au nord; sa plus grande largeur, de quatre lieues de l'ouest à l'est. On entre de l'Océan dans la baie par un canal plus étroit, ou plutôt par une sorte de vestibule non moins irrégulier, et dont l'issue vers la baie est large d'environ une lieue, tandis que du côté de la mer son entrée est de mille brasses. C'est cette embouchure extérieure de la baie de Rio-de-Janeiro que représente la première planche de ce cahier; elle a été dessinée en pleine mer, à une petite distance de terre. A gauche, l'œil est frappé de la singulière pyramide de rocher du Pao-de-Azucar (le pain de sucre), dont la configuration reste gravée dans le souvenir de tout marin qui a navigué le long de cette côte une seule fois dans sa vie. Au pied du Pain-de-sucre on distingue, sur une langue de terre avancée, les batteries de Saint-Théodose, qui, de ce côté, défendent l'entrée. Vis-à-vis on voit le fort de Santa-Cruz; enfin, entre l'un et l'autre, la petite île da Lagem, également fortifiée, et qui divise l'embouchure de la rade en deux canaux, tous deux dominés entièrement par le feu de ses canons. Dans le fond, entre le fort Saint-Théodose et l'île da Lagem, on aperçoit celle de Villegagnon, couverte aussi d'ouvrages militaires, et plus loin encore l'Ilha-das-Cobras. Quant à la ville, elle est cachée derrière ces deux îles et derrière le fort Saint-Théodose.

Immédiatement après cette entrée, le rivage se retire et s'éloigne des deux côtés pour former deux anses profondes. Celle de gauche, qui suit le bord occidental, porte le nom de Botafogo; elle est limitée au nord par une pointe chargée de collines (Morro-do-Flamengo), derrière laquelle le rivage prend une direction assez droite vers le nord jusqu'à un autre promontoire plus petit et hérissé de rochers

(Morro-da-Nossa-Senhora-da-Gloria); il est ainsi appelé du nom d'une chapelle qui y est bâtie. A partir de là, le rivage se dirige d'abord plus vers le nord; puis il fait une légère courbure vers l'est, où il forme un angle aigu, Punta-da-Calabouço; derrière cette pointe on suit pendant un court espace la direction du nord-ouest, jusqu'à un angle obtus, nommé Morro-de-San-Bento. C'est ici que commence la baie proprement dite, le rivage se retirant vers l'ouest.

La côte orientale forme, immédiatement après l'entrée, qui est représentée par notre première planche, une anse profonde et irrégulière, appelée Sacco; puis une langue de terre rocailleuse à deux pointes. Celle du sud, appelée Punta-da-Nossa-Senhora-da-Boa-Viagem, est ornée d'une chapelle; celle du nord se nomme Punta-da-Gravata. Ce promontoire, avec la Punta-da-Calabouço, qui est précisément vis-à-vis, forme l'entrée vers la rade intérieure, que l'on voit s'élargir bientôt des deux côtés. Le rivage de la baie est montueux, ainsi que celui de ce canal ou vestibule antérieur, et souvent les rochers s'étendent jusqu'à la mer. Toutefois les montagnes du rivage oriental sont en général moins hautes; elles ont des formes moins étonnantes, moins pittoresques que celles du rivage occidental, où l'on remarque surtout l'énorme masse de rochers du Corcovado. Plusieurs fleuves viennent verser leurs eaux dans l'enfoncement de la baie, et forment des bas-fonds sablonneux et marécageux; mais dans le lointain s'élèvent les pointes ciselées de Serra-dos-Orgaos, Serra-de-Estrella. Il y a dans la baie beaucoup d'îles; la plupart sont rocailleuses et peu étendues. La plus grande est voisine du rivage occidental; on l'appelle Ilha-de-Governador. On en a fortifié quelques autres à l'entrée de la baie; elles sont particulièrement destinées à défendre la ville du côté de la mer et à protéger les divers mouillages. Nous compterons parmi ces dernières l'Ilha-da-Lagem, qui est à l'entrée, l'Ilha-de-Villegagnon et l'Ilha-das-Cobras, que nous avons déjà nommées.

La ville de Rio-Janeiro est située sur la côte occidentale, précisément à l'angle qui, de ce côté, termine le col de la baie vers l'intérieur. La plus ancienne et la plus grande partie de la ville est construite sur une petite plaine irrégulière, placée entre deux rangées de collines rocailleuses et sans liaison entre elles. La ligne méridionale va rejoindre la Punta-da-Calabouço, et porte le fort San-Sebastiao; la ligne septentrionale se termine par le Morro-San-Bento. C'est entre ces deux points que l'on aborde communément; on y voit les quais, la place du palais impérial, et vis-à-vis de San-Bento, à une petite distance, l'Ilha-das-Cobras. A l'ouest, cette portion de la ville est séparée par une grande place (le Campo-de-Santa-Anna) du faubourg plus moderne qui porte le même nom; et à l'ouest de ce faubourg, plusieurs petites rivières et un bras de mer ou bas-fond forment une sorte de marais, Saco-do-Alferez, lequel sépare cette portion de la ville des faubourgs les plus avancés, Mata-porcos et Catumbi. On traverse le Mata-porcos sur une route en forme de digue, et l'on passe le pont San-Diogo pour aller au château royal de San-Christovao, éloigné d'une demi-lieue.

Les maisons de la ville vieille s'alignent sur le rivage, selon que le leur permettent les collines rocailleuses qui le bordent; elles s'étendent au sud jusqu'à la chapelle de Nossa-Senhora-da-Gloria, en passant derrière le monticule qui porte le couvent sur sa pointe la plus avancée, regagnant l'anse de Catete, qui n'a point de hauteurs; et plus loin, au sud, le Praia-Flamengo, jusqu'à la baie de Botafogo. Toutefois, c'est à peine si l'on peut regarder comme faisant partie de la ville, Catete et Botafogo; car il y a peu de suite dans les rues qui les unissent, et souvent elles sont interrompues par des jardins et des plantations. Les vallées qui descendent vers le rivage sont aussi liées à la ville par de nombreuses maisons de campagne et par une grande quantité de jardins. La plus agréable est celle que l'on appelle Larangeiros, dans les environs de Catete.

Rio-Janeiro est entièrement dépourvu d'édifices que l'on puisse dire réellement beaux : néanmoins cette ville en a beaucoup qui frappent les yeux par leur grandeur et leur situation. Tels sont par exemple la cathédrale da Candelaria, l'église de San-Francisco, et plusieurs couvens, construits la plupart sur les collines qui s'élèvent dans la ville même. Nous citerons San-Bento, San-Antonio, Santa-Theresia, enfin le château San-Sebastiao, puis d'autres édifices publics, par exemple, le bâtiment de l'Académie et du Musée, et l'Hôtel-de-ville, sur la place Sainte-Anne. Le Palais impérial est un édifice vaste et irrégulier, du plus mauvais genre d'architecture; celui de l'archevêque est d'un meilleur goût. Dans la partie ancienne de la ville, les rues sont étroites, mais régulières; elles se coupent à angles droits, et presque toutes sont pavées et pourvues de trottoirs. Les maisons de ce quartier sont en général hautes et étroites; leur toit est pointu, et rien dans leur construction ne rappelle le climat du tropique. Elles ont presque toujours trois ou quatre étages, et seulement trois croisées de face. Comme les fenêtres sont fort longues, la disproportion qui existe entre l'élévation et la largeur des maisons en devient plus choquante. L'architecture est beaucoup meilleure dans les parties modernes de la ville, et surtout au faubourg Sainte-Anne; les maisons y sont plus basses et les toits moins pointus, et maintenant on y construit plusieurs édifices où règne un très-bon goût. Dans les quartiers les plus laids, au rivage septentrional et dans le voisinage du Saco-do-Alferez, enfin dans les faubourgs de Mata-porcos et de Catumbi, les rues sont fort irrégulières et fort sales. Les demeures ne sont pour la plupart que de misérables huttes jetées çà et là au hasard, ou entassées les unes contre les autres entre les collines et la mer.

Au surplus, le gouvernement actuel travaille avec une grande activité à l'embellissement de la ville par des constructions; mais ce n'est pas sans rencontrer beaucoup de difficultés : partout il faut faire sauter des rochers pour établir des rues nouvelles, des quais, ou pour donner plus de régularité à ce qui existait. La plus utile et la plus importante des constructions de Rio-Janeiro est sans contredit celle de l'aqueduc de Caryoca, terminée en 1740. Cet aqueduc amène de l'eau excellente du Corcovado, qui est éloigné de plus d'une lieue; elle parcourt une partie de cette distance sur des arches fort élevées.

Peut-être n'y a-t-il dans l'univers que la contrée de Rio-Janeiro qui offre dans ses paysages des beautés aussi nombreuses et aussi variées, tant sous le rapport de la forme grandiose des montagnes, que pour les contours du rivage. Par la multitude de ses baies et de ses promontoires, il produit une variété infinie de points de vue vers la ville, vers les montagnes, vers la baie et ses îles, enfin vers la haute mer. La richesse et la variété de la végétation ne sont pas moins grandes. Il est resté dans le voisinage immédiat de la ville quelques groupes de grands arbres de ces forêts primitives qui couvraient autrefois les collines et le revers des montagnes. Dans les vallées plus éloignées et sur les flancs de montagnes qui ne sont pas trop escarpées, ces groupes deviennent des bois plus étendus, au-dessus desquels s'élèvent les cimes de rocs décharnés. Plus près du rivage, les collines et les vallées offrent des plantations de café et des maisons de campagne éparses, qu'entourent des bosquets délicieux et fleuris d'arbres et d'arbustes du tropique. Pour achever le tableau de la végétation de ce pays, on y remarque çà et là quelques groupes de palmiers élancés et d'arbres fougères. Les bas-fonds à l'ouest de la ville, du côté du Saco-do-Alferez, sont couverts d'eau au temps du flux et dans la saison des pluies, et le manglier les couvre, de même qu'on le voit occuper l'enfoncement de la baie et l'embouchure des rivières. Du reste, les rivages de la baie de Rio-Janeiro sont à peu près incultes; il n'y a que quelques plantations éparses en face de la ville, entre Punta-da-Gravada et do Armacem. Là sont sur la plage les villages de Praya-Grande et de San-Domingo, et plus loin le petit village de San-Lorenzo, habité par les descendans de la population primitive du pays.

(17)

Après ce coup d'œil topographique sur Rio-Janeiro, il ne nous sera pas difficile de nous guider dans l'explication des vues que renferme ce cahier.

La seconde planche est une vue générale de la ville dans sa plus grande étendue le long du rivage, depuis le couvent de San-Bento jusqu'à l'anse de Botafogo. A gauche, on reconnaît le Pain-de-sucre et l'entrée de la baie avec le fort San-Theodosio et l'ile da Lagem; puis, en suivant le rivage vers la droite, nous voyons s'avancer en saillie le Morro-Flamengo, la plage de Catete, et plus à droite encore, le couvent de Nossa-Senhora-da-Gloria, en avant duquel on voit, un peu sur la gauche, se détacher les angles des batteries de la Villegagnon. Plus loin, à droite, s'élèvent le Morro et le château de San-Sebastiao, puis la ville proprement dite, où l'on distingue la cathédrale. Au-devant est le mouillage qui s'étend jusqu'au Morro-San-Bento, qui est en quelque sorte couvert par les îles fortifiées das Cobras et dos Rattos. Au-dessus de cette partie de la ville, et derrière elle, on remarque une colline de granit de moyenne grandeur; on l'appelle Caracol, ou l'escargot. Elle se présente isolée dans le voisinage de la maison impériale de San-Christovao, et s'élève du sein de la plaine marécageuse du Saco-do-Alferez. La chaîne de montagnes qui, dans le fond, ferme le tableau, s'appelle Serra-de-San-Christovao; elle se prolonge ensuite vers la gauche, s'avance et rejoint la croupe du Corcovado, qui offre beaucoup de cônes et de crochets, dont quelques-uns cependant portent des noms particuliers. On désigne ordinairement par celui de Corcovado la plus haute pointe de cette chaîne. En ce sens le Corcovado s'élève droit derrière la plage de Catete; sa hauteur est d'à peu près deux mille pieds : et il est éloigné du rivage d'une demi-lieue.

Notre planche 3 représente la ville et la baie, vus du côté de terre; le spectateur est placé près du grand aqueduc de Caryoca, sur l'une des collines qui vont du Corcovado au rivage. Derrière la ville, à l'ouest, et sur la première colline à droite, on aperçoit le couvent de Santa-Theresia, et au pied de cette colline quelques arches de l'aqueduc de Caryoca; dans le fond s'élève le Morro-de-San-Sebastiao avec son château fort, à la gauche duquel se montre le Morro-de-San-Bento et son couvent. Dans le bas on voit s'étendre, au devant de lui, une partie du faubourg et du Campo-de-Santa-Anna, enfin la ville vieille, la cathédrale de Nossa-Senhora-da-Candellaria, et l'église de San-Francisco-de-Paula. Au-delà de ces objets, le mouillage et l'île das Cobras. A gauche de San-Bento, une série de collines cache la partie de la ville située sur le rivage septentrional. Puis on distingue, à gauche encore, le faubourg de Saint-Christophe, et toujours plus loin, à quelque distance du rivage, le château impérial du même nom. Par-dessus la ville on découvre la baie et les îles, et sur le dernier plan, à gauche, la Serra-d'Estrella, à droite, les singuliers crochets de la Serra-dos-Orgaos, qui va se confondre avec la Serra-de-Santa-Anna.

La quatrième planche représente la ville vue de la plate-forme du couvent de Nossa-Senhora-da-Gloria (qui sur la planche précédente est caché par les collines de la droite). A gauche, sur le revers de la colline, est le couvent de Santa-Theresia, et dans le bas on aperçoit la partie de l'aqueduc que la planche précédente montrait en raccourci. Du pied de cette colline la ville s'étend jusqu'au Morro-de-San-Sebastiao. Au-dessus et derrière la ville s'élève le Morro-de-San-Bento, qu'on voit immédiatement à la gauche de la cathédrale. On peut sur chacun de ses côtés distinguer encore une partie du mouillage. A droite du Morro-de-San-Sebastiao, la Punta-do-Calabouço s'avance dans la baie. Une grande partie de la ville vieille est derrière le Morro-de-San-Sebastiao. Le faubourg et le Campo-de-Santa-Anna sont cachés par le Morro-de-Santa-Theresia et par le Morro-de-San-Antonio, sur le penchant duquel est un couvent du même nom. Le grand bâtiment qui est au pied du Morro-de-San-Sebastiao, était autrefois un couvent de femmes; aujourd'hui on en a employé une partie pour y mettre la caserne et l'hôpital. Devant cet édifice est la promenade publique (Passeio publico); elle s'étend jusqu'à la Praya dite das Freyras.

La cinquième planche donne aussi une vue prise de la colline de Nossa-Senhora-da-Gloria; mais cette vue se dirige sur le côté opposé, c'est-à-dire, au sud, sur le faubourg Catete, qui passe à gauche derrière le Morro-Flamengo, et va regagner la plage de Botafogo. A droite s'élève le Corcovado, à la base duquel s'ouvre la vallée dos Larangeiros. A gauche, le Pain-de-sucre termine la série de rochers qui entoure Botafogo.

VOYAGE PITTORESQUE
DANS LE BRÉSIL.

PAYSAGES.

Les cascades de Tijucca forment l'un des points de vue les plus pittoresques des environs de Rio-Janeiro. Le chemin qui y conduit traverse les faubourgs de Mata-Porcos, près du palais impérial de Saint-Christophe, et longe le torrent de Tijucca sur le revers septentrional du Corcovado : tantôt il passe entre de fertiles plantations d'orangers, de bananiers, de café, etc. ; tantôt au milieu de bosquets fleuris et de touffes de plantes grimpantes ; tantôt, enfin, sous des groupes isolés de magnifiques palmiers ou d'arbres à feuillage épais, restes de l'ancienne forêt vierge : à mesure qu'on s'éloigne de la ville et qu'on s'enfonce dans les vallées rocailleuses de ces montagnes, ces arbres deviennent plus fréquens, plus épais, plus vigoureux. A environ une lieue de Rio-Janeiro, un ruisseau se précipite des pointes les plus élevées du mont Tijucca, et jaillit d'une paroi de rocher de la hauteur d'environ 150 pieds : un second ruisseau coulant au sud forme aussi plusieurs cascades, qui ne le cèdent point aux premières en ce qu'elles ont de grand et d'imposant, mais qui lui sont inférieures, sous les rapports pittoresques, et par les objets qui les entourent. La coupe des rochers, le mouvement de l'onde écumante et bouillonnante, ne sont pas moins admirables que dans les chutes d'eau de l'ancien monde. La richesse de la végétation est immense, et la bienfaisante humidité, la fraîcheur de ce lieu, paraissent lui donner une vigueur nouvelle et rehausser encore la magnificence de ses couleurs, de telle sorte que l'éclat des fleurs que l'on voit aux buissons, aux arbres et aux plantes, ne peut être surpassé que par la multitude et la magnificence des papillons, des colibris et d'autres oiseaux au plumage varié, qui cherchent ici un abri contre la brûlante ardeur du soleil.

Un peintre français distingué, M. Thaunay, a construit sur une petite terrasse en face de la cascade son agréable habitation, où demeurent maintenant deux de ses fils, qui vivent dans une solitude et dans un repos dignes d'envie, et jouissent de l'abondance de beautés que la nature a répandues sur ces lieux.

Au pied du Tijucca, du côté du sud, s'étend un assez grand lac, appelé Jaquarepagua; on y voit arriver les torrens des montagnes qui réfléchissent dans ses ondes leurs rochers et leurs forêts, tandis que pendant le flux il est rempli d'eau salée, par l'Océan, auquel il est lié par un étroit canal : au sud-est il est borné par le rocher colossal de Gaviao. Du pied de ce rocher part un chemin qu'en plusieurs endroits des sables profonds rendent difficile, mais qui compense cet inconvénient par des points de vue magnifiques, d'une part sur la mer, de l'autre sur le Corcovado et sur la montagne opposée, appelée Dois-Irmaos (les deux frères); il conduit en passant près du jardin botanique de la *Lagoa das Freitas* à Botafogo, où les beautés pittoresques de ce pays enchanteur se développent avec encore plus de variété. Aussi cette baie, que deux routes unissent à la Catete de Rio-Janeiro, et qui n'est éloignée de la ville même que d'une lieue, est-elle principalement habitée par des Européens, et entourée de jolies maisons de campagne et de jardins fort agréables. La côte opposée (celle de l'est) et celle du nord, qui s'étendent de San-Christovao vers l'Ilha-Grande, sont, sous le rapport pittoresque, inférieures au pays que nous venons de nommer et aux environs de Rio-Janeiro; les formes des collines et des montagnes ne le redeviennent que lorsque l'on quitte la baie, et qu'en remontant les petites rivières on s'approche de cette chaîne qui compose au nord le fond du tableau que présente la baie de Rio-Janeiro, et que tout voyageur qui de ce point veut pénétrer dans l'intérieur du Brésil, doit traverser.

Dans le voisinage de Rio la première habitation de quelque importance est le petit bourg de Porto-de-Estrella, sur la rivière d'Inhomerim, qui se jette dans la baie de Rio. Les marchandises destinées aux provinces de l'intérieur, comme Minas-Geraes, Minas-Novas, Goyaz, etc., sont d'abord conduites, ainsi que les voyageurs, dans de petits bateaux de Rio-Janeiro à Porto-de-Estrella, qui en est éloigné de sept lieues; là, elles sont confiées à des caravanes de mulets (*tropas*), qui, de leur côté, apportent la cargaison de retour des paquebots et des bâtimens qui s'en vont à Rio. Il y a, sous ce rapport, une analogie frappante entre le commerce qui se fait de Porto-de-Estrella avec Rio-Janeiro et celui de l'Aldea-Gallega avec Lisbonne : on sait que l'Aldea-Gallega est dans le fond de la baie de Lisbonne, et que toutes les marchandises et les voyageurs qui arrivent d'Alentejo et d'Espagne, y viennent aussi à dos de mulet, pour être chargés sur de petits bâtimens et conduits à Lisbonne en traversant la baie, et réciproquement. Cette analogie de situation entre l'ancienne capitale de la métropole et la nouvelle capitale des colonies, cette ressemblance qu'on pourrait établir encore sur beaucoup d'autres points, dut faire une grande impression sur les premiers Portugais qui s'établirent en ce lieu.

La route qui va de Porto-de-Estrella à Minas passe devant beaucoup de belles plantations, derrière lesquelles on aperçoit dans le lointain les pointes anguleuses de la Serra-dos-Orgaos, s'élevant au-dessus de la Serra-de-Estrella, dont l'escarpement est toujours encore l'effroi des tropeiros et le tourment des mulets, quoiqu'une large route, construite et pavée à grands frais, y ait été établie : en plusieurs endroits elle offre l'aspect d'une immense muraille, large de dix pieds.

D'après cette position, il n'y a pas lieu de s'étonner que Porto-de-Estrella soit à la fois très-animé et très-industriel. Tous les étrangers, et surtout les peintres, feront bien de le visiter, quand même leur chemin ou leurs affaires ne les y conduiraient pas. C'est un lieu de réunion pour les hommes de toutes les provinces de l'intérieur; il y en vient de toutes les conditions : on y remarque leurs costumes originaux et leur bruyante activité. C'est ici que l'on organise les caravanes qui partent pour l'intérieur, et c'est ici seulement que commencent pour l'Européen les véritables mœurs du Brésil; il faut souvent qu'il y prenne congé pour long-temps de toutes les aisances de la vie européenne et de tous ses préjugés. Nous ne trouverions dans cet ouvrage nul endroit plus favorable de communiquer à nos lecteurs quelques observations générales sur la manière dont on voyage au Brésil; de la sorte nous ajouterons quelques traits et quelques nuances à l'image que nous nous efforçons de présenter pour faire connaître cette contrée.

Au Brésil, le seul moyen de transport pour les hommes, comme pour les marchandises, est dû aux chevaux et aux mulets : dans l'état actuel des communications et des chemins on ne peut songer à l'emploi des voitures; c'est tout au plus si quelques dames de distinction se font porter dans des litières, néanmoins elles voyagent fort rarement. On doit donc conseiller très-sérieusement à quiconque veut visiter le Brésil ou toute autre partie de l'Amérique méridionale, d'apprendre à monter à cheval avant de quitter l'Europe. Quoique les Brésiliens ne soient pas des Centaures nés, comme les habitans des Pompas de Colombie et des Leanos de Buénos-Ayres, les savans les plus estimables et les naturalistes qui parcourent le Brésil, s'ils négligeaient de suivre cette règle de conduite, qui, au premier abord, a quelque chose de singulier, se trouveraient souvent en telle position qu'ils n'auraient que fort peu de choix entre le ridicule et le danger. Le voyageur isolé peut bien pour un petit trajet louer un ou plusieurs mulets, et se joindre à une tropa régulièrement organisée; mais pour un voyage de long cours, surtout quand il y a nombreuse société et beaucoup de bagages, le meilleur parti est d'acheter sur-le-champ le nombre de mulets nécessaires. Dans cette affaire il est, comme on le pense bien, de la plus grande importance d'en choisir qui soient, à la fois, dressés et robustes, et de se garantir d'être dupé; mais il est plus important encore de trouver, pour soigner et conduire ces animaux durant la route, un tropeiro ou muletier sûr et expérimenté.

Toute économie en ce genre est fort mal appliquée; elle entraîne pour tout le voyage les conséquences les plus désagréables, et rien n'est plus fou que de s'imaginer que tout esclave peut être indifféremment employé à cet usage. La plupart des voyageurs européens se tireraient fort mal d'affaire, même en Europe, s'ils avaient à s'occuper de leurs chevaux et de leurs bagages; combien l'embarras serait-il plus grand dans une partie du monde à laquelle ils sont étrangers, dont le climat, les produits, etc., ne leur sont pas connus. Ici, bien plus qu'en Europe encore, les principaux personnages sont les quadrupèdes; on dépend entièrement d'eux, et par conséquent de leur garde : il importe donc infiniment que, sous tous les rapports, il soit honnête, expérimenté et résolu.

Pour les transports ordinaires de marchandises, 50 ou 60 mulets composent ce qu'on appelle une tropa; elle est subdivisée en lotos ou parties de 7 mulets chacune, et chacune aussi est confiée à un negro da tropa particulier, tandis que le tropeiro ou le propriétaire lui-même exerce la surveillance sur l'ensemble.

Ces dispositions et beaucoup d'autres choses dans les voyages du Brésil répondent entièrement à la manière dont en Espagne et en Portugal on se sert des arrieros et des almogrèves pour le transport des voyageurs et des marchandises. Les selles aussi (cangalhas) et le reste du harnachement diffèrent bien peu de celles que l'on emploie dans la péninsule. Les fonctions du tropeiro consistent à charger tous les matins avec le plus grand soin et à préparer à la route les mulets que l'on lui confie, puis de les tenir pendant la marche, autant que possible, en ligne avec le reste de la tropa; enfin, en général, de veiller à ce que ni les bêtes ni les marchandises ne souffrent de dommage. Lorsqu'on a atteint le terme de la journée, on les décharge avec une grande vitesse et une grande précaution; on relâche un peu la selle, et quelques minutes après, on l'ôte aux bêtes; puis on leur enlève la sueur et la poussière avec un grand couteau que les tropeiros portent toujours à leur ceinture : toutefois on les laisse d'abord se rouler et s'étendre à leur gré, ce qui paraît être leur plus grande jouissance; après cela, on leur donne un peu de sel, et on les lâche, afin qu'ils puissent paître dans le voisinage du lieu où l'on passe la nuit.

(23)

S'il arrive qu'une bête de somme ait été froissée par la selle ou blessée de toute autre manière, on l'examine et on la panse; on raffermit les fers, on raccommode les selles, on rassemble du bois pour cuire le souper, etc. Les tropeiros sont occupés de tout cela jusqu'au soir, et le plus souvent le voyageur lui-même est obligé de mettre la main à l'œuvre. Avant la nuit on réunit les bestiaux et on les nourrit de maïs, puis on les laisse errer de nouveau dans les environs pour y chercher eux-mêmes la pâture qu'ils aiment le mieux, ou bien on les conduit dans des lieux plus éloignés, si les fourrages y sont meilleurs. Ce qu'il y a de plus avantageux aux mulets, ce sont les broussailles des Capoeras nouvelles, c'est-à-dire aux endroits où la forêt primitive a été incendiée depuis peu. Souvent on a beaucoup de peine le lendemain matin pour rassembler les mulets ; et quand il en manque un ou plusieurs, il arrive parfois que les voyages sont suspendus des journées entières. Comme on peut bien le penser, la perte d'un mulet est fort désagréable dans les contrées où on ne peut le remplacer, par exemple dans les forêts primitives.

Pour ce qui regarde la nourriture et le soin du voyageur lui-même, la règle en général la plus sûre, c'est qu'il emporte avec lui tout ce dont il a besoin ou croit avoir besoin : il dépend donc de lui, c'est-à-dire de son plus ou moins de préjugés ou de mollesse, d'augmenter jusqu'à un certain point, et selon son goût, ses aises et ses jouissances ; mais comme tout ce qui dépasse le strict nécessaire occasionne de lourdes dépenses, il faut bien que le voyageur ordinaire se restreigne beaucoup. Les édifices que l'on a construits sur les routes les plus fréquentées pour recevoir les voyageurs, sont de diverses espèces. Il y a bien dans les bourgs et les villages considérables des maisons où l'on trouve de la place et du fourrage pour les bêtes, et peut-être une couche et des alimens grossiers pour le voyageur; mais ces maisons sont rares : plus souvent on trouve un asile pour les bêtes et les hommes, mais sans nourriture ni fourrage. Le plus ordinairement le terme de la journée est ce qu'on appelle un Rancho, espèce d'échoppe ou de hangar, où les hommes et le bagage sont à l'abri de la pluie et parfois aussi du vent. Presque toujours ces Ranchos sont dans le voisinage de plantations (fazendas), où l'on trouve fréquemment des fourrages et quelques comestibles frais; mais il faut bien se garder d'y compter. Parfois il y a, à côté du Rancho même, ce qu'on appelle une Venta, où l'on vend du maïs, de la farine de manioc, des fèves, du lard, des viandes desséchées et de la mauvaise eau-de-vie. Dans tous les cas il faut que le voyageur soit toujours muni de provisions pour quelques jours. En ce qui concerne les meubles du voyage, le hamac est, sous tous les rapports, préférable aux autres espèces de couches, non-seulement parce qu'il est plus léger, plus aisé à transporter et à dresser, mais parce que dans ces hamacs, qui souvent sont élevés de plusieurs pieds au-dessus du sol, le voyageur est mieux garanti contre les insectes et contre les autres animaux qui pourraient troubler son repos la nuit.

Quoique le nombre des animaux vraiment venimeux, et particulièrement des serpens, soit beaucoup plus petit qu'on ne le croit communément et que ne disent les Brésiliens eux-mêmes, il vaut mieux employer trop de précautions que de n'en pas prendre assez. Se coucher sur la terre est d'autant plus dangereux, que les serpens aiment la chaleur et se glissent volontiers sous la couverture du voyageur. Quand on ne les touche pas, il est vrai, ils ne font aucun mal; mais si le voyageur, qui ne se doute pas de la présence d'un tel compagnon, le serre ou l'inquiète, il court risque d'en être mordu, et les morsures de plusieurs serpens, par exemple du serpent à sonnette (cascavella), et des giraraca, sont toutes presque infailliblement mortelles. Quant aux alimens, il faut toujours que le voyageur soit pourvu de maïs pour ses bêtes, et pour lui de fèves noires, de farine de maïs ou de manioc et de viande salée ou de lard. Il se peut que pendant des semaines entières il n'ait pas autre chose à manger, à moins qu'il ne soit un chasseur heureux, ou qu'il ne trouve à acheter çà et là de la viande fraîche ou de la volaille dans quelque fazenda : sur les routes fréquentées ces denrées sont de la plus grande cherté, et les colons ne consentent souvent qu'à grand'peine à céder quelque chose de leurs provisions. Néanmoins la conduite des colons dans les parties moins fréquentées est toute différente. Le voyageur y trouve presque toujours l'accueil le plus cordial et une abondante nourriture; il est rare qu'on lui fasse payer autre chose que le fourrage des chevaux et des mulets. De la sorte, il arrive parfois que sur les routes les plus fréquentées du Brésil on éprouve plus de privations et de gêne que quand on s'écarte du chemin. Nous aurons à peine besoin de remarquer que dans un voyage en Brésil, comme dans toute autre contrée, il importe beaucoup que l'étranger s'accommode aux mœurs du pays, et qu'il ne repousse pas sans nécessité les opinions, les prétentions, les préjugés des habitans. Cette précaution, que la saine raison et l'usage du monde recommandent également, est d'autant plus nécessaire dans un pays où en général on n'aime pas les étrangers, et les Européens encore moins que les autres, où par différentes raisons on se méfie d'eux. Il est certain que les Brésiliens ne laisseront paraître leur méfiance et leur éloignement que fort rarement dans les relations ordinaires; mais tôt ou tard, et souvent après un long espace de temps, l'étranger s'apercevra qu'on l'a simplement toléré, ou que sous main on travaillait contre lui. Il n'est pas rare que l'on entende d'amers reproches adressés aux Brésiliens sur ce trait de leur caractère; mais ceux qui s'en plaignent avec le plus de véhémence ne sont réellement pas toujours ceux qui auraient le plus de droit de le faire, et quand on veut être juste, il faut bien convenir que la méfiance de l'habitant du Brésil envers l'Européen n'est pas entièrement dépourvue de fondement : elle repose sur la conviction que les Européens, qui viennent dans le pays pour faire leur fortune, soit comme négocians, soit par des emplois publics, soit par tout autre moyen, n'ont pour le pays ni pour ses habitans aucun attachement; que même un orgueil outré leur fait repousser ces derniers; qu'ils ne songent qu'à s'enrichir pour emporter ensuite en Europe ce qu'ils auront amassé; enfin, que, pour atteindre ce but, ils sont prêts non-seulement à faire au Brésil toute sorte d'affaires, mais encore à trahir ce pays; et dans le fait on ne saurait nier que beaucoup de ces suppositions ne soient fondées sur l'expérience, et qu'elles ne feraient point tort à une grande partie des Européens qui cherchent à faire fortune dans l'Amérique méridionale, et notamment au Brésil. Même parmi ceux que des qualités personnelles rendent dignes de considération, il en est fort peu qui jugent d'une manière équitable le pays et le peuple qui les accueille; fort peu qui aient d'autre guide de leur conduite, d'autre but, que de s'enrichir et d'avancer rapidement; et sans précisément employer de mauvais moyens, ils ne se sentent liés au pays et à la nation ni par un grand nombre de considérations, ni par un attachement réel : ils n'ont donc pas droit de se plaindre qu'on les regarde toujours comme des étrangers. Il ne faut pas oublier, non plus, que parmi les Européens d'après lesquels doivent se former les idées et les sentimens des Brésiliens à notre égard, il en est un grand nombre, et peut-être la plupart, qui ne pourraient, dans aucun pays, pas même dans leur propre patrie, élever la moindre prétention à la considération et à la confiance; il ne faut pas oublier que le plus souvent l'absence de l'une et de l'autre est la raison pour laquelle ils ont quitté leurs foyers pour un nouveau monde, et que l'opinion exagérée qu'ils ont de la prépondérance que leur donne une éducation et une instruction souvent très-superficielles, leur inspire des prétentions que la fierté des Brésiliens repousse à bon droit. Ce que nous venons de dire, il est vrai, s'applique plus particulièrement aux Européens qui veulent faire au Brésil un établissement quelconque; mais parfois celui qui se borne à parcourir la contrée rapidement, éprouve les inconvéniens de cette méfiance; ce qui y contribue encore, c'est que les Brésiliens de l'intérieur du pays ne peuvent que difficilement être persuadés qu'un Européen soit poussé à des voyages si pénibles et si lointains par le seul amour de la science : dans l'état actuel des relations qui existent entre l'Amérique et l'Europe, et d'après les partis qui divisent le Brésil, on conçoit aisément que l'habitant soit prompt à supposer au voyageur des vues qui ne sont pas de nature à augmenter sa confiance. Du reste, il y a dans les relations sociales des hommes de toutes les conditions, et surtout dans celles des colons aisés avec lesquels le voyageur peut se trouver en rapport, une observation de convenances qui est trop générale pour que dans leur accueil ou dans leur fréquentation habituelle ils laissent apercevoir à l'étranger cet éloignement ou cette méfiance.

Quant aux frais d'un voyage en Brésil, ils sont beaucoup moindres qu'on pourrait le penser. Le séjour des villes maritimes est fort cher, et peut-être celui de Rio-Janeiro est-il le plus cher de tous, lorsqu'on veut, jusqu'à un certain point, y vivre comme en Europe; mais dans l'intérieur, dès qu'on a fait face aux premières dépenses pour acheter des mulets et des chevaux, dès que l'on a pourvu pour un temps assez long aux provisions et aux autres objets nécessaires, en les achetant là où ils coûtent le moins, on peut voyager pendant des semaines et pendant des mois entiers sans trouver l'occasion de faire une dépense considérable. Le prix d'un bon mulet est de 50 à 60 piastres. Un homme, accompagné d'un nègre, peut, avec une bête pour sa monture et une bête de somme, voyager toute l'année pour 500 piastres. Naturellement ces indications, et ce que nous avons dit ici, sur ce qui est nécessaire pour parcourir le Brésil, ne s'appliquent pas au cas où le but particulier que se propose un voyageur, lui prescrirait des dispositions et des mesures de précaution spéciales. Ainsi le naturaliste, par exemple, sera obligé à bien plus de dépenses; pour la conservation et le transport de ses collections il aura besoin de plus de compagnons, de plus de bêtes de réserve, et il lui faudra plus d'attention et une habitude achetée souvent au prix d'incidens désagréables. Mais le détail de toutes ces particularités est étranger à notre but; nous n'avons pu nous en proposer d'autre ici, que de dépeindre la manière ordinaire de voyager dans le Brésil.

VOYAGE PITTORESQUE
DANS LE BRÉSIL.

PAYSAGES.

L'or et les diamans qui enrichissent la province de Minas Geraes, en font une des plus importantes du Brésil, et l'influence de ces matières précieuses sur le commerce universel la rendent tout aussi remarquable aux yeux de l'ancien monde. La population de cette province est de 600,000 ames, réparties comme suit :

Blancs	125,000.
Hommes de couleur libres	130,000.
Nègres libres	55,000.
Esclaves noirs	250,000.
Esclaves de couleur	40,000.
	600,000.

Cette province est composée presque en entier de montagnes fort âpres, ou de collines appelées Campos. Elle n'a point de côtes, et en général ses limites n'ont point été marquées par la nature et sont très-peu précises. Le climat de Minas Geraes est plus sous l'influence de la hauteur du sol que de la latitude méridionale; mais il est en général fort tempéré. Toutefois il se fait dans l'atmosphère des changemens très-subits : souvent en peu d'heures le thermomètre s'élève de 12° à 24°. Les orages sont très-fréquens, et la plupart rafraîchissent beaucoup la température. La contrée est exposée à tous les vents; ils sont en général très-froids et amènent d'épais brouillards, qui reposent long-temps sur les montagnes. Pendant les mois de Juin et de Juillet, qui sont les plus froids, il y a souvent durant les nuits des gelées blanches qui font beaucoup de mal aux plantations.

La principale chaîne de montagnes se dirige du sud-ouest au nord-est, en suivant la frontière orientale de la province : elle porte le nom de Serra Mantiguera, Serra de Espinhaço, etc. Une seconde chaîne, appelée Serra Negra, coupe la partie méridionale de Minas Geraes, allant à peu près de l'ouest à l'est; elle se joint à angle droit à la première, dont nous venons de parler. Cette première chaîne divise le versant des eaux de la côte orientale et le Rio de San Francisco; la seconde le divise entre le Rio de San Francisco et le Rio de la Plata, ou du moins les affluens du Rio de la Plata. D'après cela et d'après ce que nous avons dit dans le premier cahier sur la disposition générale du pays, il est aisé de voir de quel caractère distinctif sont ornés les paysages que la province de Minas Geraes offre à l'aspect du voyageur, lorsque de Rio Janeiro ou de San Paulo, lieux d'où les communications sont les plus fréquentes et les plus faciles, il se détermine à venir la visiter.

On arrive d'abord à la région des forêts primitives, qui se trouve entrecoupée de montagnes rocailleuses de médiocre élévation, de vallées fort étroites et de torrens impétueux; néanmoins la plupart de ces montagnes sont couvertes de bois. Dans la proximité de la route (si toutefois ce chemin peut être appelé route) la forêt primitive est anéantie, et l'on voit une assez vaste étendue de Capoieras : ce sont des lieux où la forêt a été autrefois brûlée pour y établir des plantations, et qui se sont recouverts de broussailles, et surtout d'une espèce de fougère (*pteris caudata*). On imaginerait difficilement quelque chose de plus désagréable que l'aspect de ces lieux, qui se représentent à chaque instant sous une couleur verte tirant sur le gris. Quelques plantations (*facendas*) où l'on ne cultive que la fève, le manioc et le maïs, et quelques pauvres villages, sont tout ce que l'on rencontre : le voyageur n'y trouve que peu de ressource et encore moins d'aisance. Du côté de Rio Janeiro c'est le grand fleuve de Parahyba qui limite la province de Minas Geraes : il y a sur ses rives plusieurs douanes (*registro*), où l'on acquitte les droits d'entrée pour les marchandises, les Nègres, etc. A partir des bords de ce fleuve, le pays devient toujours plus montueux, les rivières plus rapides, les roches plus élevées, les montagnes plus dégarnies; la contrée se coupe de vallées, et sur leurs hauteurs on remarque des arbrisseaux et des broussailles d'un genre particulier, et des groupes noirâtres de pins du Chili à feuillage foncé. Enfin l'on atteint le sommet de la montagne près d'une facenda qui porte le nom très-significatif de Borda del Campo. De là l'œil parcourt toute l'étendue des collines appelées Campos. A l'entrée de ces Campos se trouve la petite ville de Barbacena, autrefois appelée Arragal da Igreja nova; mais qui depuis 1791 a été élevée au rang de ville, en prenant le nom du comte de Barbacena, qui était alors gouverneur de Minas Geraes. Le commerce qui existe entre Goyar, Minas Geraes et la côte, le grand nombre de tropas, qui arrivent de diverses directions pour traverser Barbacena, en font une ville aisée et industrielle, où pour la première fois, après avoir franchi les forêts primitives et les montagnes, le voyageur retrouve quelque aisance. Il y a environ

500 feux à Barbacena, elle a une grande église située sur une hauteur et plusieurs jolies chapelles. Il y a dans les environs de nombreuses plantations de maïs; le reste de la contrée est nu et montueux.

Barbacena est élevée de 3570 pieds au-dessus du niveau de la mer; c'est à peu près la même hauteur que celle des sommets les plus élevés, qui ont paru si escarpés au voyageur venant de la côte. Vues des Campos, au contraire, ces montagnes de Minas n'apparaissent que comme de petites chaînes ou de fortes collines.

A la fin du siècle dernier Barbacena était le siége d'une bande de brigands qui infestaient la route de Rio Janeiro; plusieurs d'entre eux appartenaient à des familles aisées. Non loin de la facenda Mantiguera est une croix qui indique le lieu où ces malfaiteurs avaient coutume d'attaquer les voyageurs; ils les entraînaient dans la forêt, et là ils les tuaient, ainsi que tous les êtres vivans qu'ils avaient avec eux, leur laissant ordinairement le choix de leur genre de mort : soit qu'ils voulussent recevoir un coup de couteau dans le cœur, ou se faire ouvrir les veines. Ces désastres durèrent plusieurs années, et souvent des personnes de distinction disparaissaient. Enfin, au lit de la mort, un de ces misérables avoua ses crimes et nomma ses complices : il se fit même transporter au lieu où se commettaient ces forfaits. On y trouva quantité de cadavres et de squelettes d'hommes et d'animaux. Un grand nombre de brigands furent arrêtés et mis à mort; d'autres furent déportés à Angola. Depuis cette époque, la route de Rio Janeiro à Villa Rica est assez sûre, et il est extrêmement rare que l'on entende dire qu'un voyageur ait été dépouillé ou tué.

Il se rattache un autre souvenir historique à la facenda Borda do Campo. A l'époque de la révolution française les ordres les plus sévères avaient été adressés de la métropole à tous les gouverneurs pour éviter l'arrivée et la circulation d'aucune nouvelle sur ce qui se passait en France : ils devaient surtout empêcher les idées révolutionnaires et républicaines de germer dans ces colonies. Or, à cette époque, que les Brésiliens appellent avec emphase le temps de la méfiance (*tempo da inconfidenza*), il y avait dans la facenda Borda do Campo de fréquentes conférences entre les principaux habitans du pays, et quoiqu'ils aient été découverts et que plusieurs même aient été arrêtés et punis, il n'y a nul doute que ces réunions, qui dès-lors signalaient la naissance de l'esprit d'indépendance des Brésiliens, surtout des Mineiros, n'aient dans la suite puissamment contribué à l'entretenir et à le répandre.

De Barbacena, à l'ouest, les collines s'étendent dans l'intérieur du pays l'espace de plusieurs journées de marche, et se rangent en lignes pareilles à celles que forment les vagues, en s'abaissant peu à peu vers le cours du Parana. Au nord, la route conduit à Villa Rica. On traverse toujours ces Campos; mais ici les collines sont plus hautes, les vallées plus profondes, plus abruptes, et en général le caractère du pays a quelque chose de plus âpre. La raison de cette différence dans l'aspect des Campos tient à la proximité des deux chaînes qui se rejoignent à angle droit dans les environs de Villa Rica. C'est une espèce de noyau qui s'élève du sein des Campos, qui envoie ses racines au loin, vers le nord-est, en rompant l'uniformité des collines et créant pour les eaux de nouvelles directions. Au nord-est de la Serra Mainarde et de l'Itacolumi recommencent les forêts primitives : elles s'étendent sur tout le nord-est de la province de Minas, où elles portent le nom de *Matto dentro*. C'est près de Serra Branca que se trouve le district le plus riche en or, ou plutôt celui qui a été le plus exploité jusqu'ici; car ce métal se trouve dans toutes les provinces et même sur la côte. Goyaz et Matto-Grosso donneront des profits encore plus considérables. La végétation de la province de Minas est presque partout fort pauvre; il n'y a que les bas-lieux et les vallées qui soient garnis de broussailles de quelque étendue, appelées Capaos ou Taboleiros, et de quelques forêts.

En montant de San Paulo vers Villa Rica, le voyageur, une fois qu'il a traversé les vallées fertiles bien boisées et bien arrosées de cette province, trouve en général les mêmes caractères de paysage et les mêmes transitions que nous avons signalés, si ce n'est que la forêt primitive est plus étendue, plus vigoureuse et moins coupée de Capoeiras. Sous plusieurs rapports la contrée rappelle les Alpes suisses, et l'on pourrait s'y croire transporté à l'aspect des bons pâturages et des troupeaux de vaches et de chevaux que l'on aperçoit assez fréquemment. Cependant les formes étranges des arbres, leurs fleurs variées, et les voix d'oiseaux que l'on ne connaît pas, avertissent à chaque instant que l'on est dans les contrées du tropique.

L'aspect des Campos est entièrement le même que du côté de Rio Janeiro. Ici c'est la Villa de Joao d'El Rey, qui remplace Barbacena et qui indemnise le voyageur des privations et des fatigues qu'il a éprouvées dans les forêts primitives et dans les montagnes.

San Joao (autrefois Cidade do Rio das Mortes) est située au pied d'une croupe de montagne nue et rocailleuse et sur les deux rives de la petite rivière de Tejuco, qui non loin de là se jette dans le Rio das Mortes. Il y a ici un contraste frappant : d'une part, la blancheur, la propreté des maisons de la ville, la riche verdure qui entoure les habitations dispersées sur le penchant de la montagne et dans les vallées voisines; et de l'autre, de sombres rochers et une contrée aride et sauvage. Cela donne à la ville un charme particulier, qui s'accroît encore de l'activité de ses habitans. Toutes les rues sont pavées, les boutiques sont bien pourvues de marchandises d'Europe, d'étoffes et d'articles de luxe. Il ne manque d'ouvriers pour aucun métier, et les peintures qu'on voit dans quelques églises riches et belles, révèlent même l'existence d'artistes indigènes.

Quoiqu'il y ait dans les environs de San Joao de l'or, et que la ville possède une fonderie et des employés de mines, elle doit beaucoup plus encore son aisance et ses 8000 habitans au commerce d'autres produits, commerce qu'entretient le passage des tropas de l'intérieur, et surtout des villes de Favinha et de Tamandua; ce passage assure aussi les moyens d'exportation vers la côte. Quelque sauvages que paraissent au premier coup d'œil les environs de San Joao, les plantations éparses dans les vallées voisines fournissent une grande quantité de fruits, de légumes, de maïs et de pisang. Elles produisent aussi du tabac, du sucre et un peu de laine; tandis que les montagnes plus éloignées et les pâturages approvisionnent le marché de San Joao de bêtes à cornes, de porcs, de viandes séchées et de lard. De là ces articles sont conduits à Rio Janeiro, à San Paulo, à d'autres ports et à d'autres endroits de la côte, et les tropas rapportent en retour des marchandises d'Europe, du sel, du vin et de l'huile.

Tout près de San Joao il y a un village fort agréable, Arreal do Mattosinho: il est sur la route que l'on suit pour aller à San Joze et à Barbacena. Sa belle exposition et le voisinage du Rio das Mortes, déjà navigable pour de grands canots, promettent à ce village plus de prospérité pour l'avenir que n'en ont les villes voisines, et surtout San Joao, lesquelles ne pourront s'agrandir, vu leur mauvaise situation.

Il y a de fort belles grottes de stalactites entre San Joao d'El Rey et la Villa do San Joze, qui était autrefois riche par les lessives qu'on y faisait subir à l'or; mais elle s'est fort appauvrie. Sept de ces grottes communiquent les unes avec les autres; elles sont dans une masse de montagnes isolée et rocailleuse, couverte de forêts d'une médiocre élévation, et qui est composée de pierre calcaire, genre de roche peu commun dans ces contrées. Les montagnes y sont la plupart composées de couches de gneis, sur lequel s'élèvent le thonschiefer, le schiste micacé, le grès, et enfin le fer oxidé rouge aurifère et le schiste ferrifère.

Le Rio das Mortes, qui se jette dans le Parana, rappelle par son nom les combats des audacieux Paulistes, qui les premiers pénétrèrent dans ces montagnes si riches en or, et qui, après avoir exterminé les indigènes ou les avoir repoussés dans l'intérieur des forêts primitives, se déchirèrent entre eux pour le partage d'une dépouille si abondante.

Sebastiao Tourinho fut le premier Portugais qui de ce côté pénétra dans l'intérieur du pays : parti en 1573 de Porto Seguro, il remonta en bateau le Rio doce, jusqu'aux environs de Villa Rica; de là il arriva par terre au Rio Jiquitinonha, sur lequel il redescendit vers la côte en bateau, sans avoir fondé d'établissement. Ses récits sur l'or et les pierreries de cette contrée engagèrent bientôt de nouveaux aventuriers à de nouvelles tentatives : néanmoins les entreprises d'Antonio Diaz et de Marcos de Azevedo, qui lui succédèrent, demeurèrent aussi sans résultat permanent. Les Paulistes furent à la fois plus constans et plus heureux dans leurs essais; vers le milieu et vers la fin du dix-septième siècle ils partirent de San Paulo et pénétrèrent par terre dans l'intérieur de Minas Geraes, et plus loin encore jusqu'à Goyaz, pour y chercher de l'or et des pierres précieuses. Parmi les chefs des différentes bandes (*bandeiras*) qui se réunirent pour ces entreprises, l'histoire distingue Antonio Rodriguez, Miguel de Almeida, Manoel Garcia et beaucoup d'autres. Cependant ces aventuriers étaient loin de songer à fonder dans le nouvel Eldorado des établissemens stables. Ils se hâtèrent d'enlever des trésors encore intacts de la nature autant d'or qu'ils en pouvaient ramasser, et de s'en retourner à San Paulo. Bientôt, dans la vue de prendre part à une proie si facile, des bandes nombreuses accoururent d'autres régions, et surtout de Rio Janeiro, et il devint nécessaire de créer des établissemens pour prendre possession des mines d'or les plus riches. C'est ce qui donna naissance, à la fin du dix-septième siècle et au commencement du dix-huitième, à Villa Rica, à San Joao d'El Rey, à San Joze et à Villa do Principe. Les sanglantes querelles des Paulistes entre eux, et avec les bandes nouvellement venues de Rio Janeiro et d'autres lieux, amenèrent enfin l'intervention du gouvernement. Antonio de Albuquerque fut envoyé à Villa Rica; il rétablit l'ordre, organisa une administration et un gouvernement, et créa, non sans éprouver de la résistance, le droit du cinquième royal. Ce ne fut néanmoins qu'en 1720 que Minas Geraes fut séparé de San Paulo et constitué en province particulière sous l'autorité du gouverneur Lorenzo de Almeida.

VOYAGE PITTORESQUE
DANS LE BRÉSIL.

PAYSAGES.

En 1818 Villa-Rica fut érigée en capitale de la province de Minas Geraes et de Comarca Ouro preto, et en 1824 elle fut créée cidade impériale do Ouro preto. Elle est bâtie sur le penchant de la montagne appelée Morro de Villa-Rica, et se prolonge dans la vallée que baigne la petite rivière Ribeirao do Ouro preto ou do Carmo, qui se jette à l'ouest dans le Rio dolce, séparant ainsi le Morro de Villa-Rica du mont Itacolumi, dont la cime a 5000 pieds d'élévation. D'après un calcul du baron Eschwege, la ville elle-même est déjà à 3000 pieds au-dessus du niveau de la mer; le sol sur lequel elle est assise est sillonné et travaillé en tout sens par les préparations au moyen desquelles on opère le lavage de l'or; il est même des endroits où la rapidité des talus et le peu de consistance de ces terres si remuées menace d'écroulement les maisons et les habitans. La rue principale se prolonge de près d'une lieue sur le haut de la côte, et à l'extrémité, sur la saillie de la montagne, est une place où l'on voit la demeure du président de la province, quelques habitations particulières assez remarquables, enfin, la prison et l'église de Saint-François. — Les rues et les places sont pavées et ornées de fontaines; les maisons, pour la plupart hautes de deux étages, ont le caractère d'architecture que l'on connaît en général aux villes portugaises, si ce n'est cependant que les toits ressemblent à ceux que l'on construit dans le nord, ce qui évidemment est fort convenable à la position élevée et au climat de Villa-Rica, où l'on a beaucoup plus de raison de les construire ainsi que dans les ports du Brésil, où ces toits sont très-fréquens. Du reste, Villa-Rica ne manque ni de casernes, ni d'églises, ni d'édifices publics d'aucun genre : elle a tout ce qu'exige, d'une part, la résidence des autorités provinciales, de l'autre, l'exploitation des mines. Mais sous le rapport de l'art ces édifices n'ont rien de distingué : la plupart des églises et des autres constructions se rapportent à une époque où l'architecture déclinait non-seulement en Portugal, mais dans presque toute l'Europe. On y voit ce mélange absurde du style italien de la décadence avec des fragmens de gothique et de malencontreuses imitations de l'antique, le tout sans entente de l'art, et comme l'imaginaient les académies créées pour soutenir sa marche chancelante. La péninsule espagnole est chargée encore d'une foule de ces malheureuses créations de la même époque; elles y font un triste contraste avec les chefs-d'œuvre des temps plus anciens. Il faut ranger dans cette catégorie Mafra elle-même, quoique les Portugais aient l'extravagance de la comparer à l'Escurial, et cependant les mines et les laboratoires de Villa-Rica ont fourni pour cette construction des sommes immenses. Il était tout naturel que les artistes qui ont quitté la métropole pour les colonies ne fussent pas précisément les meilleurs; cela explique comment les édifices les plus vastes et les plus riches du Brésil sont dépourvus de beauté. Quant à Villa-Rica, une chose remarquable, c'est qu'il n'y a pas de couvens : leur absence surprend le voyageur qui ne sait pas que sous le ministère du marquis de Pombal la province de Minas Geraes fut interdite à tous les ordres religieux.

La population de Villa-Rica est d'environ 9000 ames; les noirs et les mulâtres y sont pour la plus forte partie, et il n'y a que peu de Portugais ou d'autres Européens; ce sont les employés et les négocians qui sont assez nombreux et jouissent d'une grande aisance. Le commerce y est fort important : l'or, les topazes, les cristaux abondent dans toute la contrée, et surtout à Queluz et à Congonha do Campo. Mais l'exportation s'étend à bien d'autres objets; car Villa-Rica est le principal marché de la province, et c'est de là que partent les laines, les peaux de bêtes, les fromages, les viandes salées, le lait, les chapeaux de feutre et la poterie. Il arrive et il s'en va tous les jours des caravanes (*tropas*); elles emportent ces marchandises dans les ports et surtout à Rio-Janeiro, d'où elles reviennent avec les produits de l'industrie européenne, du sel, des vins, des noirs. De Villa-Rica ces objets sont conduits à l'intérieur du pays, par exemple à Serra-Fria, Goyaz, Matto grosso, et on les y échange contre les productions du pays que nous venons d'énumérer. Les différentes routes qui servent à ce trafic sont au surplus fort mauvaises; elles se dirigent, savoir: par Barbacena sur Rio-Janeiro[1], par San Jao d'El Rey à San Paulo, par Minas Novas à Bahia. Plus loin vers l'intérieur, on passe par Inficionado et

---

[1] Il est un chemin plus court par Serra Mainarde, Mar d'Espanha (Parahyba) jusqu'à Rio-Janeiro. On l'appelle Estrado do Matto d'Entro, parce qu'il passe continuellement à travers des forêts vierges, habitées par des Puris, des Coroatos, des Botocudos et des Patachos.

Catas-Altas, Tejuco et Villa do Principe pour se rendre à Paracatu, Goyaz et Matto grosso; enfin on va par Sabara, Santa Lucia à Tamantua et au Rio San Francisco.

Les environs de Villa-Rica ont un caractère tout particulier : non-seulement les roches, les vallons, les chutes d'eau leur donnent un aspect sauvage; mais on y est frappé encore de ces déchiremens du sol que l'exploitation des mines a opérés en tout sens. On ne saurait se faire une idée de l'abondance de l'or dans ces contrées; c'est incontestablement un des phénomènes les plus remarquables de notre globe : autour de la ville, ce métal se trouve répandu sur les hauteurs, dans la plaine, dans le lit des rivières et des ruisseaux, dans leurs eaux, dans la poussière des routes, et jusque dans les balayures des maisons; souvent, lorsqu'on arrache une plante, l'on voit ses racines couvertes d'or, que les eaux pluviales y ont amoncelé.

Dans la contrée de Villa-Rica et de Minas Geraes l'or se présente généralement compacte; du moins l'on n'a fait jusqu'ici aucun essai de tirer parti d'autres minérais qui en contiennent aussi. La chaîne de montagnes la plus féconde en ce genre s'étend l'espace de deux legoas de Villa-Rica jusqu'à Cidade Marianna et Morro San Antonio, de l'est à l'ouest. Elle a pour base un mica ferrugineux, sablonneux, alternant avec du minérai de fer argileux, que les indigènes appellent *Jacutinga*. A beaucoup d'endroits elle a soixante à soixante-dix pieds, et repose sur du grès ordinaire, ou sur du thonschiefer saturé de fer; ses couches supérieures ont une force de seize à dix-huit pieds, et portent presque toujours sur un minérai de fer poreux, qui contient moins d'or que les couches plus profondes. Ce qu'il y a de plus riche, ce sont des couches et des veines de quarz friable (*Farmacoes*) et ces nids de la même roche appelés *Panellas* (pots). Ce sont ces couches de quarz et ces nids sur lesquels on travaille le plus; car pour les autres minérais, quoique fort riches en or, on ne sait pas les travailler.[1]

Tant sous le rapport technique, que pour les lois qui la régissent, l'exploitation de l'or est encore à peu près dans le même état qu'à l'époque de la découverte de ces contrées. Il est vrai que les lois actuelles ne furent réunies et rédigées qu'à la fin du dernier siècle; mais elles sont encore dans le même principe et sont entachées des mêmes défauts; appropriées uniquement aux circonstances de l'époque pour laquelle elles étaient faites, elles ne répondent en aucune façon aux besoins actuels.

---

[1] Il n'est pas besoin de dire que nous ne voulons pas donner ici une dissertation complète et géognostique sur l'or de Villa-Rica.

D'après ces lois, celui qui découvre un district ou une couche fertile en or, obtient une *data* ou portion de 60 brasses de long et 40 de large, qu'il peut choisir lui-même; la seconde *data* est réservée au gouvernement; mais rarement ou presque jamais on ne l'exploite pour le compte du gouvernement; le plus souvent on la partage entre des particuliers, ou on la vend. La troisième *data* appartient encore à celui qui a fait la découverte; il la prend en qualité de mineur, s'il possède un nombre déterminé d'esclaves et s'il commence les travaux dans un temps donné; sinon, il y a déchéance au profit du fisc, qui partage cette *data*, ainsi que le reste, entre d'autres personnes, selon le nombre d'esclaves qu'elles veulent employer à l'exploitation, et à raison de deux toises et demie carrées par chaque esclave. Il y a trois manières d'exploiter les couches imprégnées d'or. La première s'appelle *Trabalhar por minas*. On dirige dans la montagne des sondes d'essai, et bientôt l'on connaît les endroits du quarz et des nids qui sont les plus riches en or : alors on y creuse jusqu'à ce que la couche s'amincisse ou que la roche devienne trop dure pour que l'on puisse l'extraire sans grands efforts. Souvent on s'arrête, parce que le minérai n'est pas assez riche, ou parce que les lumières s'éteignent, ce qui s'est déjà vu à une profondeur de quelques brasses. Quand un de ces motifs empêche les travaux, on abandonne la place, et l'on va creuser à quelques pas plus loin pour s'arrêter bientôt de nouveau. Il est rare que l'on établisse une communication d'un point à l'autre. De la sorte la montagne est percée partout où les torrens ne l'ont pas déchirée.

La seconde méthode s'appelle *Trabalhar de talha aberta*. Elle consiste à déchirer les couches imprégnées d'or par l'irruption des eaux et à laver l'or. On creuse à grands frais des conduits fort longs pour amener l'eau à l'endroit qu'on veut ainsi dévaster. Les esclaves, munis de leviers et de bêches, détachent la terre et la roche friable que les eaux emportent dans des réservoirs pratiqués au pied de la montagne; il y a des grilles sur lesquelles roulent les pierres trop grosses, tandis qu'elles ne laissent passer avec l'eau que le sable et le gravier. Ces réservoirs ou fossés (*Mondeos*) sont sans cesse remués pour que l'or s'y purifie, et quand il est tombé au fond, on fait écouler l'eau, qui emporte les pierres. On reçoit aussi le sable d'or dans des peaux de bœufs et dans des couvertures de laine grossière, sur lesquelles le minérai précipité de la montagne est emporté par l'eau. Les anciens lits de rivières sont surtout propres à ce genre de travail. Souvent il s'y est accumulé du gravier jusqu'à cinquante pieds et plus, et d'abord il faut en opérer l'enlèvement. Il n'est ici question ni de machines ni de mécanique : tout ce que l'eau ne fait pas d'elle-même, ne s'opère qu'au moyen des esclaves et de la manière la plus gauche et la plus lente.

On peut aisément imaginer combien ces lavages doivent être désavantageux pour les couches d'or, et combien peu favorable est la proportion du rapport à la richesse du minérai. Ils n'ont été calculés que pour obtenir les parties les plus grossières de l'or : tout ce qui est plus fin, tout ce qui tient plus particulièrement au minérai, est entièrement perdu et submergé dans le lit de la rivière; ou bien ces débris encombrent la Lavra, et souvent à tel point, qu'aujourd'hui, dans les plus riches Lavras, le minérai qui les entoure ayant été détaché et entraîné par les eaux, il n'en reste plus que d'énormes amas de décombres, d'où les eaux pluviales font sortir encore quelques parcelles d'or, que l'on recueille sur des peaux de bœufs disposées à cet effet. Ce genre d'exploitation n'a pas même en sa faveur l'avantage du bon marché, surtout si l'on tient compte du capital représenté par la valeur de cette foule d'esclaves qui deviennent nécessaires pour les travaux les plus simples et les plus importans.

La troisième méthode est celle employée par les *Faiscadores*. Elle s'alimente uniquement des pertes immenses occasionées par ce que les deux autres procédés ont de défectueux. La plupart des pierres encore riches de ces restes précieux sont entraînées dans des rivières et des ruisseaux qui, même abstraction faite de cette circonstance, charient une quantité d'or assez considérable. Il y a pour les *Faiscadores* deux espèces de travail : les uns se posent jusqu'à la ceinture dans l'eau et ramassent le sable de la rivière au moyen d'une écuelle de bois (*Batea*); à force de secouer et d'agiter leur écuelle à la surface de l'eau, la terre et les pierres sont emportées, tandis que le sable d'or se précipite au fond du vase : on met alors dans un autre vase cet or qui n'est pas encore entièrement purifié, et quand la journée est finie, on en retire les plus grosses parcelles, et l'on remue et retourne bien le reste. De la sorte un *Faiscador* peut, sans grande peine et en peu d'heures, produire 150 à 200 réès, et un ouvrier habile parvient, surtout après de grandes pluies, à en rassembler de 400 à 800.

D'autres *Faiscadores* sont occupés à amonceler le sable des rivières, et ils y font couler un peu d'eau pour enlever les parties légères. Le surplus est ensuite transporté sur un foyer plat, construit sur le rivage même; là on arrose et on remue cet amas, dont l'écoulement est dirigé vers une peau de bœuf que l'on étend dans un conduit (*canoa*); enfin le tout est encore porté dans une auge, où on lui fait subir un dernier lavage. Il est permis à chacun de rechercher de l'or par ce procédé :

aussi voit-on beaucoup de nègres et de gens du commun s'en occuper avec ardeur, et boire ensuite au cabaret voisin le fruit de leur travail.

Le produit de tous les lavages d'or doit être versé directement à la fonderie impériale; la circulation dans l'intérieur de la province en est aussi sévèrement défendue que l'exploitation, et sous les peines les plus sévères. A la fonderie la fusion purifie complétement l'or; on le met en lingots de diverses dimensions, on l'essaie, on le marque, et on retient le cinquième pour le gouvernement (*quinta*). Après cela on donne au propriétaire les barres d'or, et on y ajoute un détail des opérations qu'elles ont subies; ce n'est qu'à partir de ce moment qu'on peut les employer dans le commerce et les exporter, chose qui toutefois exige de la part du gouvernement une permission spéciale. Quand on veut échanger ces lingots pour de l'or monnayé, c'est le gouvernement qui offre l'échange; néanmoins, comme celui-ci est rarement en état d'y pourvoir, et comme l'exportation des lingots présente de grands bénéfices, il ne reste dans le Brésil que bien peu d'or recueilli dans ses mines, et le pays du monde le plus riche par ce métal n'a en circulation pour valeur représentative qu'un mauvais papier-monnaie.

Il suffit de contempler les magnifiques édifices qui furent construits à Lisbonne du seul produit de la *quinta*, pour se convaincre combien, dans les premiers temps, les mines de Villa-Rica étaient abondantes. Nous citerons le couvent de Mafra et l'aqueduc Das Agoas livres, non moins somptueux qu'utile. Ce produit s'est beaucoup amoindri dans les derniers temps. Dans le dernier siècle encore la quantité d'or fondu annuellement à Villa-Rica s'élevait de 60 à 70 arrobas : maintenant il y en a tout au plus la moitié. En 1758 le cinquième royal valut 118 arrobas, et jusqu'en 1812 le total fut de 7895 arrobas, ou de 85 millions de cruzades. Il est aisé de s'expliquer ce déchet par les vices de l'exploitation : on détériore, on dévaste les couches qui renferment l'or. L'on peut bien penser que la population a diminué dans la même proportion que les produits. Au milieu du dernier siècle cette opération occupait encore 80,000 ouvriers : il n'y en a plus que 16,000. Dès ses premiers pas dans ces contrées, le voyageur s'aperçoit des progrès du mal à la décadence des villages autrefois florissans, à la multitude d'habitations abandonnées. Pendant long-temps le gouvernement voulut en vain s'aveugler sur la véritable cause du mal; il se dissimula la diminution de produits et crut devoir en accuser l'exportation furtive. Des lois sévères furent portées contre ce genre de fraude, et pour assurer l'exécution de ces lois, on multiplia les postes des douanes et des troupes. Mais dans un pays comme le Brésil, les véritables fraudeurs peuvent éluder toutes ces mesures, la tentation est d'ailleurs trop forte pour ne pas essayer toute sorte de moyens afin de faire passer en province et transporter dans les ports la poudre d'or, sans qu'elle subisse la retenue du cinquième; sa valeur y est en outre de 20 ou 30 pour cent plus grande. Ces mesures et les vexations des employés ne servent qu'à opprimer le commerce légitime, et cependant ce commerce, ainsi que le trafic des autres productions, gagne en importance et en profit dans la proportion de l'affaiblissement du produit de l'or. Au total, la province de Minas Geraes n'est ni moins populeuse, ni moins aisée. L'éducation du bétail et l'agriculture ont procuré du travail et une profession assurée à la partie de la population que le travail de l'or avait appauvrie; Barbacena, Sainte-Lucie, et surtout les planteurs de Matto dentro, sont arrivés à une grande aisance, tandis que les districts uniquement voués à la récolte de l'or, tombaient en décadence. Nous dirons la même chose de Sabara, ville de près de 7000 habitans: autrefois elle était bien plus riche et bien plus peuplée, et maintenant elle porte tous les symptômes du dépérissement. Arrayal Catas Altas, au nord de Villa-Rica, près de la Serra nossa Senhora Mai dos Homens est un des endroits qui s'étaient le plus distingués par leur richesse en or. A quelques lieues plus loin sont Brumado et Congo Socco, où maintenant encore le produit de l'or est du plus abondant.

Du reste il n'est pas douteux qu'une meilleure organisation de toutes les branches de l'exploitation des mines ne ramenât aussi à un état plus florissant cette partie si essentielle de la richesse nationale du Brésil; on peut espérer que le gouvernement actuel fera les améliorations nécessaires avec cette fermeté, cette intelligence qu'il a si souvent déployées pour d'autres réformes. Cet objet est d'autant plus important, que l'or n'est pas la seule richesse des montagnes de Minas Geraes. Dans presque toute la province le minérai de fer se trouve comme partie constituante de longues chaînes de montagnes; le plomb, le cuivre, le platine, le vif-argent, l'arsenic, l'antimoine, le bismuth, etc., se trouvent en beaucoup d'endroits, et promettent un riche produit à quiconque les exploitera avec intelligence. Il y a aussi des pierres précieuses de tout genre : des topazes des couleurs les plus variées, des tourmalines, des améthystes, des aigue-marines, des grenats, des cristaux, etc.; on les trouve surtout à Minas novas, et le diamant existe à Tejuco et à Abaité.

Les diamans surtout abondent dans une contrée située à 70 lieues au nord de Villa-Rica; ils se trouvent dans une espèce de nagelfluc, et voici comment on les prend: on brise le roc et on concasse ses fragmens; ces cascalhas sont recueillis dans de larges assiettes de bois par des esclaves assis au bord de l'eau; ils les examinent avec le plus grand soin, ajoutent toujours de l'eau, et secouant sans cesse leur écuelle, ils en font tomber la terre et les parties pierreuses les plus molles. Dès qu'un nègre a ainsi trouvé un diamant, il faut que sous les yeux d'un surveillant, qui est toujours présent, il le place dans un vase destiné à cet usage en battant des mains, pour avertir et pour prouver qu'il ne cache rien entre ses doigts, chose qui serait d'ailleurs fort difficile; car il y a un surveillant pour cinq ou six esclaves : sans cesse il les observe, et son œil exercé apercevrait la moindre soustraction. Lorsqu'un esclave a le bonheur de trouver un gros diamant, il en est récompensé, et même, selon les circonstances, ce peut être pour lui une cause d'affranchissement soit immédiat, soit après un certain nombre d'années. L'humidité rend ce travail aussi mal-sain que le lavage de l'or.

Le gouvernement seul a droit de recueillir le diamant, et les peines contre ceux qui font la fraude, ou qui en emportent, sont encore plus sévères que celles établies pour les contraventions aux réglemens sur l'or. On les élude souvent, et pour un objet que l'on peut cacher si aisément, cela ne peut guère être autrement.

Tejuco est très-florissant; ce lieu compte sept à huit mille habitans. Il est d'un aspect fort agréable; la plupart des maisons ont deux étages; elles sont en général plus propres et mieux bâties que dans le reste de cette province. Il y a beaucoup de fonctionnaires et de négocians, ce qui donne aux relations de société plus d'agrément. Le commerce y est florissant, même pour les articles de luxe et les modes de Paris. Cependant Tejuco n'est point une ville; ce n'est qu'un Arrayal, quoiqu'elle mérite d'être appelée cidade ou villa beaucoup plus que Villa do Principe, qui est le chef-lieu de cette Comarca.

VOYAGE PITTORESQUE
DANS LE BRÉSIL.

PAYSAGES.

La cidade de San Salvador da Bahia de Todos os Santos est située sur la pointe méridionale d'un promontoire, qui du côté de l'est ferme la baie que l'on appelle le Reconcavo; la ville est ordinairement désignée par le nom de Bahia, sans addition de ses autres noms. Vis-à-vis de cette ville se trouve l'île Itaparica, qui ferme le Reconcavo du côté de l'ouest. La plus grande longueur du Reconcavo de l'est à l'ouest est de huit legoas, la largeur du nord au sud de six legoas et demi. Plusieurs fleuves se jettent dans cette baie : le plus remarquable est le Paracuacu. Tout autour de la baie règnent des collines à sommet aplati ; elles sont couvertes de forêts et de plantations de sucre et de café, tandis que dans les fonds, sur les rives des fleuves et de la mer, on ne trouve que des plantations de sucre. On voit dans ces forêts (capoeiras) quelques espèces de très-beaux palmiers, que les Indiens appellent Licuri bravo et Licuri capoculo : c'est le palmier Piaçaba; les fruits de cet arbre sont souvent expédiés en Europe, où les tourneurs en font un grand usage; l'écorce sert à fabriquer des cordes, des câbles et des tissus. Les palmiers-cocos et les cocos d'Endea alternent avec ces palmiers; ils couvrent toute la basse côte, ressemblent à des forêts éclaircies et lui donnent un aspect très-agréable. En général, cette côte est l'une des plus cultivées et des plus fertiles du Brésil. Les forêts vierges ne commencent qu'à une assez grande distance de la côte, et dans cette région il n'y a point de montagnes plus élevées, du genre de celles qu'on voit près de Rio-Janeiro. L'île Itaparica, en face de Bahia, a sept lieues de long et à peu près deux de large dans sa plus grande dimension. Elle est très-fertile, et fournit le marché de Bahia de fruits et de légumes de toute espèce. Chaque matin on voit partir pour Bahia une petite flotte chargée de ces denrées. On y porte aussi beaucoup de poterie : cependant on la fabrique principalement à Jagoaripe, bourg assez considérable, situé sur le continent vis-à-vis de l'île, et dont les habitans jouissent d'une grande aisance. Parmi ceux de l'île se trouvent beaucoup de pêcheurs à la baleine; on voit les nombreux débris de ce cétacée employés dans les haies des cours et des jardins, et ils attestent que les pêcheurs sont à la fois habiles et secondés par la fortune, en même temps qu'ils prouvent le grand nombre de baleines qui existent dans ces mers. Quant à la ville de Bahia, elle est bâtie à l'entrée du Reconcavo, sur la rive orientale, en partie sur la plage, en partie sur le penchant de la colline. Les édifices, surtout dans la ville haute, sont entourés de jardins et de bosquets, qui, vus du port, présentent un aspect fort pittoresque. Dans la partie la plus ancienne, les maisons sont bâties à l'Européenne; elles sont pour la plupart fort hautes, pourvues de balcons et surmontées de toits plats.

Dans le voisinage de la douane et du lieu de débarquement les maisons ont la plupart trois, quatre et même cinq étages, et cependant elles n'ont guère en largeur que trois à quatre fenêtres. Les rues sont étroites et irrégulières, parce que le peu d'espace qui sépare la paroi de rochers de la mer ne permettait pas de les mieux espacer. Trois rues ascendantes et fort rapides unissent la ville commerciale aux autres quartiers et aux faubourgs. Là les maisons sont plus basses, plus claires et plus accommodées au climat; les rues sont plus larges, plus propres et mieux pavées. Il y a dans Bahia une grande quantité d'édifices publics; mais ils sont plus remarquables par leur étendue que par la beauté de l'architecture; la plupart sont déjà fort vieux, eu égard à la durée des édifices au Brésil. Nous citerons, comme méritant d'être remarqués, le théâtre et le palais du gouverneur, tous deux construits sur une belle place, d'où la vue s'étend au loin sur le Reconcavo; nous citerons aussi l'église et le collège des Jésuites, puis l'église des Barbadinhos italianos. En général, Bahia est riche en églises et compte jusqu'à vingt-cinq couvens.

Il n'y a dans la ville basse que des commerçans; les plus riches, et notamment les étrangers, ont de plus des maisons de campagne et de vastes jardins sur les hauteurs, hors de l'enceinte de la ville. Le marché aux esclaves, la bourse, les magasins des négocians, l'arsenal et l'atelier de construction maritime sont aussi dans la ville basse. On fait un cas particulier des bâtimens construits à Bahia, tant à cause du mérite de la construction que pour l'excellence du bois qu'on y emploie.

Après Rio-Janeiro, Bahia est aujourd'hui la ville la plus importante du Brésil; son commerce est même plus considérable que celui de cette capitale. Le sucre est le principal article d'exportation; on envoie aussi en Europe beaucoup de coton, du café et des peaux de bêtes. Le commerce de Bahia avec les provinces voisines Piauhi,

Sergipe del Rey, Ilheos, etc., est florissant et va toujours s'améliorant. Pendant la domination portugaise, le gouverneur comte dos Arcos, le même qui fut depuis ministre de la marine, embellit beaucoup Bahia et la dota de beaucoup d'établissemens utiles. Sous son administration, qui dura plusieurs années, on vit s'élever une verrerie, une imprimerie, une bourse, un théâtre; les promenades furent rendues plus belles, plus spacieuses; il fonda la bibliothèque, créa des écoles et fit naître chez les habitans le goût des sciences.

L'histoire de Bahia ne manque pas d'intérêt, et ce pays est en général si pauvre en souvenirs, qu'elle mérite d'être indiquée. En 1516 le roi Jean III, conformément au système de colonisation alors usité, investit don Francisco Pereira Coutinho de toute la côte depuis la Punta de San Antonio jusqu'au fleuve San Francisco. Lorsque Coutinho aborda dans la Bahia de Todos os Santos pour y fonder son établissement, il trouva parmi les Tupinambas qui l'habitaient un Portugais qui s'appelait Alvares Correa; plusieurs années auparavant une tempête l'avait jeté sur cette plage, et il s'était uni à une Indienne, fille d'un chef. Cet Alvares était parvenu à se former un parti puissant, et son crédit d'abord favorisa beaucoup l'établissement de ses compatriotes. Mais il ne tarda pas à éclater des dissensions entre les Portugais et les Tupinambas; car Coutinho, loin de réprimer les violences de ses subordonnés, assurait leur impunité en leur donnant lui-même l'exemple de toute sorte d'excès. Correa, qui voulut protéger ses anciens amis contre les nouveaux colons, fut arrêté par ordre de Coutinho. Alors Paraguaçu, son épouse, appela à la vengeance son père et sa tribu, et il fallut peu de temps pour contraindre Coutinho à quitter la contrée; il s'enfuit à Ilhéos, emmenant avec lui son prisonnier. Il y aurait vraiment matière à un roman, ou à un poème héroïque, si, pour nous faire une idée de cette héroïne des Tupinambas, nous pouvions oublier l'aspect repoussant des Indiennes de nos jours. Après quelque temps, une faction qui s'était formée chez les Tupinambas invita Coutinho à revenir, et comme ses vaisseaux entraient dans la baie, survint une violente tempête qui les jeta sur la côte de l'île Itaparica, où ils furent tous brisés; lui et tous ceux de ses compagnons qui purent échapper au naufrage, tombèrent au pouvoir des Tupinambas et furent mangés comme étant de bonne prise. Cette catastrophe rendit la liberté à Alvares Correa; les Indiens lui firent bon accueil, et il vécut encore fort long-temps parmi eux. Par la mort de Coutinho ce pays fit retour à la couronne de Portugal. Jean III, voyant tout le parti qu'on pouvait tirer de la baie de Todos os Santos, résolut d'y fonder la capitale de tout le Brésil. Pour accomplir l'entreprise, on fit partir cinq gros vaisseaux, six cents volontaires et quinze cents criminels condamnés. Thomas de Souza en eut le commandement avec titre de gouverneur général; on soumit en même temps à ses ordres tous les autres établissemens, et l'on restreignit beaucoup les priviléges de ceux qui les premiers avaient reçu des fiefs dans ces contrées.

A l'arrivée de Souza, Alvares Correa vivait encore : l'influence de cet homme singulier ne lui servit pas moins que sa propre sagesse et sa modération à établir des rapports d'amitié avec les Tupinambas, qui favorisaient beaucoup les développemens de ce nouvel établissement. Plus tard, quand des divisions éclatèrent entre les Portugais et les Indiens, la nouvelle colonie était déjà tellement affermie par l'appui que lui avaient prêté les Indiens eux-mêmes, qu'il n'y avait plus d'inquiétude à concevoir de leur agression, et qu'il devint même évident que cette agression ne pouvait conduire qu'à leur perte. L'arrivée de beaucoup de Jésuites multiplia encore les occasions d'hostilité par le zèle peut-être outré qu'ils apportèrent à la conversion des Indiens. Ils s'appliquèrent aussi à extirper les habitudes anthropophages des Tupinambas, et souvent ils leur arrachèrent leurs victimes.

En 1552 Thomas de Souza remit le gouvernement à Duarte da Costa, qui avait été nommé son successeur. Celui-ci arriva accompagné de plusieurs Jésuites, entre autres du célèbre Anchieta; mais bientôt ils quittèrent Bahia, pour continuer dans le midi du Brésil les travaux de leur mission, et pour jeter les fondemens de la puissance que leur ordre établit au Paraguay.

La fin du seizième siècle fut pour Bahia une époque importante; car l'accroissement de la population et l'étendue toujours plus grande des établissemens portugais au Brésil amenèrent la division de cette colonie en deux gouvernemens distincts. Bahia resta la capitale du gouvernement septentrional, Rio-Janeiro le devint des provinces méridionales (1572). Néanmoins, au bout de quelques années, on réunit les deux gouvernemens, pour être bientôt séparés de nouveau, jusqu'à ce qu'enfin Rio-Janeiro devînt la capitale de tout le Brésil. A peu près à la même époque les Tupinambas partirent pour l'intérieur du pays; seul moyen qu'ils eussent de se dérober aux Portugais, dont les attaques réitérées menaçaient de détruire peu à peu toute leur race. Une partie de leurs habitations furent dans la suite occupées par d'autres sauvages, qui appartenaient à des tribus moins puissantes, et celles-ci à leur tour disparurent devant la civilisation européenne, qui ne cessait de s'étendre. Aujourd'hui on connaît à peine le nom de la plupart de ces tribus sauvages; le peu qui en resta se répandit dans les forêts de l'intérieur, ou s'établit parmi les colons, se perdant et se mêlant ainsi au sang européen et au sang africain.

La mort du roi Don Sébastien dans la malheureuse bataille d'Alcaçar eut pour conséquence la réunion du Portugal et du Brésil à l'Espagne. Il y eut de la part du gouvernement espagnol tant de négligence, tant de mauvais vouloir à l'égard de cette colonie, que ce fut une espèce de provocation, une occasion fournie tout naturellement aux ennemis de cette puissance pour tenter une attaque sur le Brésil. En 1623 la Compagnie hollandaise des Indes occidentales arma une flotte de soixante voiles pour s'emparer de cette proie, qui, d'après les apparences et les renseignemens qu'on avait recueillis, devait être d'une conquête facile. Quoique la cour d'Espagne fût informée de ces armemens et du but de l'expédition, elle ne fit rien pour s'y opposer, et quand une division de la flotte hollandaise parut devant Bahia, sous les ordres de Willekens, le gouverneur Diego de Mendoza n'avait pour défendre la capitale que quatre-vingts hommes de troupes de ligne; quant aux hommes de la milice, ils avaient plus d'aversion pour le joug espagnol que pour les Hollandais, et même, à certains égards, ils regardaient ceux-ci comme des alliés et des libérateurs; ils se dispersèrent donc sans la moindre résistance. Mais le gouverneur défendit si vaillamment son palais, où il s'était retranché avec sa troupe, que les Hollandais lui concédèrent la faculté de se retirer où il voudrait. Cependant ils ne tinrent point leur parole, et dès qu'il eut posé les armes, ils le déclarèrent prisonnier et le renvoyèrent en Europe. Peu de temps après que Willekens se fut emparé de Bahia, le reste de la flotte hollandaise y arriva conduite par Vandoort, qui prit le commandement supérieur; bientôt néanmoins l'événement prouva que ce n'était pas la lâcheté des Brésiliens qui avait rendu sa victoire si facile, et que la cause en était d'abord dans la négligence du gouvernement, puis, de la part du peuple, dans le défaut de dévouement et de confiance. Révoltés de l'avarice grossière des Hollandais, les habitans de Bahia et de toute la province se réunirent dans les cantons les moins habités du pays. L'évêque Marcos Tejeira se mit à leur tête, et les Hollandais furent en très-peu de temps réduits à ne plus posséder que la capitale; la province toute entière était en révolte ouverte. Cette énergique insurrection donna à la cour d'Espagne le temps d'armer une flotte pour secourir le Brésil. En 1625, Don Fadrique de Tolède parut devant Bahia, et après un siège d'un mois, il contraignit la garnison hollandaise à se rendre. Depuis lors les Hollandais ne purent plus réussir à s'établir à Bahia; la flotte qu'ils envoyèrent pour opérer une nouvelle tentative, fut battue par Don Fadrique. Mais en revenant en Espagne, la flotte de ce dernier eut tant à souffrir de la tempête, qu'il ne put rentrer à Cadix qu'avec fort peu de bâtimens, qui étaient dans le plus mauvais état. Bahia fut désormais abandonnée à elle-même. Plus tard, l'amiral hollandais Petrid ne put point pousser ses avantages au-delà de la dévastation des côtes; mais les moyens de défense, ou le peu de zèle de l'autorité, ne permirent point de seconder les généreux et héroïques efforts du pays contre les Hollandais. La glorieuse restauration qui éleva la maison de Bragance au trône de Portugal, en séparant cette puissance de l'Espagne, s'accomplit avec un égal enthousiasme dans le Brésil, et la domination espagnole finit sans que personne essayât de tirer l'épée pour elle.

Depuis lors jusqu'à nos jours Bahia gagna beaucoup en étendue, en population, en importance commerciale, et si les progrès ne furent pas rapides, du moins ils furent continus. Néanmoins l'histoire de cette ville est aussi insignifiante que l'est pour la même époque celle des autres colonies portugaises. Le seul événement qui mérite d'être rappelé, c'est la translation du siège du gouvernement de Bahia à Rio-Janeiro, mesure qui fut exécutée sous le ministère du marquis de Pombal. Sans doute Bahia y perdit beaucoup de sa splendeur et de son importance politique; mais la translation fut plus profitable que nuisible aux commerçans de cette ville. Cela n'empêche point qu'il n'en soit résulté un mécontentement fort grand parmi les habitans de Bahia et des provinces septentrionales : on affecta des habitudes d'indépendance, ce qui devint assez facile à raison de la distance, et cette disposition dure encore aujourd'hui. Les derniers événemens de Bahia l'ont prouvé; car, si les mouvemens dont Rio-Janeiro était le foyer, ont trouvé tant de résistance dans les provinces septentrionales, c'est, on ne saurait le nier, à cet esprit d'indépendance locale et à la jalousie de Bahia contre Rio qu'il faut l'attribuer. En 1821, il est vrai, ce furent les troupes portugaises en garnison à Bahia qui, avant d'en avoir reçu l'ordre et contre le gré du prince régent, proclamèrent la constitution portugaise et s'opposèrent violemment à toute séparation du Brésil d'avec la métropole; mais une grande partie de la population favorisa cette résistance des troupes, soit par sa participation, soit par une indifférence que l'on ne pouvait nullement confondre avec un véritable attachement à la métropole, mais qu'il faut attribuer plutôt à des vœux et à des plans que l'avenir développera tôt ou tard, quoiqu'ils soient, quant à présent, comprimés par la main puissante qui étend sa domination sur le Brésil. En 1824 le repos de Bahia n'a été troublé que par la sédition d'une partie de la garnison et par le meurtre du commandant Felisberta Caldeira; crime qui n'eut pas d'autre suite, et qui peut-être n'avait pas d'autre but.

PERNAMBUCO.

Quoique cette capitale de la province en porte le nom, elle consiste, à proprement parler en deux villes, Olinda et San Antonio de Recife. Olinda, la capitale véritable et la plus ancienne, est située sur une petite colline, d'où s'étend vers le sud une langue de terre étroite, en partie sablonneuse, en partie rocailleuse. L'extrémité méridionale s'élargit et porte la ville de Recife; vis-à-vis, sur un cap sablonneux qui s'étend du sud au nord, est la partie de la ville San Antonio proprement dite, et au-delà du bras de mer qui est entre cette pointe et le continent, est Boa Vista, la partie la plus neuve de la ville. Le port de Recife est appelé Mosqueira; il est formé par une série de rochers qui sont en partie cachés sous l'eau à peu de distance des deux promontoires, où sont construits San Antonio et Recife. Ces rochers ne donnent aux vaisseaux qu'un étroit passage, et ils sont assez bien abrités derrière cette digue, tandis que la mer, quand elle est agitée par les tempêtes venues de l'ouest, se brise avec furie contre le roc protecteur. Mais au sud, l'intérieur du port est moins sûr, c'est la partie qu'on appelle Poço; car ici le récif est moins haut, et la côte est hérissée de rochers.

Autour de la ville le sol est composé de sable; cependant des coteaux s'élèvent à quelque distance du rivage. Ces coteaux, surtout aux environs d'Olinda, sont couverts de plantations, de jardins, de blanches maisons de campagne, qui contrastent avec le feuillage des bosquets et des palmiers-cocos. Comme dans toutes les villes du Brésil, on distingue dans l'architecture des maisons de Pernambuco deux époques différentes : les édifices les plus anciens sont entièrement construits dans le style européen; les maisons sont hautes, étroites; elles ont des pignons pointus et beaucoup de fenêtres et de balcons. Dans les derniers temps, au contraire, on bâtissait avec plus de goût, et les habitations répondent mieux à ce qu'exige le climat et sont ordinairement entourées de jardins. Ce quartier s'étend surtout de Boa Vista vers l'intérieur du pays, tandis que sur le rivage ces édifices se dispersent en maisons de campagne. Il n'y a vraiment point à Pernambuco d'édifices publics, quoiqu'il y ait un palais du gouvernement, un trésor public et une multitude de couvens et d'églises. Les rues sont dépourvues de pavés, mais en général fort propres, et l'aspect extérieur de la ville présente plus d'ordre et d'agrément que la plupart des villes maritimes du Brésil, sans même en excepter Rio-Janeiro. La population de Pernambuco est aujourd'hui de 88,500 ames.

La ville et le port sont défendus par plusieurs forts; les plus considérables, appelés do Baraco et do Brum, sont situés sur l'isthme étroit qui joint Olinde avec Recife, précisément en face de la ligne de rochers qui ferme le port. L'entrée est de plus protégée par le petit fort do Gicam, qui est établi sur ces rochers eux-mêmes. Après Bahia, Pernambuco est la plus importante des villes maritimes du Brésil; c'est le principal siége du commerce avec l'Angleterre, et cet avantage lui assure une prospérité dont les troubles politiques peuvent bien interrompre les progrès, mais qu'ils ne détruiront pas.

VOYAGE PITTORESQUE
DANS LE BRÉSIL.

PORTRAITS ET COSTUMES.

Les diverses races d'hommes que l'on remarque dans les États du Nouveau-Monde, et l'immense variété qui les caractérise, offrent à l'observateur, à l'homme d'État, au citoyen, l'aspect le plus intéressant que les sociétés humaines puissent présenter.

On dirait que la civilisation a voulu égaler ou même surpasser les richesses dont la nature a fait briller le règne animal et le règne végétal. Sous ce rapport le Brésil l'emporte sur toutes les autres contrées de l'Amérique, et notamment sur les colonies espagnoles. L'importation des noirs d'Afrique y est bien plus considérable, et les races indigènes y sont bien plus nombreuses : d'ailleurs les colonies portugaises de l'Asie y apportent un mélange de sang malais, chinois, et de celui des peuples de l'Indostan. Voici à peu près dans quelle proportion les diverses races du Brésil sont réparties les unes envers les autres :

La population est de 4,000,000 d'individus.
Blancs. 843,000;
Hommes de couleur. 628,000;[1]
Noirs 1,987,500;
Indiens . . . . 300,000.

Dans cette livraison et dans quelques-unes des suivantes on tâchera de faire connaître les différentes parties de la population, tant sous le rapport de leurs formes extérieures, que pour ce qui concerne leurs mœurs, leurs usages, leurs occupations. Il est juste d'accorder la première place de ce tableau à l'habitant primitif, quoiqu'il ait été repoussé sur les degrés inférieurs de la société. Qu'il nous soit permis d'abord de nous livrer à quelques observations générales sur l'origine, les migrations

---

[1] On n'a point eu égard ici à la division en hommes libres et en esclaves, et sous la dénomination d'hommes de couleur sont compris tous ceux qui ne sont ni noirs, ni blancs, ni Indiens.

et l'histoire des indigènes, sur l'état antérieur et sur l'état actuel de leur civilisation, enfin, sur leurs relations avec les Européens. Il nous est entièrement interdit d'approfondir ce sujet : nous ne donnerons donc que de courtes indications sur les principaux points de la question. Les matériaux nous manquent pour résoudre les doutes; et peut-être le temps n'est plus, où la solution de ces problèmes eût été possible. Il ne reste pour connaître la plupart des peuples d'Amérique que les débris de ces peuples eux-mêmes; ce qui prouve en même temps que la perte de leur généalogie n'est pas grande, et que, pour retrouver leurs origines, l'histoire naturelle a plus à faire que l'histoire. Il n'y a de guides ici que les langues et les traditions, et l'on sent, au premier abord, combien ces sources sont insuffisantes. Parmi les premiers colons il y en eut peu qui s'inquiétassent de savoir quelque chose sur les habitans primitifs, et nul, sans doute, n'aurait eu pour entreprendre un pareil travail les connaissances nécessaires et l'esprit méthodique qu'exige un plan suivi. Depuis, et dans les derniers temps, le Brésil a été visité, il est vrai, par des voyageurs instruits et avides de science; mais l'objet de leurs recherches s'était presque entièrement évanoui, les tribus indigènes étaient ou détruites ou dispersées : on ne pouvait plus que raisonner d'après des analogies de mœurs, d'usages et de langues. Enfin, ces langues, qui peut-être présenteraient le plus de ressources, sont précisément ce que nous connaissons le moins : il est même impossible d'asseoir sur les notions que nous en avons, des idées générales qui approchent d'aucune espèce de certitude. Ce sont des choses qu'il faut abandonner à des découvertes futures : elles détermineront, peut-être, quelle est la nature des langues de l'Amérique et quels sont les rapports qui existent entre elles.

Sans exprimer nos doutes et nos objections, nous répéterons l'assertion qui donne à l'Amérique cinq cents langues, toutes différentes les unes des autres; chose d'autant plus bizarre, qu'elle ne s'accorde nullement avec ce que nous savons des variétés de l'espèce humaine dans l'Amérique méridionale. On n'y trouve en effet que trois races qui soient distinguées par des caractères extérieurs : ce sont, au nord, les Caraïbes; puis, au sud, quelques tribus du Chili (par exemple, les Araucanes); et, enfin, les nombreuses tribus qui ont des rapports de ressemblance avec la race mongole de l'ancien continent. La plus grande partie de la population primitive de l'Amérique méridionale, et notamment celle du Brésil, appartient à cette dernière espèce ; et cependant des cinq cents langues, dont il est question, la moitié au moins revient à l'Amérique méridionale, et peut-être en est-il jusqu'à cinquante que l'on parle au Brésil. Il existe dans l'ancien monde une disproportion d'un genre opposé entre les langues et les races de peuples, par exemple, en ce qui concerne les langues de famille indo-germanique, qui appartiennent aux peuplades germaniques et aux Hindous, quoique ces deux nations fassent partie de races d'hommes différentes.

Il y a dans les rapports entre les familles de langues et les familles de peuples des choses qui font croire à une action réciproque et continuelle, née de l'union des diverses races, de la fusion de ces langues et des progrès de la civilisation; et, pour en citer un exemple, nous dirons qu'il serait peut-être difficile de décider si la civilisation plus avancée des Guaranis et des Tupis a été la cause de l'usage plus général de la *lingoa geral*, ou si elle n'en a été que la conséquence. Si, de l'état où nous voyons les sauvages du Brésil et leurs langues, nous faisons quelques pas rétrogrades, il nous sera facile d'en revenir, au moyen de cette supposition, à l'époque où les sons qu'on essayait pour désigner les objets extérieurs, étaient encore plus informes et plus rares. Dispersés par le besoin de se nourrir, les enfans de plusieurs couples, ou même d'un seul couple, ont pu oublier les premiers germes d'une langue que cependant ils avaient apprise en commun. Éloignés les uns des autres, ils ont dû modifier cette langue ou même en créer de nouvelles; enfin, après plusieurs générations, des races issues de la même souche, et en ligne directe, venant à se rencontrer de nouveau, durent avoir des langues toutes différentes. Une autre fusion s'opéra quand la civilisation eut élevé ces petites agrégations à de grandes sociétés. C'est là, sans doute, ce qui sera arrivé pour les Guaranis, pour les Tupis, et encore bien plus pour les habitans du Pérou et de la haute plaine de l'Amérique méridionale. Mais revenons à notre sujet.

Les anciens auteurs divisent les habitans du Brésil en Tupis et en Tapuyas; et cette division est fondée en partie sur la langue, en partie sur l'organisation physique, en partie enfin sur des traditions et sur des faits historiques. Les langues des Tupis ont une certaine analogie entre elles et de plus avec celle des Guaranis, voisins du Paraguay; elles sont issues de celle que les Portugais appellent *lingoa geral*, parce qu'elle est commune à beaucoup de peuplades répandues dans le sud de l'Amérique. Au contraire, les langues des Tapuyas n'ont, les unes avec les autres, que fort peu d'analogie, et n'en ont point du tout avec la *lingoa geral*. Les différences d'organisation physique sont moins sensibles. Les Tupis et les Tapuyas ont des caractères communs très-prononcés : ils ont la couleur de la race mongole d'Asie, et leur crâne est conformé de même. Ce qui les distingue surtout, c'est que les Tapuyas ont des membres plus robustes, une taille plus élevée, et en quelque sorte une tournure plus humaine. Néanmoins ces caractères ne sont pas si tranchans qu'on en puisse conclure qu'il y a une différence de souche, et encore bien moins une différence de race : peut-être même l'histoire de ces peuples les expliquerait-elle suffisamment. Ce serait, à ce qu'il paraît, une erreur, si, cédant à la propension de tout généraliser, on voulait comparer les rapports des Tapuyas et des Tupis à ceux que l'on observe entre les Caraïbes, les Galibis et d'autres peuplades du Pérou, ou bien à ceux qui existent entre les peuplades d'Araucanes du Chili et les Guaranis. Ce serait une erreur encore si l'on voulait en conclure une affinité des uns aux autres. Il y a lieu de croire, au contraire, que les Araucanes et les Caraïbes sont deux peuples de souche entièrement différente : ils ne paraissent avoir ni entre eux ni avec les autres habitans primitifs de l'Amérique d'autre analogie, du moins en ce qui concerne la forme extérieure, si ce n'est la conformation commune à toutes les parties de l'espèce humaine. Au contraire, il paraît que tous les autres peuples d'Amérique, les Guaranis, les Tupis, les Péruviens, les Tapuyas et les habitans de la Plata qui ne font pas partie des Guaranis, enfin que les habitans de l'Orénoque et des Amazones qui ne sont point Caraïbes, ont des caractères communs dans leur structure extérieure, et que, s'ils n'ont pas une origine commune, il y a du moins des raisons d'admettre entre eux une parenté plus rapprochée.

Quant à l'histoire des Tupis et des Tapuyas, les premiers voyageurs et les premiers colons regardent ces derniers comme étant les anciens habitans de la côte orientale du Brésil; mais, au temps de la conquête, les efforts réunis des Tupis les avaient refoulés plus vers l'intérieur. C'est pourquoi les premiers naturels rencontrés par les Portugais étaient des Tupis. Les plus nombreux d'entre eux sont les Tupinambas, dans le pays de Bahia, et les Tapinaës, sur la côte de Rio-Janeiro. Les accroissemens des colonies européennes, les hostilités qui s'ensuivirent, et les guerres des naturels entre eux, eurent pour effet de détruire entièrement plusieurs races de Tupis et d'affaiblir beaucoup les autres. Alors on vit arriver de l'intérieur de nouvelles peuplades. Sur la côte d'orient les Aymores détruisirent tous les vestiges de la civilisation : ils n'épargnèrent pas plus les blancs que les Tupis. Ce ne fut qu'après une guerre d'extermination que les Portugais réussirent à contenir cette nation dans des limites déterminées, sans cependant la soumettre, sans même en obtenir une paix durable. Il est assez démontré que les Botocudos sont des descendans de ces Aymores. Il est moins bien établi que ces Aymores et ces Botocudos aient fait partie des Tapuyas, les continuels ennemis des Tupis. Toutefois on pourrait alléguer en faveur de cette opinion leur arrivée de l'intérieur des terres, leur inimitié envers les Tupis, leur langue et les différences extérieures de leur conformation. Pendant qu'une nation puissante s'emparait ainsi d'une partie de la côte orientale, les Tupinambas, qui tiennent le premier rang parmi les Tupis, abandonnaient entièrement cette partie du Brésil, sans qu'on puisse dire avec certitude où ils allaient, ni ce qu'ils sont devenus. Néanmoins, il y a lieu de conjecturer qu'il en existe encore des restes dans les forêts primitives des Amazones : quelques auteurs assurent qu'une partie de ces Tupinambas s'est montrée au Pérou.

Si l'on en excepte cet événement, et la part glorieuse que prirent les Indiens à la guerre des Portugais contre les Hollandais, dans la province de Pernambuco, il n'y a dans l'histoire des peuples indigènes aucun fait, aucune époque marquante. Ces peuples sont toujours en guerre, soit entre eux, soit avec les Portugais. Mais les vicissitudes de ces guerres sont absolument sans intérêt : l'histoire des progrès de la puissance portugaise n'en aurait pas davantage ; il suffit d'indiquer les rapports généraux des peuples primitifs avec les Portugais et avec la civilisation.

Les relations des plus anciens voyageurs, par exemple de Lery, de Staden, etc., démontrent qu'à l'époque de la conquête, les habitans primitifs du Brésil étaient parvenus à un degré de civilisation plus élevé que celui où nous les voyons aujourd'hui. La raison principale de ce changement défavorable est, sans doute, dans leurs communications avec les Portugais. Beaucoup de voyageurs ont regardé les peuples actuels du Brésil comme étant encore dans l'état de nature, ou bien ils les ont considérés comme arrivés seulement au premier degré de la civilisation. D'autres, au contraire, parlent des funestes effets produits par la civilisation européenne sur ces sauvages, et soutiennent qu'ils sont incapables de la recevoir. Ces vues cependant sont fausses : les Indiens ne sont pas des hommes de la nature ; ils sont moins des sauvages que des hommes qui ont rétrogradé vers cet état : on les a repoussés violemment du point auquel ils étaient parvenus. Des guerres sanglantes et des vengeances cruelles ont, pendant des siècles, retenu ces peuples dans un état d'abrutissement qui ne saurait être celui de la nature, lequel suppose l'existence d'une liberté de développemens intellectuels et physiques. Quant à la civilisation européenne, il faudrait, pour en juger, que les Portugais en eussent réellement fait l'essai ; mais on ne tenta que rarement, et depuis peu de temps, de la communiquer aux habitans du Brésil. Les Portugais n'ont fait absolument que détruire la civilisation qu'ils ont trouvée établie, comme ils détruisaient les peuples eux-mêmes. L'état actuel des Indiens ne peut donc conduire à aucun résultat sur leur aptitude à la civilisation. Pour bien apprécier ce sujet, il faudrait peut-être s'écarter des idées européennes, il faudrait tourner ses regards vers le Pérou et Cundinamarca. Ce n'est point ici le lieu d'établir des comparaisons entre la civilisation du Pérou et celle de l'Europe : peut-être ces comparaisons exigeraient-elles un juge étranger aux deux contrées ; car, d'un côté, de brillantes apparences pourraient nous égarer et nous faire estimer trop haut la première, et, de l'autre, nos préventions et nos préjugés européens nous ôteraient aussi tout moyen de lui appliquer une juste mesure.

On trouve un exemple de ce que peut la civilisation européenne sur ces peuples primitifs, dans ce qu'ont fait les missionnaires du Paraguay et dans le singulier empire du docteur Francia. Les créations des jésuites ont, peut-être, été beaucoup trop vantées; mais à coup sûr on les a plus souvent présentées sous un faux jour, et sans leur rendre aucune justice. Nous accorderons que ce genre de civilisation n'est pas favorable aux développemens libres des facultés individuelles, et qu'il apporte de grands obstacles à tous les progrès qu'on voudrait faire au-delà d'un point donné. On ne peut nier cependant qu'ici les jésuites n'aient fait faire à la civilisation un pas immense; et dès-lors il fut aisé de prévoir qu'un jour les liens qui, peut-être dans leur pensée, devaient enchaîner sa marche, seraient infailliblement rompus. Les missions des jésuites offrent beaucoup d'analogie avec la civilisation des Péruviens sous les incas; elles paraissent avoir été adaptées au caractère des habitans primitifs, et surtout à celui des Guaranis et des Tupis. En adoptant ce système, les jésuites donnèrent une preuve d'habileté et de sagesse; tandis que, comparée à la leur, la conduite d'autres Européens et celle de leurs gouvernemens présentaient un contraste fâcheux.

Cette digression, quoiqu'elle paraisse nous éloigner de notre sujet, n'était point inutile : elle doit convaincre que tout essai pour civiliser les Indiens échouera nécessairement, s'il n'est pas entrepris dans les mêmes principes, et suivi avec la constance et la sagesse qu'ont déployées les jésuites des missions. Il serait déraisonnable de vouloir autre chose que d'amener les Indiens au point où en sont chez les Européens les classes inférieures, et c'est là précisément ce qu'ont opéré les jésuites. Si, au lieu de faire des Indiens des esclaves, on avait suivi l'exemple de ces jésuites, si l'on avait créé une population indigène et agricole, le Brésil se trouverait dans une situation bien autrement favorable : c'est ce qui ne peut échapper à aucun observateur sensé. Les peuplades de Tupis, trouvées sur la côte par les premiers navigateurs européens, paraissent en avoir été alors à ce point où la vie errante de familles et de hordes de chasseurs fait place à l'existence agricole et à la civilisation des sociétés plus étendues. Ces Tupis habitaient des villages ou des groupes de huttes plus ou moins considérables : néanmoins il ne paraît pas qu'ils eussent tous abandonné la vie errante; car ces villages ne demeuraient stationnaires qu'un certain temps, c'est-à-dire tant que la contrée fournissait aux habitans assez d'eau, de gibier, de fruits et de racines. Quant à ces dernières, les Indiens, pour mieux assurer leur subsistance, les cultivaient autour de leurs huttes; toutefois les moissons semblent avoir été recueillies en commun, et les jésuites ont conservé cet usage. Souvent ces sortes de villages étaient protégés contre les incursions de l'ennemi par des palissades et par des fossés. L'arc, la flèche et la massue étaient les armes dont on se servait : les riverains faisaient aussi la guerre sur des canots et des radeaux. L'organisation civile était dans son enfance; mais déjà on distinguait chez ces peuples un pouvoir spirituel et un pouvoir temporel; le premier était au-dessus de l'autre et par l'influence morale et par une prééminence intellectuelle : ces différences étaient plus prononcées, plus distinctes que cela n'eût été possible chez un peuple uniquement composé de chasseurs, plus même qu'elles ne le sont aujourd'hui. L'influence des prêtres chez les Tupis recèle peut-être en elle-même le germe de la théocratie des incas du Pérou et de celle des jésuites du Paraguay.

Les traits principaux que nous rassemblons ici, sont confirmés par tous les témoins oculaires : ils prouvent un commencement de civilisation, dont l'existence ne peut être réfutée ni par les idées brutes des Indiens en fait de religion, ni par leur cruauté, ni par leur qualité d'anthropophages. Il est évident que, si l'on voulait obtenir des résultats importans pour les colonies européennes, il fallait leur laisser suivre la route dans laquelle ils étaient entrés, ou même les y guider. Toutefois cette route est hérissée de difficultés, et il serait injuste d'accuser les Portugais seuls du mauvais succès de l'entreprise, ou bien de leur reprocher de l'avoir trop rarement tentée. Il serait aussi impossible que superflu de rechercher quelle fut la cause des premières hostilités : il suffit de savoir que des deux parts, et sur tous les points, on vit s'allumer promptement une guerre d'extermination, dont l'issue fut l'extinction de la plus grande partie des habitans, et souvent même la disparition de leur nom. Ce qui survécut au carnage, fut ou réduit en esclavage ou contraint de se sauver dans les bois; et là on revint à peu près à l'état d'où l'on était sorti peu avant l'arrivée des Européens.

La faiblesse des habitans primitifs et les forces toujours croissantes des Européens d'une part, et de l'autre les progrès de la civilisation parmi les colons mêmes, l'adoucissement de leurs mœurs, enfin quelques mesures sages et bienveillantes dues au gouvernement, ont fait cesser cet état violent, et peu à peu ces causes ont amené les Indiens à leur position actuelle. Comme nous reviendrons sur ce sujet, nous nous contenterons ici de l'indiquer en peu de mots. Les anciens esclaves des colons et leurs descendans sont libres, et forment une partie de la classe inférieure de la société : ils sont journaliers, bateliers, pêcheurs. Leur sang déjà s'est mêlé de beaucoup d'élémens européens et africains. On a cherché à créer des établissemens de ce qui reste des races indépendantes; on a voulu les ramener à l'agriculture et à une vie commune; mais sans obtenir de succès notable : il faudra bien du temps pour anéantir le souvenir des cruautés exercées sur ces peuples et pour y substituer une confiance réciproque. La plupart des indigènes, et surtout des Tapuyas, habitent encore les forêts primitives, qu'ils parcourent par petites bandes de chasseurs. Toutefois les sauvages du Brésil sont avec les Européens dans des rapports paisibles, et il est rare de voir des actes de violence interrompre la bonne intelligence. Cependant il ne faut pas croire que ces habitans primitifs soient subjugués : il serait inutile et fort difficile de les soumettre. Il y a entre eux des guerres continuelles, soit à raison de la chasse, soit pour des inimitiés héréditaires, qui peut-être remontent aux divisions des Tupis et des Tapuyas. Les noms de ces peuplades ne rappellent en rien les noms de celles qui étaient dans ces lieux au temps de la conquête, soit que leurs restes dispersés les aient oubliés pour en prendre d'autres, soit qu'en effet d'autres peuplades, comme les Tapuyas, soient venues de l'intérieur. Au surplus, il en est qui ont plusieurs noms, sans compter celui qu'elles se donnent à elles-mêmes. Les Portugais les appellent selon le mot de leur langue qui répond à tel ou tel caractère extérieur et distinctif, tandis que, de leur côté, d'autres peuples se servent aussi de leurs propres mots pour leur donner un nom qui réponde soit à ce caractère, soit à tout autre dont ils sont plus particulièrement frappés. C'est ainsi que les noms de ces peuples se sont multipliés au point de produire une grande confusion dans les recherches. On peut distinguer maintenant sur la côte orientale du Brésil les nations indiennes en Botocudos, Puris, Coroados, Coropos, Machacalis, Macuonis, Penhanis, Capoxos, Cataxos, Camacans, etc. Parmi ces nations il serait difficile de dire lesquelles appartiennent aux Tupis, lesquelles aux Tapuyas. Dans l'usage ordinaire du discours ce dernier nom comprend tous les Indiens sauvages indépendans, par opposition à ceux qui sont soumis et civilisés; mais l'abus qu'on fait du mot est facile à expliquer.

VOYAGE PITTORESQUE
DANS LE BRÉSIL.

PORTRAITS ET COSTUMES.

La race africaine compose une portion si notable de la population des États d'Amérique et surtout du Brésil, elle forme un élément si essentiel de la vie civile et des relations sociales de ce pays, que nous n'aurons, sans doute, pas besoin d'excuse, si, proportion gardée, nous consacrons une grande partie de cet ouvrage aux Nègres, à leurs habitudes, à leurs mœurs. On est surtout plus autorisé à en agir ainsi quand on écrit un voyage pittoresque : d'abord, la couleur des Nègres se présente au premier aspect comme un trait caractéristique à marquer dans l'image de ce pays ; en second lieu, les habitudes et le caractère particulier des Nègres offrent encore, en dépit de cette couleur et de leur physionomie, beaucoup de côtés vraiment dignes d'être observés et décrits. Toutefois, s'il se trouvait quelqu'un qui pensât que dans un pareil voyage c'est trop de deux cahiers entièrement remplis de portraits de Nègres, qu'il veuille bien considérer que le seul endroit de la terre où l'on puisse faire un pareil choix de physionomies caractéristiques parmi les différentes tribus de Nègres, est peut-être le Brésil, et notamment Rio-Janeiro, et que dans tous les cas c'est le lieu le plus favorable pour ces observations. En effet, la singulière destinée de ces races d'hommes amène ici sur un même marché des membres de presque toutes les tribus d'Afrique. L'artiste peut d'un seul coup d'œil obtenir des résultats qu'en Afrique même il n'atteindrait qu'en faisant dans toutes les contrées de cette partie du monde de longs et périlleux voyages. L'Amérique même ne lui offre dans aucun autre lieu les mêmes avantages à cet égard, le Brésil ayant dans ce moment le déshonorant privilége d'être le seul pays où, de fait, le commerce des esclaves se continue sans aucune espèce de restriction.

Si donc l'artiste a saisi l'occasion que lui offrait son séjour dans ce pays, s'il offre au public un choix des physionomies de Nègres les plus intéressantes, il aura d'autant plus lieu d'espérer son suffrage, que c'est pour la première fois qu'on a entrepris quelque chose de semblable. Malheureusement tous les ouvrages de ce genre, ou du moins la plupart d'entre eux, sont exécutés avec fort peu de conscience et avec une négligence égale des traits caractéristiques, tant en ce qui concerne les formes humaines ou les traits du visage, qu'en ce qui regarde la création végétale : on y chercherait aussi infructueusement une bonne physionomie de Nègre qu'un palmier bien fait.

Le commerce des esclaves d'Afrique, celui qui donne aux Nègres une place dans cet ouvrage, est, sans contredit, l'un des phénomènes les plus importans et les plus mémorables de l'histoire de l'humanité, tant par sa nature, que par ses conséquences, et plus encore par les résultats qu'on peut se promettre de sa cessation. L'observateur reporte toujours avec un nouvel intérêt ses regards vers ce commerce; il peut ainsi découvrir dans le passé la liaison des causes avec les effets, il peut en séparer les élémens qui appartiennent au temps présent, afin de calculer pour l'avenir les conséquences possibles de nouveaux développemens progressifs. Ce n'est qu'en apercevant clairement la possibilité d'atteindre à un but et à une destinée plus nobles, qu'il lui devient possible de s'élever au-dessus de la décourageante impression que l'on reçoit des cruelles misères du moment et des infortunes particulières : peut-être celles-ci ne sont-elles nulle part ailleurs plus propres à produire cette impression que dans la traite et l'esclavage d'Afrique et d'Amérique.

Le sort paraît avoir destiné l'Amérique à fournir une suite à l'histoire de l'ancien monde. Mais, quoique sous plusieurs rapports elle commence là où peut-être un jour nous nous arrêterons, elle a conservé dans l'esclavage l'un des principaux élémens de cette barbarie que l'Europe, après des milliers de combats et de révolutions, a enfin anéantie avec effort et qui paraît absolument incompatible avec le degré de civilisation d'où partent, en Amérique, les sociétés politiques. On ne peut nier non plus que l'esclavage ne soit l'un des écueils les plus dangereux de la plupart des États de ce continent : ils ont, au moyen de leur population d'Afrique, introduit chez eux le véritable principe tragique de leur histoire; c'est là cette teinte noire qu'Aristote veut trouver dans son héros. L'esclavage, le commerce des esclaves, et la question de leur abolition, sont de la plus haute importance par leur influence sur l'agriculture de l'Amérique, sur le prix de ses produits, sur le commerce des Européens non-seulement avec cette partie du monde, mais encore (par suite d'une inévitable réaction) sur leurs relations avec l'Asie; enfin, ces questions sont importantes encore par l'influence du commerce sur la politique des états de l'Europe, influence toujours croissante dans un siècle qu'on pourrait appeler exclusivement celui de l'industrie. Elles touchent plus ou moins tous les grands intérêts de l'Europe et même ceux des nations qui n'y participent point immédiatement. Quel est l'état, on pourrait dire quelle est la famille, quel est l'individu en Europe qui ne soit pas, d'une manière ou d'une autre, soumis à l'immense cercle d'action de commerce anglais et au système industriel? Ses changemens et ses crises exercent dans leurs diverses agitations et dans leur réaction une influence marquée sur les points les plus éloignés de la circonférence. Combien est important dans ce cercle d'industrie le sort de l'Afrique et de ses noirs enfans! Qu'il nous soit permis, en indiquant brièvement cet enchaînement de causes et d'effets, de gagner l'intérêt de nos lecteurs pour les physionomies africaines que nous leur soumettons.

Quel est l'état actuel des Nègres en Afrique? Quels ont été les changemens et les époques qui l'ont modifié, puis amené au point où il est maintenant? Ce sont là sans contredit des questions de la plus haute importance, non-seulement pour le savant, mais encore pour l'homme d'État; une solution satisfaisante permettrait d'en conclure quelque chose de vraisemblable sur la marche que prendra la civilisation en Afrique, contrée que, bon gré mal gré, il faut de plus en plus faire entrer dans les calculs de la politique européenne. Les connaissances que nous possédons aujourd'hui sur l'Afrique, sur ses habitans et sur son histoire, sont beaucoup trop incomplètes, malgré les peines que se sont données les voyageurs anglais, pour qu'il soit possible de répondre d'une manière satisfaisante à ces questions. Quoi qu'il en soit, nous ne pouvons dans ces cahiers en faire même le simple essai.

En général, ce qui paraît certain, c'est qu'il n'y a pas à présent une seule des tribus de Nègres qui habitent l'Afrique, qui soit restée dans l'état sauvage, si toutefois l'on veut appliquer ce mot au premier degré de civilisation connu, à celui qu'on remarque chez les habitans primitifs du Brésil; et même les tribus les plus grossières de Noirs vivent sous l'empire des formes et des usages qui constituent des sociétés civilisées; on trouve chez eux des chefs dont l'autorité est reconnue, des lois, des différences de castes, des hommes libres et des esclaves, des grands et des petits, enfin des prêtres et des laïques, toutes choses qui sont les conséquences nécessaires de ces formes de la vie sociale. On aperçoit à la tête de la civilisation africaine de puissans empires, des cités populeuses, où se présentent tous les besoins et toutes les jouissances amenées par la splendeur du chef, de sa suite et de son armée, et qu'un commerce étendu peut seul satisfaire. On ne manque pas non plus de dispositions légales propres à régler cette masse de possessions et d'intérêts; enfin, les institutions religieuses, capables de consolider les lois elles-mêmes, existent aussi chez ces peuples. Presque toutes les tribus de Nègres paraissent avoir des demeures fixes, à l'exception peut-être des Cafres et des Hottentots; toutes aussi, sauf la même exception, connaissent l'agriculture, l'éducation des bestiaux, et possèdent les premiers élémens des arts industriels. Des caravanes, régulièrement organisées, et souvent pour le commerce des routes déterminées, entretiennent des communications plus ou moins directes entre les divers points de cette partie du monde. Ce degré de civilisation paraît être en Afrique fort ancien à la fois et stationnaire : du moins il serait fort difficile de dire avec précision quelle influence a exercée sur cette civilisation tel ou tel événement important de l'histoire. D'ailleurs la civilisation européenne semble être elle-même beaucoup trop jeune pour avoir pu conserver un souvenir quelconque des premiers pas de celle de l'Afrique. Les descriptions que fait Léo Africanus d'un âge d'or des Noirs pourraient bien ne pas mériter plus de foi historique que les contes que nous transmet Hérodote, en nous les donnant toutefois pour tels. Il ne paraît avoir existé de relations fréquentes et immédiates avec les Nègres d'Afrique, ni de la part des Phéniciens et de leurs colonies, ni de la part des Grecs; et les conquêtes des Romains sur la côte septentrionale ne s'étendirent pas au-delà des peuplades de la Mauritanie ou d'autres qui ne font pas partie non plus de la race nègre. Le peu d'essais que les Romains firent pour pénétrer plus avant dans l'intérieur, demeura sans succès. Alors, comme de nos jours, on amenait sur les marchés d'Europe des esclaves noirs de l'intérieur de l'Afrique, mais sans avoir acquis sur leur patrie des connaissances plus particulières. La conquête que firent les Arabes de l'Égypte, de la Nubie, d'une partie de l'Abyssinie et de la côte orientale, enfin de toute la côte du nord, fut, sans nul doute, d'une bien plus grande importance pour les Noirs. La soumission et la conversion des habitans de la Mauritanie mirent bientôt leurs fanatiques conquérans en contact avec les tribus nègres de l'intérieur. Les unes furent repoussées plus loin dans les terres, les autres furent converties et subjuguées. C'est là, sans doute, de toute l'histoire des Nègres l'époque la plus importante que nous connaissions; elle eut pour suite la civilisation de plusieurs empires considérables, qui prirent les lois, les mœurs et les arts des Mahométans. Ces empires furent d'abord placés sous la domination des conquérans arabes qui s'établirent dans ces contrées; mais peu à peu, et à différentes reprises, les Nègres s'affranchirent de cette domination, sans répudier toutefois les mœurs, la foi, ni la forme de gouvernement qu'ils avaient reçues de leurs vainqueurs. Les Nègres se divisent encore aujourd'hui en deux grandes classes, celle des Mahométans et celle des idolâtres. Les premiers se distinguent par une civilisation plus perfectionnée; ils sont répandus sur une grande partie de l'Afrique centrale, tandis que les idolâtres occupent vers le sud la côte occidentale, ainsi que la partie méridionale de celle d'orient.

L'époque la plus marquante de l'histoire des Nègres après celle-là, commence à la fondation de colonies européennes sur la côte d'occident et sur celle d'orient. Quoique le christianisme soit beaucoup plus ancien en Afrique que le mahométisme, il ne paraît pas qu'avant le 14.ᵉ siècle les États européens du nord de ce continent, non plus que l'Abyssinie, qui était également chrétienne, aient exercé sur les Nègres une influence notable. Après l'expulsion des Arabes de l'Espagne, les Portugais et les Espagnols, et surtout les premiers, portèrent en Afrique une guerre de représailles et de religion: dans ce choc ils ne tardèrent pas à heurter les empires des Noirs mahométans, et pendant des siècles il y eut sur la côte du nord-ouest une lutte accompagnée de nombreuses vicissitudes de domination et d'influence de la part des Portugais et du christianisme, de conversions et d'apostasie, de soumissions et de révoltes de la part d'une multitude de petits États nègres. Les principales forces du Portugal furent prodiguées dans ces combats sans but, jusqu'à ce qu'enfin la bataille d'Alcazar mît à jamais fin à la domination des Portugais sur l'intérieur du pays, en ne leur laissant que quelques points fortifiés de la côte. Néanmoins les découvertes que l'on avait tentées, et la nouvelle route de l'Inde que l'on suivait en longeant la côte occidentale et une partie de celle d'orient, avaient beaucoup multiplié ces points. Pendant ces guerres l'achat et la vente des prisonniers, le commerce d'esclaves, fut constamment l'un des résultats du combat, et souvent il en fut le but. La découverte de l'Amérique donna à ce commerce une importance nouvelle, inouïe jusqu'alors. Bientôt toutes les nations européennes qui possédaient une marine se sentirent entraînées par l'appât du gain à y prendre part. Les anciens établissemens des Portugais sur la côte d'Afrique passèrent en grande partie entre les mains des Hollandais, des Anglais, des Français et des Danois; on en fonda de nouveaux, et tous eurent désormais pour but avoué et presque exclusif le commerce des esclaves. On peut discerner deux mouvemens opposés à travers l'innombrable multitude de guerres et de dévastations qui, durant les trois derniers siècles, ont porté leurs fureurs sur toute la côte occidentale et fort loin dans l'intérieur des terres. D'une part, et sous l'influence européenne, le commerce des esclaves, les guerres et les violences de tout genre qui en découlent, s'étendent de la côte vers l'intérieur, tandis que de l'autre on voit à différentes époques des tribus de l'intérieur, conduites par des chefs belliqueux, soumettre leurs voisins, et, leur nombre croissant toujours, porter leur domination jusqu'à la côte. Les Nègres du littoral sont pressés entre ces deux mouvemens contraires, et les commencemens de leur civilisation sont peu à peu dispersés et écrasés; car bientôt les conquérans partagent le sort des vaincus par suite d'une irruption nouvelle, venue de l'intérieur. Ces guerres, ces victoires et ces dominations ont un caractère de fureur et de cruauté poussées jusqu'à la démence et telles qu'aucune autre partie du monde n'en offre d'exemple. Souvent on est tenté de regarder l'eau-de-vie des marchands d'esclaves comme le seul mobile, le seul principe moral de l'histoire de ces peuples. Un récit détaillé de ces événemens, une énumération suivie des tribus de Nègres qui parurent sur ce vaste champ de bataille, ne serait susceptible d'aucun intérêt : nous rappellerons seulement les conquêtes des Giagas au commencement du 17.e siècle, et leur reine Jem-ban-Dunba, faisant piler dans un mortier son propre fils, afin d'en composer un onguent qui devait la rendre invincible, elle et ses guerriers.

Ce qui importe le plus aux destinées futures de l'Afrique, ce sont évidemment les essais récens tentés par l'Angleterre pour rendre la civilisation de ce continent possible et pour parvenir, au moyen de la suppression du commerce des esclaves, à mettre fin à un état aussi violent. Les hommes qui les premiers, en Angleterre, se déclarèrent au nom de l'humanité contre ce commerce, furent long-temps un objet de dérision; on les regarda comme des rêveurs égarés par une folle sensibilité, jusqu'à ce qu'enfin les publicistes qui dirigeaient le gouvernement se fussent convaincus du désavantage qui résultait de ce trafic et du bien qu'entraînerait sa suppression. En excluant l'Angleterre de l'Europe, le système continental lui donna une domination illimitée sur toutes les mers; il lui fournit à la fois le prétexte et les moyens d'éloigner de la côte africaine les pavillons européens et d'arrêter la marche du commerce des esclaves. Ce peu d'années de repos commençait à produire les plus heureux effets : à la place des dévastations et des violences on voyait partout se développer un germe d'industrie; les nombreux produits de ces contrées étaient échangés contre les marchandises anglaises, et les deux parties pouvaient en attendre des avantages toujours croissans. Le christianisme commençait à se répandre dans l'intérieur du pays au moyen des missionnaires; il amenait à sa suite la paix, puis de nouveaux besoins et de nouvelles jouissances.

Par une réaction singulière, la chute de Napoléon eut pour l'Afrique les plus fâcheuses conséquences. La plupart des possessions de la côte retournèrent à leurs anciens maîtres : leur réintégration, la fin de la suprématie que le pavillon anglais tenait du droit de la guerre, laissèrent revivre ce commerce des esclaves et toutes ses suites désastreuses; elles détruisirent en peu de temps tous les germes de civilisation que l'époque précédente avait fait naître et fomentés. Ce fut partout avec une véritable fureur que les marchands d'esclaves excitèrent les princes et les chefs de la côte contre les missionnaires; ils prodiguèrent les présens, ils promirent des gains rapides, enfin ils employèrent l'eau-de-vie, ce poison auquel le Nègre ne résiste jamais, et bientôt ces missionnaires furent obligés d'abandonner ces peuples à la perte à laquelle ils semblent être condamnés pour toujours. La suppression du commerce des esclaves fut l'un des engagemens sacrés contractés par les maîtres de l'Europe envers l'humanité aux congrès de Paris, de Vienne et d'Aix-la-chapelle; mais jusqu'à ce jour, en dépit de l'infatigable activité et des représentations de l'Angleterre toujours reproduites de la manière la plus pressante, rien d'essentiel n'a été fait pour l'accomplissement de cet engagement. Il y eut des demi-mesures, des lois et des ordonnances insuffisantes pour le fond des choses, ou bien dont le but apparent était manqué par suite de la négligence volontaire apportée dans l'exécution. Tout cela n'eut d'autre effet que de rendre le commerce des esclaves plus lucratif et par conséquent d'en augmenter l'attrait, de le livrer entre les mains d'hommes qui sont le rebut des nations maritimes, enfin de lui donner une extension et un caractère de violence et de cruauté qui n'avait jamais été poussé au même point. Les bâtimens négriers sont la plupart disposés de manière à pouvoir opposer de la résistance aux vaisseaux anglais qui croisent dans ces parages pour faire exécuter, autant que le permet le droit mutuel de visite, les lois prononcées contre la traite des esclaves. Ces négriers ne craignent point, lorsqu'il s'agit de compléter leur cargaison, d'enlever les habitans de la côte et les riverains des grands fleuves; il est prouvé aussi que souvent ces bâtimens exercent la piraterie. Les combats entre eux et les croisières anglaises sont très-fréquens. Toutefois là où la résistance à force ouverte n'est pas possible, il existe, pour éluder les lois, un système organisé de parjure et de fraude qui passe toute croyance, et dont l'impudence a gagné depuis le dernier matelot jusqu'au fonctionnaire le plus éminent dans les colonies des nations qui déshonorent leur pavillon par ce trafic.

Après tant de preuves palpables et réitérées du peu de foi que l'on peut accorder aux paroles trompeuses des autres puissances, on ne fonde l'espérance de voir enfin cesser ce déplorable état que sur la possibilité d'une crise politique quelconque, qui rendrait au pavillon britannique la domination exclusive de la côte africaine. Le gouvernement anglais, pendant une longue suite d'années et dans une multitude de circonstances, a démontré que ses intentions sur l'abolition de la traite des Nègres étaient sérieuses, et quoique nous ne puissions avoir une grande confiance dans la générosité et dans l'humanité de ce gouvernement, nous trouvons une garantie sûre de la continuation de ses efforts dans l'intérêt bien entendu de l'Angleterre. A la vérité, l'intérêt des peuples et des États pourrait dans tous les cas s'accorder avec les lois de l'humanité, et l'on ne saurait rendre de plus grand service au genre humain que de démontrer la liaison qui existe entre ces choses. C'est le seul moyen d'amener et l'opinion publique et ceux qui gouvernent à des mesures dont les déclamations des philantropes ne suffiront jamais à leur démontrer la nécessité, leurs propres intérêts étant toujours, sans qu'on puisse les en blâmer, ce qu'ils mettent en première ligne.

On se convaincra facilement que les mesures prises jusqu'à présent par l'Angleterre pour l'abolition de la traite des Noirs, sont parfaitement en harmonie avec la vaste politique commerciale de cette nation; politique qui se dégage de plus en plus des entraves qui s'opposaient à ses développemens. Que l'on réfléchisse seulement que le but principal et la première règle de cette politique doit être d'ouvrir à l'industrie britannique de nouveaux marchés et d'étendre encore les anciens. Si jusqu'à ce jour l'exportation des produits anglais vers l'Afrique a été si peu considérable, la cause en était uniquement dans le commerce des esclaves, qui exclut toute espèce de culture, d'industrie, de sécurité dans les propriétés, enfin qui paralyse tous les élémens qui constituent des relations amicales, tandis qu'il ne peut apporter pour compensation à une nation industrielle que de très-petits avantages; car les marchandises avec lesquelles on a coutume de payer le prix des esclaves sont de la plus mauvaise et de la plus grossière qualité. Le gouvernement anglais ayant interdit le commerce des esclaves à ses sujets et par là ayant empêché totalement le mince débit de marchandises que pouvait offrir ce commerce, il faut de toute nécessité qu'il mette d'autant plus de zèle à contraindre les autres nations à cesser aussi ce trafic, afin que les grands avantages que l'industrie anglaise a droit d'attendre de cette cessation en compensation de la traite, ne se fassent pas plus long-temps attendre. On comprendra facilement l'étendue de ces avantages, si l'on songe qu'ils reposent sur deux conditions principales; savoir : d'une part sur les besoins de ces peuples, et sur les commandes qu'ils font, par suite de ces besoins, des produits de l'industrie anglaise; de l'autre, sur leur aptitude à se gouverner et à se conduire par eux-mêmes, et sur leurs moyens de solder le prix des marchandises. Toutefois ces choses agissent mutuellement et sans cesse les unes sur les autres, leurs avantages peuvent s'accroître à l'infini au moyen de la paix et des relations amicales : chaque pas dans la civilisation amène un nouveau besoin, et tout besoin accompli amène à son tour un nouveau pas. Grâce à la nature du sol et au climat, il ne faut que peu d'efforts de culture de la part des habitans pour pouvoir offrir à l'industrie anglaise, en échange de ses marchandises, non-seulement tout ce qu'elle trouvait dans les deux Indes, mais encore une foule de produits particuliers à cette partie du monde. Il est vrai que le développement complet de ces avantages ne peut être que le résultat de beaucoup d'années ; mais ce doit être précisément un motif de ne pas perdre un instant et d'écarter de suite tout ce qui s'opposait jusqu'à présent à ces progrès. L'abolition de la traite est et demeurera toujours la condition essentielle de ce mieux-être.

Parmi les mesures que les Anglais ont prises pour parvenir à ces avantages, la plus digne d'être citée est l'établissement d'une colonie de Nègres libres à Sierra-Léone : sa prospérité, sous l'empire des circonstances les plus défavorables, autorise à concevoir les plus belles espérances pour l'avenir. Les traités conclus à Madagascar avec Radama, le plus puissant prince des Noirs, ne sont pas moins importans : dans tout ce qu'on a de relations sur ce Radama, il est représenté comme un homme vraiment extraordinaire ; il a fait faire en peu d'années des progrès surprenans à la civilisation de son peuple, et bien que de pareils germes de civilisation de quelques tribus sauvages de Nègres n'excitent souvent que les railleries d'un vulgaire léger et frivole, tout homme qui, dans l'histoire de l'esprit humain, juge sans prévention la naissance et la marche des révolutions, considérera ces commencemens sous leur véritable jour. On peut les comparer avec les premières et maigres formations de végétaux qui s'établissent sur la roche de granit, et qui s'enlacent par d'imperceptibles mousses, jusqu'à ce qu'enfin elles fassent éclater le roc et le changent en terreau fertile.

Le système que l'Angleterre a suivi dans cette circonstance relativement à la côte occidentale d'Afrique, promet sous tous les rapports des avantages plus durables que ceux qu'on obtiendrait par une implantation immédiate de la civilisation ou par des établissemens anglais proprement dits, tels que ceux de la côte orientale. Favoriser le développement libre de tous les élémens qui se trouvent dans le pays, pour constituer l'ordre civil, la richesse, la civilisation ; apporter dans toutes les relations avec les naturels la plus exacte justice, la plus grande humanité ; éviter soigneusement chaque occasion de vaincre ou de conquérir : tels sont les principes auxquels doit s'attacher la politique commerciale anglaise, et l'on a tout lieu d'espérer que le gouvernement les a reconnus, qu'il les observera ; enfin, que l'histoire de la domination anglaise dans l'Inde orientale servira de leçon pour la politique future à suivre envers l'Afrique. La guerre contre les Ashantès a déjà montré clairement combien il est difficile, combien il est impossible même à une puissance qui, proportion gardée, s'est montrée aussi supérieure que l'Angleterre, de conserver toujours ses avantages après la prise de possession et les premiers pas de la conquête, de dominer sans cesse les événemens, ses propres ressources, la fortune et la mer. Quiconque juge impartialement la conduite du gouvernement anglais, et surtout dans les Indes orientales, doit demeurer convaincu que ce gouvernement désire sérieusement éviter toute conquête. Toutefois en Asie cela ne lui est plus possible, et la force des circonstances l'entraînera toujours d'un envahissement à l'autre, jusqu'à ce qu'enfin cette avalanche atteigne le rocher sur lequel elle doit se briser.

Il n'y a peut-être qu'un moyen d'empêcher que la même chose n'arrive en Afrique, ce serait de renoncer sur-le-champ à toutes les possessions de la côte, de s'assurer, par des traités et par des avantages réciproques, le commerce avec les Nègres, en le protégeant par une croisière imposante. Entre la prise de possession d'un pied de territoire en Afrique et la conquête de la moitié de ce continent, il n'y a nul point qu'une puissance humaine puisse déterminer en disant : on ira jusque-là et l'on ne dépassera point cette limite.

VOYAGE PITTORESQUE
DANS LE BRÉSIL.

PORTRAITS ET COSTUMES.

L'Afrique fut dès les temps les plus anciens un marché d'esclaves, mais ce commerce ne prit une importance politique que par la découverte de l'Amérique. On croit fort généralement que le père las Casas, le protecteur des Indiens, fut le premier qui imagina l'importation des Nègres en Amérique, dans la vue de soulager les Indiens, qui n'étaient point de force à supporter les travaux que leur imposaient les conquérans. Néanmoins cette opinion est inexacte; car à une époque antérieure à celle où las Casas se déclara le protecteur des Indiens, on avait importé déjà des esclaves noirs à l'île d'Hispaniola. Nicolas Ovando, lorsqu'il prit le gouvernement de l'île, reçut, entre autres instructions, celle d'y faire venir beaucoup de Nègres pour les travaux des mines et des plantations. Cet ordre fut exécuté avec tant de zèle, qu'Ovando se vit bientôt contraint de prier le gouvernement de n'en plus envoyer, par le motif qu'ils échappaient facilement à leurs maîtres, et qu'ils allaient s'établir parmi les Indiens, auxquels ils communiquaient beaucoup de mauvaises habitudes. Peu de temps après, l'introduction des Nègres en Amérique fut effectivement défendue; mais l'expérience prouva de jour en jour davantage, qu'il fallait absolument que, d'une manière quelconque, les Indiens fussent affranchis d'une partie des travaux que leur imposaient les conquérans, à moins qu'on ne voulût s'exposer à manquer bientôt entièrement d'ouvriers. Les Dominicains, qui dans toutes les occasions ont soutenu la cause des Indiens avec le plus grand zèle, et qui voulaient que les plantations et les mines d'Amérique fussent exploitées par des Nègres, disaient que ceux-ci l'emportaient tellement sur les Indiens par les forces physiques, qu'un Nègre à lui seul travaillait autant que quatre Indiens. Le licencié las Casas avait fait diverses autres propositions pour adoucir le sort de ces derniers, sans qu'une seule de ces propositions ait été jugée d'une exécution possible; il se rangea donc enfin à l'avis des Dominicains, dans l'ordre desquels il entra dans la suite, et il le soutint de toute la considération que lui donnaient ses vertus et sa position sociale. Depuis lors, au moyen d'une légère rétribution pour le trésor royal, l'importation d'esclaves noirs fut admise dans le système colonial espagnol. Une philanthropie mal entendue a fait un crime de cette mesure, tant au généreux las Casas qu'au gouvernement espagnol, sans réfléchir que ce qu'elle pouvait avoir de blâmable était la faute du siècle et non celle des individus. Il leur reste le mérite d'avoir profité d'usages établis long-temps avant eux; d'usages indépendans de leur volonté, pour éviter un mal nouveau et pour atteindre un bien qui était possible. Il ne serait pas juste de juger les intentions et les vues des auteurs d'une mesure d'après les suites qu'elle a entraînées plus tard. Par elle-même cette mesure n'avait rien qui pût l'empêcher d'être un bienfait pour les Européens, pour les Indiens et pour les Nègres eux-mêmes; et si elle n'a pas eu pour effet d'arrêter l'anéantissement successif des habitans primitifs; si dans ce moment les Européens éprouvent plus d'inconvéniens qu'ils ne recueillent d'avantages de la présence des populations noires, il est certain néanmoins, cela dût-il paraître un paradoxe, il est certain, qu'à tout bien considérer, les Nègres gagnent à leur translation en Amérique, et que, vu la situation actuelle de l'Afrique, leur position est préférable à ce qu'elle serait dans cette contrée: du moins cela est-il hors de doute, quant aux colonies espagnoles et portugaises; enfin, l'Amérique ouvre aux noirs des voies de civilisation, que l'on ne pourrait même aujourd'hui espérer d'établir en Afrique. Notre but n'est pas de donner ici l'histoire du commerce des esclaves; qu'il nous suffise de dire que peu à peu toutes les nations de l'Europe y prirent part, comme on les vit peu à peu s'établir dans le Nouveau-Monde, et surtout dans les Indes occidentales. Les Allemands eux-mêmes, quoiqu'ils n'eussent avec ce nouveau monde aucune relation immédiate, encoururent à cet égard des reproches, et sous Charles-Quint plusieurs d'entre eux ont fait le commerce d'esclaves en Amérique. Herrera en cite deux, à raison des nombreuses plaintes qui de tous côtés s'élevaient contre leur avarice et leur cruauté: ce sont Henri Lieger et Jérôme Sayler.

On peut se faire une idée approximative du nombre de Nègres arrachés à l'Afrique depuis la découverte de l'Amérique, si l'on réfléchit que, pendant les dix dernières années, le Brésil à lui seul a reçu annuellement une importation de 80,000 Nègres. Vraisemblablement ce nombre doit être considéré comme maximum, car elle n'a dû s'accroître que lentement et à proportion de l'augmentation de la population blanche et de la culture des colonies. La proportion actuellement existante entre la population noire et la population blanche, entre les hommes libres et les esclaves de l'Amérique, importe plus à connaître que le compte exact de tous les Nègres qui y ont été amenés;

car c'est sur cette proportion que se règlent tous les besoins de circonstance et de localité, et toutes les mesures à prendre pour y répondre.

AMÉRIQUE SEPTENTRIONALE.	ANNÉE.	BLANCS.	HOMMES DE COULEUR.	NÈGRES.	INDIENS.
États-Unis	1820	7,795,008	1,769	456	400,000
Mexique	1824	1,560,000	2,070,000	8,400	5,430,000
Guatimala	1824	190,000	520,000	10,000	965,400
Possessions britanniques	1822	1,058,000	inconnus.	5,000	inconnus.
AMÉRIQUE DU SUD.					
Colombie	1824	600,000	720,000	470,000	854,600
Pérou	1795	136,511	285,844	40,556	608,911
Chili	1778	80,000	inconnus.	240,000	430,000
La Plata	1824	475,000 (avec les Créoles.)	505,000	70,000	1,150,000
Brésil		845,000	628,000	1,987,500	500,000
Guyane française		1,025	1,982	13,200	10,000
Guyane anglaise		5,421	3,220	109,549	inconnus.
Guyane hollandaise		8,525 dont 2000 Juifs.	inconnus.	72,000	6,200
Indes occidentales		450,000		1,600,000	

Ainsi que le prouvent ces indications, la disproportion des forces matérielles est immense dans beaucoup de parties de l'Amérique; ce n'est pas une chose facile que d'expliquer comment il est possible qu'un si grand nombre de noirs soit contenu par un si petit nombre de blancs dans un tel état d'obéissance et d'esclavage, et cela, lors même qu'on tiendrait compte des avantages que donnent les armes, les places fortes, la possession réelle de la puissance légale, et la facilité d'obtenir des secours d'Europe en cas d'insurrection des Nègres: l'expérience a prouvé que, si la force devait en décider, les Noirs l'emporteraient dans la plupart des colonies; il faut donc que la durée d'un pareil ordre de choses repose sur une prépondérance morale. Cependant elle n'exclut pas la perfectibilité des Nègres, ni la possibilité qu'un jour ils deviennent les égaux des blancs. Comme on a voulu justifier, au moyen de l'infériorité physique et morale des Nègres, l'esclavage en lui-même et tous ses abus, il n'est pas étonnant que d'autre part des philanthropes aient attaqué ce fait, et que, dans leur enthousiasme pour les Nègres, ils soient allés si loin qu'ils aient nui à la bonne cause qu'ils défendaient, tant par leurs exagérations, que par des conclusions trop générales, tirées de faits particuliers; car leurs adversaires sont prompts à profiter du côté faible qu'on leur présente en ce genre de raisonnement. Qu'il existe des Nègres instruits et civilisés, que l'on cite de leur part des actions généreuses, cela ne prouve rien; l'existence de la république d'Haïti ne suffirait pas pour justifier tout ce qui a été dit à la louange des Nègres. Quand même nous accorderions que le mécanisme des gouvernemens d'Europe est en effet le chef-d'œuvre de l'esprit humain et de la civilisation, nous ne pourrions pas pour cela reconnaître qu'il faille un mérite aussi grand, des facultés aussi étendues, pour en imiter les ressorts. Il est évident que l'administration d'Haïti n'est, en dépit des formes républicaines, qu'une pure imitation de la bureaucratie européenne, telle qu'elle est née de la révolution française et du gouvernement impérial.

Au surplus, la véritable supériorité des blancs sur les Nègres n'est pas uniquement dans les choses extérieures. Si, par exemple, il s'agit d'instruction, l'on trouve non-seulement en Amérique, mais encore en Europe, des milliers de blancs qui ne sont pas aussi bien élevés, qui le sont même plus mal que des milliers de Nègres. Il s'agit plutôt d'une supériorité intrinsèque et organique; elle crée entre le Nègre et le blanc les mêmes rapports, en quelque sorte, que ceux qui existent de la part de la femme ou de l'enfant envers l'homme. C'est ce qui est fort remarquable surtout dans le pouvoir exercé par le blanc sur le Nègre en fait de magnétisme animal. Cette supériorité s'expliquerait peut-être par une plus grande intensité du système nerveux, par une plus grande activité de ses fonctions, par une plus grande harmonie dans toutes les circonstances de la vie, du moins nous pouvons, en partant de faits connus, en conclure l'existence de ces qualités en notre faveur : tous les jours il arrive des choses qui, abstraction faite de l'avantage de la civilisation, prouvent une supériorité réelle et physique du blanc sur le Nègre, et nul n'est plus disposé à la reconnaître que le Nègre lui-même; de sorte que, là même où la contrainte agit, il s'établit entre le Nègre et le blanc des relations qui tiennent beaucoup de celles du fils avec le père, et rien n'est plus facile à un bon maître que de convertir l'esclavage en un bienfait pour les deux parties. Que si l'on voulait conclure de cette infériorité du Nègre à la nécessité de l'esclavage, on ferait peut-être mieux d'en tirer une autre conséquence; c'est que le fait de cette prépondérance de la part du blanc dispenserait de la sanction légale, et que les seuls abus pourraient amener du danger; car les noirs, tout en reconnaissant notre prééminence, ont cependant à leur disposition assez de forces physiques pour repousser violemment un joug trop pesant : une fois irrités et poussés à l'excès, ils ne connaissent plus de bornes; les forces physiques des blancs cèdent alors à leur effroyable fureur comme il faut céder aux puissances de la nature. Le blanc est à son tour saisi d'une terreur semblable à celle que le Nègre éprouve dans ses relations ordinaires avec les blancs.

Mais tous ces raisonnemens sont aussi loin de conduire à un résultat satisfaisant que ceux sur les droits innés de l'humanité. En dernière analyse, la persuasion que l'homme a le droit d'être libre, ne peut reposer que sur une croyance qui est

(23)

au-dessus de toute discussion; et le droit qu'a le plus fort de régner sur le plus faible, est au moins aussi ancien que celui du plus faible de se rendre indépendant du fort. Or, c'est sur ce droit du plus fort que sont fondées les dispositions législatives qui font de l'esclave la propriété du maître. Si la liberté est sacrée, la propriété ne l'est pas moins. De la sorte les défenseurs des droits de l'homme n'auraient plus d'autre ressource que d'arracher par la force les esclaves à leurs maîtres; car difficilement ils parviendraient à leur persuader qu'ils n'ont pas le droit de garder les noirs qu'ils ont achetés ou hérités, parce que ces Nègres ont de leur côté le droit d'être libres. Il est à la fois plus facile et plus avantageux pour les Nègres dont on veut faire le bien, de persuader aux colons, et en général aux partisans de l'esclavage, que leur propre intérêt leur commande de renoncer à leurs prétentions, ou du moins en partie. Tant qu'on ne l'aura pas fait, nulle discussion sur la nécessité d'émanciper les esclaves, sur les moyens de l'entreprendre et de l'accomplir de la manière la plus satisfaisante pour tous; car elle n'aura d'autre résultat que de mettre en opposition les droits naturels et les droits créés par la loi; et ces derniers auront toujours l'avantage d'une démonstration claire et d'une possession actuelle.

Que l'émancipation des esclaves noirs en Amérique soit de droit naturel ou non, qu'elle lèse ou non les avantages assurés par la loi aux propriétaires, elle est dans tous les cas la conséquence de l'action de forces une fois existantes, et les propriétaires ne peuvent conserver ces avantages qu'en renonçant volontairement à une partie de leurs droits.

Que les propriétaires rendent la position de leurs esclaves aussi supportable que possible, qu'ils aient la volonté de leur procurer le bien-être physique et moral (et c'est ce qu'ils font avec d'autant plus d'empressement que leur intérêt le commande); il en résultera, il est vrai, que ces esclaves sentiront moins le poids de l'oppression; mais que l'on se garde de croire que, dès qu'ils auront acquis la propriété et l'habileté (conséquences nécessaires d'un bon traitement); que, dès que la supériorité du blanc aura disparu ou diminué, ces noirs puissent être maintenus plus long-temps dans l'état d'infériorité légale où les met l'esclavage; ils sentiront le besoin de l'égalité dès qu'ils auront les moyens de l'obtenir. Maintenir les esclaves dans l'infériorité où ils sont placés, pourrait bien être une chose impossible en elle-même; et si par des moyens violens, par des traitemens sévères, par tout ce qui rend l'esclavage encore plus dur, on essayait d'y parvenir, le seul résultat d'un pareil système serait que les esclaves s'affranchiraient de ces maux insupportables par la force : alors les insurrections et des violences incompatibles avec toute espèce d'ordre civil, des violences qui doivent conduire tout gouvernement à sa perte, deviendraient inévitables, et cela lors même que les esclaves ne réussiraient pas à prendre le dessus. Néanmoins cela ne manquerait pas d'arriver tôt ou tard, puisque la force brute à laquelle on s'en remettrait se trouverait de leur côté. Il n'y a donc plus de choix : ou bien il faut émanciper les Nègres qui sont préparés à la liberté civile, à l'égalité des droits, ou bien il faut se soumettre à souffrir l'explosion de toutes les passions dont la nature animale de l'homme est capable.

Mais l'on soutient que l'agriculture, dans les parties de l'Amérique où elle se fait par les mains des esclaves, ne peut subsister que par l'esclavage, et que, par suite de l'émancipation, à quelque condition que celle-ci fût faite, les colons iraient à leur perte. Lors même que cette assertion serait fondée, elle ne prouverait rien contre l'émancipation; car, d'après ce que nous avons dit, il est des faits qui la rendent inévitable, et il ne nous reste que le choix entre deux chemins qui y conduisent également. D'un autre côté il n'est pas difficile de se convaincre combien peu cette assertion est fondée. L'émancipation ne pourrait avoir d'autre suite que de substituer les travaux de journaliers libres à ceux des esclaves, et l'expérience prouve qu'ils sont bien supérieurs. Un fait reconnu dans les pays où l'on se sert des uns et des autres, c'est que, toutes choses étant d'ailleurs égales, une pièce de terre cultivée par des hommes libres est d'une valeur bien supérieure à celle que cultivent les esclaves. Les raisons pour lesquelles un ouvrier libre accomplit le travail plus vite et mieux que l'esclave, sont trop évidentes pour qu'il soit besoin de les développer. L'augmentation du revenu du sol, l'économie du prix d'achat de l'esclave, décideraient bientôt le colon en faveur du salaire qu'il faut payer à l'ouvrier, et quand on objecte le taux élevé des journées des hommes libres, on oublie que ce prix est précisément la conséquence de l'esclavage. Celui-ci a, de plus, deux inconvéniens fort graves : d'abord il place les plus grandes valeurs dans une propriété très-peu sûre; car la mort ou la fuite des esclaves peuvent causer des pertes fort considérables, et en même temps elles diminuent dans la même proportion la propriété la plus sûre, celle du fonds. En second lieu, l'esclavage est un obstacle à toute espèce d'amélioration, soit en agriculture soit en toute autre affaire; car le but des améliorations est toujours d'épargner la main-d'œuvre et d'atteindre aux plus grands résultats possibles, en y employant moins de temps, de force et d'argent : l'esclave cependant, dès qu'il ne travaille pas, dès qu'une machine le remplace, n'est plus qu'un capital mort. Mais, disent quelques défenseurs de l'esclavage, quand une fois nous n'aurons plus d'esclaves, nous ne trouverons plus d'ouvriers; car les Nègres sont tellement paresseux, qu'ils ne travaillent que quand on les y contraint. Cette assertion est si absurde qu'elle n'a pas besoin d'être réfutée. L'expérience de tous les jours ne montre-t-elle pas avec quelle infatigable activité les esclaves mettent à profit chaque instant de liberté, même ceux qui leur sont concédés pour se reposer des travaux les plus pénibles! Ne les emploient-ils pas à gagner de quoi alléger leur situation, de quoi racheter un jour leur liberté? Que l'on s'en rapporte avec confiance au vœu inné dans tout homme d'améliorer sa position et celle des siens; il déterminera le Nègre comme les autres à chercher son existence dans le travail. Rien n'est plus insensé que de croire que l'émancipation progressive des esclaves puisse être dangereuse pour les blancs et pour l'État. Il faut, ou ne point connaître le véritable état des choses, ou le dénaturer à dessein, pour prétendre que les Nègres visent à la domination, et qu'ils menacent la vie et la propriété des blancs. Le Nègre affranchi prend de lui-même sa place dans les classes inférieures de la société, c'est celle que lui assigne sa capacité et sa fortune; sa plus grande ambition est dans l'espoir que ses descendans un jour, au moyen d'unions avec des races moins noires, se confondront dans la population des hommes de couleur, et de la sorte atteindront à la possibilité d'obtenir des emplois et des dignités. C'est l'État qui gagnera le plus à l'émancipation progressive des esclaves; car elle aura pour effet de substituer à une population dépourvue de possessions, ou du moins très-pauvre, et qui dans certaines circonstances peut devenir fort redoutable, une population aisée, prête à contribuer à tous les besoins de la société et à la défense du pays. L'accroissement de la population d'Haïti, après d'aussi horribles dévastations, prouve quels avantages aurait pour l'Europe la cessation de l'esclavage. Que l'on réfléchisse combien petite est la consommation des produits de l'industrie de la part d'un peuple pauvre, né esclave, et combien d'importance acquerrait cette consommation de la part d'un peuple de Nègres libres. A estimer les choses à leur moindre valeur, elle doublerait en peu d'années.

Nul observateur ne peut douter de la nécessité ni de l'utilité de l'émancipation progressive des esclaves noirs. Les moyens d'y parvenir sont très-simples : au Brésil surtout on pourrait arriver aux résultats les plus heureux sans aucune mesure extraordinaire, sans blesser aucun droit, aucun intérêt et en très-peu de temps. D'une part il suffirait d'empêcher l'importation de nouveaux esclaves, en satisfaisant sur ce point à des engagemens déjà pris, en appliquant avec rigueur les lois existantes; et d'autre part il faudrait par des lois sages, et par une stricte observation de ces lois, assurer aux esclaves tous les bienfaits intellectuels et physiques qui sont compatibles avec leur position, et auxquels ils participent déjà en grande partie par la douceur des mœurs et par l'effet de l'opinion publique. Il faudrait aussi se débarrasser de tous les obstacles qui rendent l'émancipation difficile (il n'en existe que bien peu ou point du tout au Brésil), et donner un libre cours aux influences et aux intérêts naturels, qui amènent tant d'occasions, de moyens et de formes d'émancipation, que l'esclavage disparaîtra même sans la faveur de la loi, dès qu'il ne recevra plus d'élémens nouveaux de l'extérieur.

Les races auxquelles appartiennent la plupart des Nègres importés au Brésil, sont les Angolas, les Congos, les Rebolos, les Angicos, les Minas de la côte occidentale d'Afrique, et les Mosambiques de la côte orientale. Ils se distinguent, ainsi que le font voir les têtes de Nègres que nous donnons ici, tant par des tatouages particuliers au visage, que par des différences très-marquées de la physionomie : il en est même qui ont très-peu de ce que l'on regarde ordinairement comme signes caractéristiques de la race africaine. Ces Nègres se distinguent aussi par les variétés de leurs dispositions et de leurs caractères, variétés qui dans l'opinion publique ont établi pour telle ou telle race, telle ou telle réputation plus ou moins bonne ou mauvaise. C'est ainsi, par exemple, que les Minas et les Angolas passent pour les meilleurs esclaves : ils sont doux, faciles à instruire, et il est aisé, au moyen d'un traitement modéré, de se les attacher; ce sont eux aussi qui par leur activité, leur économie, sont le plus souvent à même de racheter leur liberté. Sous plusieurs rapports les Congos ressemblent aux Angolas : toutefois ils sont plus lourds, et on les emploie de préférence aux gros ouvrages de la campagne. Les Rebolos diffèrent peu de ces deux races, et les langues de toutes trois ont beaucoup d'analogie : cependant les Rebolos sont plus entêtés et plus disposés au désespoir et au découragement que les deux autres espèces. Les Angicos sont plus grands et mieux bâtis; ils ont dans le visage moins de traits africains; ils sont plus courageux, plus rusés, et ils aiment davantage la liberté. Il faut les traiter particulièrement bien, si l'on ne veut qu'ils prennent la fuite ou se révoltent. Les Minas se distinguent par trois incisions en demi-cercle, qui du coin de la bouche vont jusqu'à l'oreille. Les Gabanis sont plus sauvages et plus difficiles à instruire que les précédens; c'est parmi eux que la mortalité est la plus forte, parce qu'ils s'accoutument plus difficilement au travail et à l'esclavage. Du reste ils sont grands, bien faits, leur peau est d'un noir luisant, et les traits de leur visage ont peu le caractère africain. Les Mongolos sont ceux qu'on estime le moins : ils sont pour la plupart petits, faibles, hideux, paresseux et découragés; leur couleur tire sur le brun : ce sont ceux qu'on achète au plus bas prix.

VOYAGE PITTORESQUE
DANS LE BRÉSIL.

PORTRAITS ET COSTUMES.
MULATRES.

On sera peut-être étonné de ce que dans un cahier destiné à nous faire connaître les différens costumes des habitans libres du Brésil, nous commencions par entretenir nos lecteurs des Mulâtres; mais nous serons pleinement justifié, si l'on considère que les gens de couleur, quoique légalement assimilés aux Blancs, composent, pour la plus grande partie, les classes inférieures de la société, et que par conséquent c'est à eux qu'il faut s'adresser pour connaître le costume national. Qu'on nous permette donc quelques observations sur cette importante portion de la population du Brésil.

Sans nous occuper de nuances et de subdivisions qui ne sont d'aucun intérêt pratique, et auxquelles on ne fait pas d'ailleurs beaucoup d'attention, nous nous bornerons à signaler parmi les gens de couleur trois classes principales : d'abord celle des *Mulatos*, qui sont issus de l'union de Blancs et de Nègres (et ici peu importe que ce soit le père ou la mère qui ait appartenu à la race blanche). En second lieu viennent les *Mestiços*, *Metis* ou *Mamalucos*, qui sont les enfans des Blancs et des Indiens; enfin, les *Cabras* ou *Caboclos*, nés de Nègres et d'Indiens. Le nombre de ces derniers est très-petit, et les alliances entre les Indiens et les Blancs sont aussi fort rares aujourd'hui. Elles étaient beaucoup plus fréquentes dans les temps qui suivirent immédiatement l'établissement des Européens ; car les aventuriers qui, les premiers, vinrent se fixer parmi les Indiens, manquaient absolument de femmes, et ne pouvaient en prendre d'autres. Peut-être aussi les femmes du pays étaient-elles alors d'un aspect moins sauvage et d'un extérieur moins repoussant.

Le nombre des Mulâtres est incomparablement plus grand, et il serait difficile, surtout dans la masse du peuple, de trouver beaucoup d'individus de l'extérieur desquels on pût conclure avec quelque certitude qu'ils n'ont point hérité de sang africain de leurs ancêtres. Quelque bizarre que puisse paraître l'assertion que nous allons émettre, c'est moins au sens de la vue, c'est moins à la physiologie qu'à la législation et à l'administration, qu'il appartient de décider de quelle couleur est tel ou tel individu; ces hommes qui ne sont pas d'un noir bien prononcé, ceux qui ne portent pas d'une manière incontestable et sans mélange les caractères de la race africaine, ne sont pas nécessairement des hommes de couleur; ils peuvent, selon les circonstances, être considérés comme Blancs.

Il y a long-temps qu'au Brésil les lois qui excluaient les Mulâtres de toutes les dignités civiles et ecclésiastiques sont tombées en désuétude. On trouve des hommes de couleur dans toutes les branches de l'administration, dans le sacerdoce, dans l'armée, et il en est même qui appartiennent à de très-bonnes familles.

Lorsque la naissance, les alliances, les richesses ou le mérite personnel permettent à un Mulâtre d'aspirer aux places, il est rare, ou même il n'arrive jamais que sa couleur ou le mélange de son sang devienne un obstacle pour lui. Fût-il de la nuance la plus foncée, on l'inscrit comme Blanc, et il figure comme tel non-seulement dans les papiers qu'on lui délivre, mais encore dans toute espèce de négociation, et dès-lors il est apte à tous les emplois. Il serait facile de citer de nombreux exemples d'hommes qui occupent les postes les plus distingués, et que l'on compte parmi les fonctionnaires les plus habiles, quoique leur extérieur révèle, à n'en pas douter, le sang indien ou africain qui coule dans leurs veines. Dans le pays cela ne fait aucune difficulté, et quand on en parle, c'est presque toujours pour répondre à la question d'un étranger, jamais dans un esprit de raillerie ou de dénigrement. Sous ce rapport rien ne caractérise mieux l'état des idées dominantes que cette réponse d'un Mulâtre auquel on demandait, en parlant d'un *Capitao-mor* (le chef d'un district), si ce *Capitao* n'était pas aussi Mulâtre? Il l'était, répliqua-t-il, mais il ne l'est plus : *era, porem ja nao he*. L'étranger voulant obtenir l'explication de cette singulière métamorphose, le Mulâtre ajouta : *pois Senhor, Capitao-mor pode ser Mulato?* comment donc, Monsieur, un *Capitao-mor* peut-il être Mulâtre?

Il y a au Brésil des régiments de milice entièrement composés de Mulâtres, et dans lesquels on ne reçoit pas de Blancs; en revanche la règle s'oppose à ce qu'on admette aucun Mulâtre dans les régiments de ligne. Mais les raisons que nous avons exposées plus haut, y en introduisent beaucoup, même parmi les officiers, ce qui a lieu d'autant plus fréquemment que ce sont précisément les familles riches et considérées, celles établies depuis long-temps au Brésil, qui se sont le plus mélangées de sang africain, sans que cette circonstance ait le moins du monde porté préjudice à leur noblesse, à leur dignité, à leurs prétentions aux grades militaires. Pendant que le Brésil était encore sous la domination portugaise, il régnait à cet égard une jalousie prononcée entre les familles les plus anciennes du pays et les nouveaux venus de Portugal, qui se prévalaient d'un sang plus pur et d'un teint plus blanc pour appuyer des prétentions que la fierté brésilienne repoussait avec raison.

Les mariages entre Blancs et femmes de couleur sont très-fréquens dans les classes moyennes et inférieures, et n'ont rien de choquant ; on voit même de ces unions dans les classes plus élevées. On ne s'en formalise que quand une femme blanche d'une famille riche et considérée épouse un homme d'une couleur très-foncée ; encore ces unions sont-elles moins un sujet de blâme que d'étonnement.

Un fait qu'on ne saurait nier, c'est qu'au Brésil le public se montre beaucoup plus tolérant pour ces mariages qu'on ne l'est généralement en Europe et dans les mêmes classes de la société à l'égard des mésalliances. Néanmoins c'est chose fort naturelle qu'un Blanc de bonne famille préfère s'allier à une femme blanche; car les femmes de cette couleur et le sang européen ont toujours l'avantage, et forment une espèce d'aristocratie; mais cette préférence n'existe qu'en ce sens que, toutes choses étant d'ailleurs égales, la couleur foncée et le sang africain doivent céder le pas. Du reste, un Blanc de distinction se déciderait tout aussi difficilement à s'unir à une femme blanche de basse classe, qu'à prendre une femme de couleur.

Les femmes mulâtres se distinguent par leur amabilité et par les avantages du corps et de l'esprit. Les embarras qui résultent des passions qu'elles inspirent, et des obstacles élevés par leur naissance, amènent souvent des unions d'une espèce très-singulière. Qu'un homme considéré éprouve de l'inclination pour l'une d'elles, il arrivera souvent, si des considérations de famille l'empêchent de l'épouser, qu'il la prenne chez lui. Elle demeurera des années entières à la tête de son ménage, ce qui n'empêchera qu'elle ne reçoive et ne rende les visites que lui font des femmes mariées et même les plus estimées. Quelquefois le mariage ne se fait qu'après plusieurs années et quand cette liaison a déjà produit beaucoup d'enfans. Si d'impérieuses raisons contraignent l'homme à prendre une autre femme, il donne une dot à sa Mulâtre, qui trouve facilement un mari de sa couleur et de son état; car on la regarde comme une veuve, et point du tout comme une femme de mauvaises mœurs. Quelque chose que l'on puisse penser de ces unions, d'après les préceptes ordinaires de la morale et les idées européennes, l'opinion publique les tolère au Brésil, sans y attacher aucun blâme, et même l'expérience a prouvé que le plus souvent elles sont heureuses pour les deux parties, sans compromettre en rien leurs relations sociales. Ordinairement les femmes mulâtres font preuve envers leur ami d'une grande fidélité, et sont capables de soins assidus, au point de faire honte aux unions consacrées par la loi et sanctifiées par l'Église. — Les alliances entre les Blancs et les femmes mulâtres sont fréquentes, en raison surtout de ce que les parens de couleur, quand ils sont aisés, marient très-volontiers leurs filles à des Blancs, sans trop s'arrêter au désavantage de leur position sociale. Aussi les jeunes gens d'Europe, quand ils ont un extérieur agréable et quelques notions du commerce, contractent facilement des mariages riches avec des femmes de couleur. On remarque dans tout cela une tendance constante des couleurs foncées, à rapprocher leur postérité de la couleur blanche : c'est ce qui donne la clef de beaucoup de choses qui pourraient être pour l'Européen un sujet d'étonnement.

Après ces observations sur les Mulâtres du Brésil, nous passons aux costumes, au caractère, aux mœurs des habitans des diverses provinces, et il ne sera pas nécessaire de répéter que par Brésiliens nous entendons, une fois pour toutes, non-seulement les Blancs nés au Brésil, mais tous ceux qui, pour un motif tel quel, sont regardés comme Blancs; enfin, pour ce qui concerne les classes inférieures, il faut y ajouter la plupart des Mulâtres.

Il serait difficile de peindre en traits prononcés et généraux le caractère national des Brésiliens; d'autant plus difficile qu'ils commencent à peine à former une nation. Ils participent, en général, aux traits principaux du caractère portugais. D'un autre côté, l'on voit les classes élevées, et surtout dans les ports de mer, renoncer à ce qu'elles ont d'original, pour s'adonner à l'imitation des mœurs anglaises, imitation qui ne peut tourner beaucoup à l'avantage des habitans, et qui malheureusement n'est propre qu'à déguiser la faiblesse et l'absence de solidité sous des exigences et des formalités de tout genre. Ces mœurs d'ailleurs supposent un degré de civilisation qu'elles ne donnent pas : de plus, elles restreignent la manifestation et les développemens des dispositions naturelles dont les peuples méridionaux sont si richement doués, et, le plus souvent, elles les rejettent comme étrangères au ton de la bonne compagnie.

S'il y a peu de différence à cet égard entre Lisbonne et Rio-Janeiro, il en est autrement des classes inférieures : celles-ci peuvent seules être appelées du nom de peuple. En effet, rien chez elles n'arrête les développemens du caractère national; car elles se distinguent à Rio-Janeiro et dans les environs des classes inférieures du Portugal, ou du moins de la capitale du Portugal, par leurs manières plus ouvertes, et elles ont une plus grande activité. Tout à Rio-Janeiro est plus animé, plus bruyant, plus varié, plus libre. Dans les parties de la ville habitées par le peuple, la musique, la danse, les feux d'artifice, donnent à chaque soirée un air de fête, et si dans les paroles qu'accompagne la mandoline, si dans les conversations bruyantes des groupes il n'y a pas ni beaucoup de vigueur ni beaucoup de délicatesse, on y remarque du moins de l'esprit et de la raison. Le peuple des autres villes maritimes, par exemple de Bahia, de Pernambouc, ressemble, il est vrai, à celui de Rio-Janeiro; mais il y a moins de légèreté dans les habitans de ces villes, surtout dans ceux de Pernambouc. Ceux-ci ont plus de penchant à s'attacher à un sujet quelconque, à s'y livrer avec passion et de toute leur ame ; aussi paraissent-ils à la fois plus impétueux et plus grossiers.

Les habitans des provinces de l'intérieur et du sud sont bien différens de ceux des provinces du nord et de la côte. C'est ce que l'on remarque principalement chez les Paulistes et les Mineiros, ce qui n'empêche pas qu'il n'y ait encore des divergences locales d'affaires et de mœurs, qui modifient à leur tour le caractère provincial. Le commerce extérieur de la province de San Paulo n'est pas aussi animé que celui de Rio-Janeiro ; elle est moins peuplée que les provinces maritimes, et Santos même, sa capitale, n'a pas une aussi grande masse de population. Il en résulte que le peuple proprement dit est, à l'égard de l'ensemble des habitans, dans une proportion beaucoup moindre qu'ailleurs, et qu'on trouve dans les classes inférieures plus de réflexion, plus de dignité individuelle. Une franchise qui devient souvent de la rudesse, un sentiment d'honneur accompagné d'une grande susceptibilité, à laquelle se joint assez fréquemment un esprit méfiant et vindicatif, enfin, de l'audace, de la force physique, de l'adresse et une infatigable activité pour toutes sortes d'entreprises, tels sont les caractères qui dès les premiers temps de la colonie ont distingué les Paulistes du reste des habitans.

L'histoire de San Paulo est, sous bien des rapports, la partie la plus essentielle de celle du Brésil. L'amour des Paulistes pour la liberté fit naître de nombreuses contestations, tant entre eux qu'avec le gouvernement que la métropole avait établi dans ce pays. Au seizième siècle cet esprit d'indépendance prit de tels développemens qu'on y vit pendant quelque temps régner des formes toutes républicaines. Les historiens portugais ont fait aux Paulistes une fort mauvaise réputation relativement à leur esprit de trouble et d'insubordination, réputation que d'ailleurs ils ont bien méritée par la cruauté avec laquelle ils s'attachèrent à poursuivre et à détruire les Indiens, et à paralyser les efforts bienfaisans des jésuites.

Il est des faits qui donnent à l'histoire de San Paulo un grand intérêt, et qui justifient l'orgueil que les Paulistes fondent sur leur origine : telles sont leurs entreprises hardies contre les Indiens ou contre d'autres ennemis, par exemple contre ceux de la colonie de Faubaté, ou bien contre les Espagnols du Paraguay; telles sont encore les expéditions avantureuses de petites troupes guidées par des chefs audacieux, à travers les déserts de l'intérieur, pour y chercher l'or et les pierres précieuses. Ces faits expliquent en même temps plusieurs traits de leur caractère.

L'esprit entreprenant des Paulistes s'exerce maintenant dans un cercle plus pacifique : cette ardeur qui les poussait vers l'or et les diamans que renferment les montagnes lointaines de Minas, de Goyaz et de Cujaba, s'est tournée vers la culture d'un sol fertile, qui est situé sous le climat le plus doux de la terre; ils s'appliquent aussi à l'éducation des bestiaux. Toutefois de nos jours encore on rencontre des Paulistes dans presque toutes les parties du Brésil; ils y sont colons, ou cherchent fortune par tout autre moyen. On les regarde aussi comme les meilleurs soldats du Brésil, et dans la dernière guerre de Buenos-Ayres leurs régimens de milice ont soutenu cette réputation. Il y a dans le caractère et dans les mœurs des Paulistes bien des choses que l'on peut expliquer par le mélange du sang espagnol; en effet, il est arrivé dans leur pays plusieurs émigrations des colonies que cette nation a dans le voisinage : c'est ce qu'atteste cette multitude de noms espagnols usités dans cette province. De là une grande simplicité dans les mœurs et dans les besoins de la vie, l'absence de luxe, même dans les classes élevées, surtout en ce qui concerne les meubles et la batterie de cuisine; de là enfin cette cordialité qui règne dans la société. La musique, la danse, la conversation y remplacent les cartes, qui sont au premier rang des plaisirs dans la plupart des autres villes du Brésil, où l'on se conforme sur ce point aux habitudes portugaises et anglaises, tandis que les Paulistes ont conservé les Tertullas d'Espagne.

Les différences qu'on remarque entre le caractère des habitans de Minas Geraes, appelés Mineiros, et celui des Paulistes, sont grandes; elles pourraient étonner, surtout si l'on considère que pour la plus grande partie la première de ces provinces a reçu sa population de San Paulo. Cependant ces différences s'expliquent au moyen de l'arrivée d'aventuriers de tous les pays. L'immense abondance de l'or de Minas Geraes, le gain facile que présentait autrefois ce métal, ne pouvaient manquer d'amener deux conséquences assez fâcheuses pour le caractère des Mineiros, l'oisiveté et la prodigalité, qui marchent accompagnées de toute sorte de déréglemens. Il faut y ajouter d'autres circonstances d'un très-mauvais effet : l'affluence de vagabonds de toutes les parties du Brésil, les prohibitions d'exportation de l'or et des diamans au-delà des limites de la province, etc. Il est résulté de tout cela beaucoup de tromperies, de crimes et de violences : il ne faut donc pas s'étonner si le peuple de Minas Geraes n'a pas une très-bonne réputation. La décadence de l'exploitation de l'or, en rejetant une grande partie de la population vers l'agriculture et l'éducation du bétail, opérera un changement salutaire dans le caractère du bas peuple.

Dans toutes les parties du Brésil les costumes ont conservé quelque ressemblance avec ceux que porte le peuple dans la métropole et en Espagne. Néanmoins l'influence des modes de France et d'Angleterre se fait sentir dans les provinces maritimes et à Rio-Janeiro, car le Brésil n'a point encore de fabriques, et sous le gouvernement portugais il était défendu d'en établir.

A Rio-Janeiro les hommes portent des vestes courtes de toile ou de coton, de longs pantalons avec des ceintures de soie de diverses couleurs, puis le chapeau à larges bords et de forme conique, que l'on a emprunté au Chili, enfin la capa (le manteau) à la manière espagnole. Dans la capitale le vêtement des femmes est soumis à l'empire variable de la mode. Cependant elles ne changent volontiers ni l'étoffe ni la couleur de leur robe, qui le plus souvent est d'atlas noir. Le noir est aussi la couleur du voile, sans lequel ordinairement aucune femme ne sort : elles ont des fleurs très-fraîches dans les cheveux et à la ceinture, et portent une toile légère, appelée *panuelo*, ou bien une guirlande dont les couleurs variées adoucissent ce que leur robe a de trop sombre.

Les duègnes âgées ont toujours la tête couverte d'un mouchoir, et sont revêtues d'une mantille, pour laquelle on prend le plus ordinairement des étoffes de couleur claire. Les costumes des provinces de la côte ne diffèrent que fort peu de ceux-ci. Plus on s'éloigne des ports de mer, plus il y a de simplicité. La mantilla devient d'un usage plus général : un chapeau de feutre rond et à plumes prend la place du voile tant à San Paulo qu'à Minas, et comme le climat plus tempéré nécessite des vêtemens plus chauds, on voit dans l'intérieur de leurs maisons les femmes revêtues d'un surtout de toile légère : souvent cette redingote est remplacée par la simple toile que portent les Négresses, et que l'on met en manière de schal.

Les costumes qui ont le plus d'originalité, sont ceux des hommes de Minas et de Goyas, et surtout ceux des tropeiros chargés de la conduite des mulets. Leur tête est couverte d'un grand chapeau de feutre gris, à retroussis; leur camisole et leurs culottes sont brunes; leurs bottes, d'un cuir flexible, viennent jusqu'à moitié de la cuisse, mais on peut les rabattre. Pour compléter cette mise, ajoutez-y un grand manteau, qu'on ne rejette pas par-dessus l'épaule, mais qui présente une ouverture pour y passer la tête. Ce qui relève encore le grotesque de cet accoutrement, c'est une manière bizarre de s'armer; ce sont des cannes à épée, de longs fusils, et tout l'attirail de selle qui rappelle la chevalerie; puis de lourds étriers et des rubans de diverses couleurs, noués à la crinière des chevaux.

Il est encore une chose digne d'être décrite, c'est le costume des *campagnoles*, qui sont habillés de peaux de bêtes des pieds jusqu'à la tête, et qu'on voit répandus dans les vastes campos de Goyas et de Minas. Nous y joignons un chasseur des forêts de Mattogrosso, revêtu de sa cotte-de-mailles, et nous terminons ce cahier et cette division par un dessin qui représente une famille de pêcheurs indiens domiciliés; nous avons vu ces conducteurs audacieux des *jangadas* le long de la côte de Bahia à Pernambuco.

VOYAGE PITTORESQUE
DANS LE BRÉSIL.

MŒURS ET USAGES DES INDIENS.

Après avoir donné, dans le premier cahier de la deuxième division, un aperçu général de l'histoire des tribus sauvages du Brésil, et des changemens produits par leur contact avec les Européens, nous allons tracer un tableau plus spécial de leur état actuel. Cet état est loin d'exciter d'agréables sensations, et n'offre de l'intérêt que sous un petit nombre de points de vue. Le voyageur, quand il a satisfait sa première curiosité, est bientôt obligé de s'avouer à lui-même que l'homme, dans l'état de nature, est aussi loin de plaire à l'œil, qu'il l'est de présenter rien d'agréable à la pensée. La douloureuse impression qu'on en reçoit s'accroît encore quand on songe que, sans l'arrivée des Européens, les naturels auraient déjà fait des progrès marquans dans la civilisation : ils auraient, à la vérité, marché sur une route différente de la nôtre ; mais cette route convenait mieux à leur nature. Quels que soient les résultats qu'une politique plus sage de la part du gouvernement puisse produire à l'avenir, il n'en demeurera pas moins constant que jusqu'à ce jour le contact des Européens n'a eu que de funestes effets. A en juger par ce que rapportent les plus anciens voyageurs sur le commencement de la civilisation des Indiens, tout porte à croire que la profonde indolence qui de nos jours est le trait principal du caractère des indigènes, n'existait pas au même point chez ceux d'autrefois : cette indolence et leur insensibilité pour toutes les impressions qui ne naissent point de la vie animale, est portée si loin, que l'observateur même le plus impartial et le plus philanthrope se trouve parfois tenté de révoquer en doute la possibilité d'améliorer l'existence grossière de ces créatures plongées dans l'abrutissement.

Il serait injuste, cependant, de regarder les Indiens comme vicieux : ils n'ont aucune idée morale des droits et des devoirs. A l'exception de quelques talens nés de l'influence des seuls besoins que la nature leur fasse sentir, leur vie diffère à peine de celle des animaux sauvages avec lesquels ils partagent le domaine des forêts primitives. Il serait aussi peu raisonnable de reprocher à l'once sa soif du sang et sa ruse, au crocodile sa méchanceté, au serpent son venin, qu'il le serait d'accuser l'Indien de son caractère sombre et sauvage. Toutes ses facultés physiques et morales sont employées à satisfaire les désirs et les appétits des animaux : ce qui s'élève plus haut, lui est entièrement étranger.

Les rapports de l'Indien avec ses semblables ou avec l'Européen n'ont produit que les passions les plus odieuses, la haine, la colère, la vengeance, la jalousie. Il doit peu, ou rien du tout, aux hommes de sa tribu; il ne compte que sur lui-même pour sa subsistance journalière, et sur sa femme pour la lui préparer et lui procurer les autres aisances de la vie ; car elle est regardée par l'Indien comme une propriété, ou plutôt comme un animal domestique : il considère les Indiens des autres tribus et les Portugais comme ses ennemis nés, avec lesquels il n'a que des relations de violence et de vengeance. Il ne peut donc résulter que des sentimens de haine d'un pareil état de choses, et la constitution physique de l'homme elle-même, ne peut rester à l'abri de cette influence. Mais au temps de la découverte les premiers germes de la civilisation, la réunion d'un plus grand nombre d'individus, et le besoin de défendre en commun les villages de la tribu, produisaient nécessairement des sentimens plus humains ; d'après ce que les voyageurs nous disent de la physionomie de ces sauvages, il y a lieu de croire que depuis qu'ils ont fait des pas rétrogrades en civilisation, leur forme extérieure s'est aussi plus rapprochée de celle de la brute. Si, comparés à d'autres nations, et surtout aux Tupis, les Botocudos ont meilleure apparence, c'est peut-être qu'ils ont été moins opprimés que les Tupis ; c'est qu'ils n'ont pas été, comme eux, repoussés de la civilisation à laquelle ils étaient arrivés : mais dans le fond ils sont tout aussi sauvages. En effet, l'on ne trouve point dans les anciennes relations des raisons suffisantes d'une différence marquée entre les Tapuyas et les Tupis : il est fort vraisemblable qu'elle fut la conséquence des destinées opposées de ces peuples.

On a cherché une garantie de l'humanité des Indiens dans la consolante certitude qu'ils adorent un être suprême ; et quoique quelques voyageurs aient entrepris de le nier, il serait difficile de prouver qu'ils n'y croient pas. La connaissance des langues est si peu avancée, les Indiens éprouvent tant de répugnance à fournir les moindres explications, qu'il est presque impossible de résoudre cette question. Pour comprendre que les assertions ou les dénégations des voyageurs à cet égard sont peu concluantes, il suffira de réfléchir de quelles difficultés sont hérissés les rapports qu'on voudrait lier avec les naturels. Combien de fois n'arrive-t-il pas qu'un voyageur met dans la bouche de l'Indien la réponse qu'il veut obtenir, ou qu'il l'explique conformément à ses idées : une série de questions péniblement comprises amène des paroles et des signes qui confirment le système de l'étranger, tandis qu'une opération pareille recommencée avec un autre Indien produit une autre fois un résultat différent. La croyance en l'être suprême a été attribuée aux Indiens sur la foi du mot *tupa* ou *tupan*, qui reparaît, dit-on, avec cette signification dans les langues de toutes leurs tribus. Cependant le fait est loin d'être généralement prouvé, et, par exemple, il est certain que chez les Coroados ce mot désigne la canne à sucre, et chez d'autres peuples le pisang. D'un autre côté, on ne peut nier que beaucoup de tribus, et surtout les Tupis, ne se servent du mot *tupa* pour désigner un être supérieur, ou du moins une puissance. On pourrait croire que les jésuites ont pris un mot de la langue de ces peuples pour leur donner, ainsi qu'aux Guaranis, une idée, et que le mot aura passé chez d'autres tribus, soit avec l'idée nouvelle, soit sans elle. Toujours est-il bizarre de voir dans des langues qui n'ont pas entre elles le moindre rapport, reparaître sans cesse ce mot avec cette signification qu'on lui attribue. Mais si les Indiens ont eu des idées de la divinité, on ne trouve pas chez eux le moindre vestige d'adoration. Il paraît que cette croyance n'est qu'une première notion de l'esprit, qu'un premier essai de la langue, pour s'exprimer d'une manière abstraite, pour distinguer le spirituel du matériel. C'est à cela qu'il faut rapporter aussi la croyance aux spectres et aux esprits méchans, qui est générale chez les Indiens. Quant aux traditions historiques et religieuses, ils n'en ont d'autre que celle qui est relative à une grande inondation.

Traiter ce sujet plus au long, serait déplacé dans cet ouvrage, d'autant plus qu'on y attache plus d'importance qu'il ne mérite, puisqu'il est certain que, quelles que soient à cet égard les idées de l'Indien, elles n'influent ni sur ses pensées ni sur ses actions. Nous allons parler des mœurs et des usages de ces peuples. A peu de modifications près, ce que nous en dirons, s'appliquera à tous ceux de la côte orientale, Tupis ou Tapuyas; car les divergences essentielles sont principalement dus aux essais que les Portugais ont faits pour amener ces sauvages à l'agriculture : leur influence ne s'est pas étendue au-delà de quelques tribus.

En général, les hommes et les femmes sont nus. Les hommes portent autour des parties honteuses une gaîne de feuilles roulées, et les femmes ont autour des hanches une sorte de tablier tressé : tout le reste est plutôt ornement que vêtement, et c'est là le seul objet où les désirs dépassent les besoins physiques. Les Indiens sont peints et tatoués; cependant ils sont loin de la perfection à laquelle prétendent les sauvages de la mer du Sud. On ne voit point sur eux ces figures artistement tracées qui distinguent les habitans de Nukahiva; c'est tout au plus s'ils présentent quelques traits irréguliers. Il ne faut pas croire non plus qu'il y ait aucune corrélation de la diversité des races à la diversité du tatouage, comme cela arrive chez beaucoup de peuples d'Afrique. On peint beaucoup plus qu'on ne tatoue chez les Brésiliens. Ils se servent ordinairement pour cela d'un rouge ardent tirant sur le jaune, et d'un noir bleuâtre ou bleu foncé tirant sur l'acier; l'une et l'autre couleur sont composées de sucs végétaux : la première vient de l'urucu (*bixa orellana*), l'autre de la jenipaba (*jenipaba americana*). Les hommes se peignent surtout la figure de la première de ces couleurs, et cela depuis le front à la bouche; toutefois il n'y a pas de règle fixe : d'autres se peignent du haut en bas, moitié en bleu, moitié en rouge; d'autres encore, tracent des lignes bleues sur tout leur corps, en en exceptant l'avant-bras et le mollet, ou bien ils bordent le bleu foncé d'une lisière rouge, ou enfin la figure seule est peinte en rouge, et l'on voit d'une oreille à l'autre une raie de couleur foncée. On broie les couleurs dans une coquille de tortue. La matière la plus ordinaire pour colorer, est l'ocre rouge, si commune dans le Brésil : les naturels s'en frottent tout le corps; ils s'en servent pour marquer leur visage de petites étoiles et de petites croix. Les hommes, et surtout les femmes, portent autour du cou des colliers de différentes sortes de noyaux, de graines noires, brillantes, mêlées alternativement de dents de singes ou de bêtes sauvages. Souvent aussi ils ont de semblables colliers autour du front : quelquefois ils se parent de plumes de perroquets qu'ils mettent au cou ou sur la tête. Cependant ce genre de parure n'est pas fort commun; on le voit plus aux femmes qu'aux hommes, et parmi ceux-ci, c'est surtout aux chefs qu'il appartient. Dans certaines occasions les femmes se parent de toute sorte de petits objets que leur apportent les blancs, tels que chapelets, boutons, toiles peintes; et même elles s'aident pour leur toilette de petits miroirs. Dans beaucoup de tribus les femmes, dès leur première jeunesse, se serrent les chevilles et les articulations des pieds et des mains, en les liant avec de l'écorce d'arbres, ce qui les rend et plus minces et plus élégantes. Encore un moyen de toilette pour les Brésiliens, c'est de s'arracher le poil de tout le corps. Quelques tribus, particulièrement les Botocudos, se rasent la tête, et ne conservent qu'une touffe de cheveux sur le sommet. Il paraît qu'anciennement cette coutume était plus générale. Les Coroados ont été nommés ainsi par les Portugais uniquement à cause de cela, quoique de nos jours ils laissent croître leurs cheveux et portent une longue queue ou boucle sur l'épaule.

Les Botocudos se distinguent de tous les autres Indiens par les morceaux de bois qu'ils portent dans la lèvre inférieure et dans les oreilles. C'est de là qu'ils ont reçu et leur nom portugais, et ceux que leur donnent les autres peuples. Botocudo vient de *botoque*, qui signifie bouchon ou cheville. Les Melalis appellent les Botocudos, à cause de leurs oreilles pendantes, Epcoseek (grandes oreilles). C'est le père qui détermine l'époque où son fils recevra cet ornement. On perce la lèvre et les oreilles d'un trou, qu'on tient ouvert et qu'on agrandit en y introduisant successivement des morceaux de bois plus grands; de sorte que le bout de l'oreille et la lèvre ne paraissent bientôt plus que comme des lanières de peau faites pour contenir ces petites pièces de bois. On se sert pour cela d'un bois fort léger : c'est celui de l'arbre appelé barrigudo (*bombax ventricosa*). Ces morceaux ainsi placés dans les oreilles et dans le nez, ont parfois jusqu'à quatre pouces de diamètre sur un pouce ou un pouce et demi d'épaisseur; et quand on les déplace, on voit la lèvre inférieure retomber et laisser à découvert toutes les dents, ou bien l'on voit pendre le lobe de l'oreille comme une courroie qu'on relève en la suspendant à la partie supérieure. S'il arrive que ces peaux se déchirent, on les réunit au moyen du *cipo* ou écorce d'arbre. La pression continuelle du bois repousse vers l'intérieur les dents de la mâchoire inférieure : elle les dérange et les gâte en peu de temps. Dans un crâne de la collection de Blumenbach il y a même un exemple de la disparition complète des alvéoles. Les femmes aussi portent des bijoux de ce genre; mais du moins ils sont plus petits et mieux faits.

Les huttes des Indiens sont construites avec les grandes feuilles du palmier aïri : on en compose une enceinte circulaire ou ovale, et on les fiche en terre de manière que leur propre inflexion les ramène à l'intérieur et compose un toit de leurs lames croisées. Si l'on veut faire un séjour de quelque durée, on consolide l'édifice en y ajoutant des branches d'arbres ou des pieux, et l'on renforce la couverture d'une plus grande quantité de feuilles. La même hutte est ordinairement la demeure de plusieurs familles; et chaque horde vit sous un chef, et se compose d'un nombre plus ou moins grand de ces huttes, dont l'ensemble est appelé *rancharia* par les Portugais. Il est rare toutefois qu'il y ait dans un même lieu plus de dix ou de douze huttes. Il y a au centre de chacune quelques grosses pierres, qui servent à entourer le feu, ou bien à briser les noix de coco ou d'autres corps durs. Les sauvages ont pour tout mobilier leurs armes, les objets nécessaires à la pêche et quelques vases d'une argile grise cuite au feu; encore cette vaisselle ne se trouve-t-elle pas chez tous indistinctement. Ils ont aussi des gourdes et des calebasses pour conserver l'eau : quelquefois ils se servent pour cela d'une sorte de roseau, qu'ils coupent de manière à ce que l'un de ses nœuds devienne le fond du vase. L'épaisseur des roseaux étant souvent celle du bras, il n'en faut pas une bien grande longueur pour contenir beaucoup d'eau.

La plupart des sauvages couchent dans des hamacs tressés en nattes, et que l'on suspend soit à un poteau de la hutte, soit entre deux arbres. Cependant les Botocudos ne font point usage des hamacs : ils se préparent des litières sur la terre même, et les composent du liber du *pao estopa*.

On voit, contre les parois de la cabane, des réseaux ou des sacs qui renferment les objets de toilette et les autres petites choses qui complètent le mobilier des Indiens : ce sont, par exemple, des matières colorantes, des ficelles, des plumes, des hameçons. Mais la plus importante des richesses aux yeux des Indiens est dans la possession de leurs armes : ils les emploient et pour la chasse et pour se défendre contre leurs ennemis. Ils tiennent beaucoup aussi au couteau dont ils se servent pour fabriquer ces armes, et ils le portent ordinairement suspendu à leur cou, au moyen d'un cordon. C'est presque toujours une lame européenne serrée entre deux morceaux de bois en guise de manche; car, les Indiens préfèrent cette espèce de poignée aux manches ordinaires que les blancs leur vendent avec le couteau. Les haches de fer sont si rares que les hordes n'en ont le plus souvent qu'une seule pour tous.

L'arc et la flèche sont les principales armes des Indiens. Ces armes sont beaucoup plus longues que chez les autres sauvages; cependant la plupart de ceux de l'Amérique méridionale portent aussi des arcs et des flèches d'une grande longueur. La lance et le lazo ne se trouvent que chez quelques peuplades, qui depuis la découverte se sont mises à combattre à cheval; et c'est chez celles-là seulement que les arcs et les flèches ont été raccourcis. L'arc des Brésiliens est souvent de cinq, de six, et même de sept pieds. Sur la partie méridionale de la côte d'orient, ainsi qu'à Minas-Geraes, on le fait du bois noir et luisant du *palmier aïri*, et plus vers le nord on se sert, à cet effet, du bois que les Portugais appellent *pao d'arco*. C'est une espèce de *bignonia* : il est dur et d'un blanc jaunâtre, qui par la suite passe au brun. Jamais on n'emploie les intestins des animaux pour en faire des cordes ; mais on prend des écorces, et surtout de celle de la *cécropia*. Pour les flèches, elles sont de différentes sortes de roseaux, elles ont quelquefois cinq pieds et plus. Les Botocudos en font de la tige du roseau appelé *uba*, qui est très-lisse. Il y a trois espèces de flèches. Les unes, à pointe large, faite ordinairement du roseau tangarussu : elle est très-dure et très-pointue. Pour augmenter encore la force de cette pointe, on l'enduit de cire, et le roseau qu'on en imbibe au moyen du feu devient aussi dur que la corne. Comme par la nature du roseau cette pointe est creuse, les blessures qu'elle fait saignent beaucoup : c'est pourquoi on les emploie principalement à la guerre et dans les chasses contre les grosses espèces de gibier. La seconde espèce de flèches a une pointe d'un bois fort dur, longue d'un pied et demi : elle est du palmier appelé airi, et forme plusieurs crochets, qui ajoutent beaucoup à la gravité des blessures. Enfin, la troisième espèce ne sert qu'aux chasses de petit gibier : on la fait des branches droites de certains arbrisseaux, et l'on arrange en pointe quelques-uns des nœuds qui entourent ces branches, ce qui donne à la pointe une forme obtuse et verticillée. Les Brésiliens n'ont pas de carquois : leurs traits, étant trop longs, ne peuvent être portés qu'à la main : ils n'ont pas non plus de lances ni de javelots; cependant ils se servent parfois de leurs longues flèches comme de javelots, surtout pour la pêche. Ces peuples ne font point usage d'armes empoisonnées comme les sauvages de la rivière des Amazones et de la Guiane. Quant à la pêche, les Indiens se servent rarement de filets : ils reçoivent leurs hameçons des Européens, et souvent ils tuent les grands poissons avec des flèches. Les canots sont rares : il n'y en a pas dans toutes les tribus. Quand les Botocudos parurent pour la première fois sur la côte, sous le nom d'Aymores, ils ne les connaissaient point; aussi était-on préservé de leur attaque quand on était abrité par une rivière impétueuse : c'est peut-être l'origine de la fable absurde qui prétend qu'ils ne savaient pas nager. Il est d'autres peuplades qui, au temps de la découverte, se servaient de nacelles et de radeaux pour faire la guerre, et qui même paraissent avoir réuni de petites flottes : cependant il n'en reste plus de vestiges. Les canots des Indiens sont des troncs creusés, et longs parfois de vingt pieds : ils n'ont pas de voiles, mais ils emploient pour les faire manœuvrer de courtes rames. Les Indiens s'exercent dès leur plus tendre enfance à l'arc et à la flèche; dès qu'ils ont acquis une certaine habileté, leur existence est assurée, et on les abandonne à eux-mêmes. On voit dans toutes leurs habitudes qu'ils partagent avec beaucoup de peuples sauvages la perfection des sens, des exercices du corps; ils excellent à la course, à la nage, etc., enfin ils sont endurcis à toutes les fatigues, et supportent très-bien la faim et la soif. Mais si leur tempérance est grande en cas de besoin, leur voracité non plus n'a point de bornes : à l'exception des os les plus durs, ils mangent tout dans le gibier qu'ils abattent. Quand ils viennent dans les plantations des blancs ou aux postes militaires, ils ne cessent de demander des alimens, et dévorent tout ce qui leur tombe sous la main. Ils ne connaissent aucune mesure à la boisson : l'eau-de-vie et les liqueurs sont aussi dangereuses pour eux que pour les autres sauvages. Les Indiens eux-mêmes font une liqueur enivrante du suc de la tige du maïs; ils l'appellent *chica* : ils la pressurent en mâchant la tige et recueillant dans un vase le suc qui résulte de cette opération.

Ils ne dédaignent la chair d'aucun animal de leurs forêts primitives; cependant ils préfèrent celle des singes. Les Indiens accablent de traits le tigre, le tapir, le sanglier et les grands animaux, afin de leur faire perdre tout leur sang. Comme ils flairent le gibier à une grande distance, et qu'ils sont très-habiles à le surprendre, il arrive souvent qu'ils entourent, à plusieurs ensemble, une troupe de pacas ou de sangliers. La nature de leurs armes leur permet d'abattre plusieurs pièces de gibier avant que les autres s'enfuient : ils emploient à ce genre de chasse des chiens que leur donnent les colons, ou qu'ils volent. Les Indiens sont très-habiles à attirer les oiseaux, en imitant leur voix, de sorte qu'ils les prennent souvent avec des lacets : ils mangent aussi des insectes, par exemple les grandes larves du scarabée nommé l'*hercule*; enfin, ils vont à la recherche des abeilles pour s'emparer de la cire et du miel. Il y a dans ces forêts vierges une telle quantité de fruits et de racines bonnes à manger, qu'il est impossible que la nourriture végétale manque jamais à ces sauvages; et s'ils souffrent de la faim, ce ne peut être que par paresse. Les *palmitos*, composés de la moelle et des tendres bourgeons des feuilles, et que l'on trouve sous la couronne du palmier, fournissent un aliment délicieux. Les Indiens sont très-adroits pour prendre ces palmitos : ils montent au haut de la tige grêle du palmier, non pas en se cramponnant des bras et des jambes, mais en saisissant le tronc à deux mains et en y appuyant leurs pieds. Arrivés au sommet, ils commencent par le dégager de ses feuilles extérieures, et l'affaiblissent jusqu'à ce qu'ils puissent en casser la couronne : après cela ils agitent l'arbre et le balancent du poids de leur corps jusqu'à ce qu'ils parviennent à s'approcher d'un palmier voisin, vers lequel ils s'élancent, pour le dépouiller aussi de sa couronne. Il serait superflu de nommer ici toutes les plantes dont la tige ou la racine leur servent de nourriture. Ils n'épargnent pas non plus les habitations des blancs, et souvent ils font grand tort aux plantations de sucre et de racine de manioc. Il est remarquable que les Indiens mangent sans aucune conséquence fâcheuse la racine du manioc sauvage, qui cause de violens vomissemens aux Européens.

Les femmes sont chargées d'apprêter les mets et de vaquer aux soins du ménage : elles bâtissent les huttes, portent le gibier tué à la chasse; elles allument le feu, ce qui, comme chez la plupart des sauvages, se fait en frottant ensemble deux espèces de bois. On rôtit les viandes au bout d'une broche de bois. Le sel n'est pas connu des Indiens : il est faux qu'ils le remplacent par une espèce d'argile (*barra*); cette argile, qu'ils avalent quelquefois, comme le font d'autres peuples américains, n'a rien de salé. Les femmes sont traitées en esclaves, et les seules preuves d'attachement qu'elles reçoivent de leurs maris, sont de féroces accès de jalousie, pendant lesquels elles sont fort maltraitées, ainsi que le démontrent les profondes cicatrices qu'on voit souvent sur tout leur corps. Chaque homme prend autant de femmes qu'il en veut et qu'il en peut nourrir : l'union, autant que je le sache, ne donne lieu à aucune espèce de solennité. Les sauvages s'emportent beaucoup quand ils trouvent un autre homme avec leurs femmes ; mais ils supportent, dit-on, patiemment que leurs femmes s'enfuient de chez eux pour aller vers un mari qui les traitera ou les nourrira mieux. Ils ont peu de soin de leurs enfans, et ceux-ci n'en ont pas besoin : cependant on aurait tort de dire qu'il y ait de leur part de l'inimitié ou de l'indifférence, du moins tant que ces enfans sont fort jeunes ; mais, dès que le garçon sait manier l'arc et la flèche, ou dès que la fille peut porter des fardeaux, allumer du feu, etc., les parens ne s'en soucient plus du tout, ils s'en séparent sans aucune marque de douleur, et les revoient sans aucun signe de joie. La durée du séjour des Indiens dans le même lieu dépend, soit des moyens de subsistance qu'il offre, soit de leurs guerres avec d'autres tribus ou avec les Portugais. Quand ils quittent une place, ils abandonnent leurs huttes, et emportent leurs effets dans un sac de nattes, que les femmes s'attachent au front au moyen d'un lien, qui le suspend sur leur dos ; de sorte que c'est la nuque qui supporte principalement ce fardeau : elles portent aussi les provisions, puis un ou deux enfans. Quant aux hommes, ils marchent en avant, et ne sont chargés que de l'arc et des flèches. On franchit les rivières qui ne sont pas trop larges sur des ponts, que l'on trouve ordinairement tout prêts dans les lieux les plus fréquentés, si les colons ou les ennemis indigènes ne les ont pas détruits : ce sont deux câbles de *cipo*, attachés d'une rive à l'autre, sans être fortement tendus. Les sauvages marchent sur l'une de ces cordes, et saisissent l'autre des mains. Souvent il se passe des mois entiers avant qu'on fasse un séjour qui dure au-delà de quelques nuits ou même d'une seule. Ce n'est que quand on a découvert un lieu fécond en fruits, abondant en gibier, à l'abri des attaques de l'ennemi, qu'on s'y établit pour quelque temps. Mais il ne faut pas croire que les hordes restent toujours réunies : ces expéditions et ces changemens de demeure sont abandonnées à l'arbitraire de chacun.

Bien que ce que nous venons de dire sur la figure, les habitations, la nourriture, les armes et les ustensiles des sauvages, s'applique spécialement aux tribus de la côte orientale, que nous avons observées nous-mêmes ; il paraîtrait que les Indiens des autres parties du Brésil, et notamment de la rivière des Amazones, sont peu différens de ceux que nous connaissons. Sur ce point, ainsi que sur beaucoup d'autres, nous attendons avec impatience les rapports de MM. Spix et Martius. Les Guaycurus, ou Indiens à cheval (*Indios cavaleiros*), dans le sud du pays de Mato-Grosso, forment toutefois une exception très-prononcée. M. de Eschwege, dans son Journal du Brésil, en a donné une notice fort intéressante, qui est l'ouvrage du commandant de la Nouvelle-Coïmbre. Ce sujet mérite de nouvelles recherches et un nouvel examen. Les Guaycurus paraissent être la seule tribu indienne qui ait adopté le cheval des Européens : ils sont en cela entièrement semblables aux Indiens cavaliers de l'Amérique espagnole, et il est certain que leurs chevaux leur viennent aussi des Espagnols, car les premiers Portugais qui les rencontrèrent les trouvèrent déjà montés. Leurs armes sont la lance, une espèce de massue et de petits arcs avec des traits courts. Non-seulement ils se sont rendus formidables aux Portugais sur terre, mais, par leurs fréquentes incursions, ils ont tellement troublé les communications entre les provinces de Saint-Paul et de Cujaba, à travers les affluens du Paraguay, que ces communications ont cessé entièrement. Souvent les canots réunis des Guaycurus ont porté de deux cents à trois cents guerriers. A en juger par la description de leur extérieur, ces peuples semblent plutôt appartenir à ceux du Chili qu'aux Brésiliens et aux Guaranis, et leur civilisation paraît plus avancée. Les femmes sont, dit-on, habillées de coton tissu par elles : on ajoute que les mariages offrent le charme d'une tendresse extraordinaire. Ces Indiens, qui demeurent réunis en aldéas, se divisent en trois castes ; celle des nobles ou chefs, celle des guerriers et celle des esclaves. Les hommes pris à la guerre et leurs descendans font partie de cette dernière. Les esclaves sont bien traités : on ne les force point au travail ; mais jamais les Guaycurus ne mêlent leur sang au leur. Les diverses guerres faites par eux ont introduit dans cette classe des Indiens des tribus les plus éloignées : on prétend y trouver une espèce d'hommes que l'on appelle Cudinas, et qui imitent en tout les femmes. La langue de ce peuple a cela de particulier, que, pour désigner les mêmes objets, les femmes se servent de mots différens de ceux qu'emploient les hommes.

VOYAGE PITTORESQUE
DANS LE BRÉSIL.

MŒURS ET USAGES DES INDIENS.

Les détails que nous avons donnés dans le premier cahier de cette division sur la vie domestique et sur les besoins des sauvages du Brésil, montrent assez qu'il y a peu de variété dans leur existence, et par conséquent peu de matière à fournir des descriptions ou des dessins. Tant qu'il y a des vivres, les hommes ne font pour l'ordinaire rien du tout; ils se balancent dans leurs hamacs, ou bien ils travaillent à leurs armes et au peu d'ustensiles qu'ils possèdent. Les femmes elles-mêmes, si l'on en excepte la préparation des alimens, ont alors fort peu de chose à faire. Mais si les moyens de subsistance viennent à manquer, les hommes vont à la chasse, et les femmes les accompagnent, afin de rapporter au logis le gibier abattu et les fruits qu'elles recueillent elles-mêmes. Lorsqu'il y a eu une bonne chasse, ou après un combat victorieux, ou même lorsque les Indiens se disposent à une expédition de ce genre, enfin, dans toutes les circonstances qui les réunissent en grand nombre, on retrouve chez eux quelque chose de semblable à des fêtes. Les convives sont convoqués au son d'un instrument que l'on fait de la queue du grand armadille, et que souvent aussi l'on remplace par une corne de bœuf, et bientôt l'enivrante liqueur du chica leur inspire une espèce de joie sombre qu'ils manifestent par des chants et des danses; mais ces chants et ces danses sont fort grossiers et fort monotones. Les Indiens se rangent en cercle les uns derrière les autres; d'abord les hommes, puis les femmes, chacune ayant ses enfans derrière elle, le plus âgé passe ses bras autour d'elle et la tient bien serrée, le second en fait autant à l'égard du premier, et les autres continuent à s'attacher ainsi aux précédens. C'est dans cet ordre qu'ils se meuvent lentement en rond autour d'un feu, faisant un pas en avant, et un autre plus petit en arrière, en sorte qu'ils ne quittent la place que fort lentement. Quand ils ont fait de la sorte un court trajet, ils courent avec précipitation se remettre à l'endroit d'où ils sont partis et recommencent la même marche. En même temps ils exécutent avec la partie supérieure du corps, avec les hanches et avec leurs mains, qu'ils joignent en les tenant devant la partie inférieure du corps, des mouvemens uniformes de l'un à l'autre côté. Ils accompagnent ce genre de danse, si toutefois on peut l'appeler de la sorte, d'un chant monotone qui tient du hurlement; car ils répètent sans cesse quelques mots et quelques exclamations. Le sens de ces paroles varie selon les diverses causes de la fête. Ainsi les Pasuris, après un combat contre les Botocudos, en célébrèrent une, pendant laquelle ils répétaient sans cesse : Ho, ho, Bugre ita najy! ce qui veut dire : Ho, ho, le Botocudo a été renversé! De pareilles fêtes, surtout lorsqu'elles sont célébrées la nuit, ce qui arrive presque toujours, font sur l'Européen une impression qui n'est rien moins qu'agréable, et la manière dont ces hommes expriment leur joie a quelque chose qui fait horreur. Plus ils sont échauffés par l'usage du chica, plus leurs hurlemens deviennent confus et sonores, plus aussi la danse et les mouvemens du corps s'animent et s'accélèrent. Quand une de ces fêtes précède une entreprise guerrière, les chefs en profitent souvent pour exciter l'ardeur de leurs compagnons par des allocutions conformes à la circonstance. La maraca joue un grand rôle dans ces fêtes; c'est une gourde vidée, qu'on a soin de remplir de cailloux, afin de battre la mesure en l'agitant comme une crécelle. Les sauvages du Brésil ont aussi une sorte de flûte à l'usage des femmes. Parfois les enfans et les jeunes gens s'amusent à l'exercice du tir : le plus souvent on prend pour but le bras ou la tête d'un ennemi renversé, que l'on élève au bout d'une perche. Le jeu appelé *Tumarim*, est plus paisible : on lance de la main de longues flèches contre une autre flèche fichée en terre.

Une solennité d'une autre espèce consiste dans les duels à coups de perche, qui sont usités chez les Botocudos sous le nom de Giacacica; ils ont ordinairement pour cause des querelles de chasse entre les diverses hordes d'une même tribu, chacune se réservant une certaine étendue de territoire pour y chasser. Les duels ont lieu aussi par suite de contestations entre les membres d'une même horde, ou bien pour des différends qui s'élèvent entre le mari et la femme, dont les parens prennent le parti. Au surplus, ce que quelques voyageurs rapportent d'un roi des Botocudos et des grandes fêtes qui accompagnent l'opération des lèvres pour les jeunes garçons, n'est absolument qu'un conte ridicule.

En général, les maladies sont rares parmi les tribus sauvages des Indiens : les blessures sont plus fréquentes, et surtout celles des yeux, qui sont atteints par des branches d'arbres ou des épines. La médecine des sauvages, ainsi qu'on peut le penser, est entièrement simple. Leur remède ordinaire est de se coucher dans leur hamac et de demeurer quelques jours tranquilles et sans prendre de nourriture. Quand cela ne les guérit point, ils s'adressent aux Pajas, qui sont à la fois médecins et conjurateurs ou magiciens. Les véritables moyens curatifs pratiqués par eux, consistent en fumigations, en frictions, en saignées, en ventouses. On suspend dans un hamac et sur un brasier de charbon ceux qui ont la fièvre, et pour faire transpirer le malade par la fumée, on jette sur ce brasier des herbes fraîches et des branches de diverses espèces. On couche dans la cendre chaude celui qui est affligé de rhumatismes ; on lui masse et on lui frotte tout le corps, tandis qu'en même temps on lui souffle de l'haleine dans la bouche et dans le nez ; parfois aussi on le frotte de salive. On se sert, pour les saignées, d'un petit arc et d'une flèche à pointe de verre ou de cristal, et cette pointe n'a que la longueur nécessaire pour atteindre le but qu'on se propose. Il est rare que l'on manque la veine. La ventouse se fait au moyen d'un couteau ou d'une pierre aiguisée, après que l'on a fouetté avec des orties la partie où on veut l'opérer. Les sauvages connaissent peu, ou même pas du tout, les remèdes intérieurs. Quand les moyens curatifs ordinaires ne réussissent pas, ils ont recours aux conjurations.

On trouve chez la plupart des Indiens la croyance en de méchans esprits qui apparaissent sous diverses formes ; ils ont aussi l'opinion que les morts reviennent : mais ces superstitions sont plus fréquentes chez ceux qui sont en relation avec les colons ; c'est pourquoi il est vraisemblable qu'ils doivent à leurs voisins civilisés ces idées, qui, dans la réalité, constituent tout ce que l'on pourrait en eux qualifier de croyance en des êtres d'un ordre supérieur. Les Pajas, au surplus, ne jouissent pas parmi les Indiens d'une grande considération, et il n'est pas rare de voir des parens se venger sur le malheureux médecin quand une cure ou une conjuration ne lui réussit pas et que le patient succombe. On consulte aussi les auteurs de ces conjurations sur le succès d'une chasse, d'une opération guerrière, sur le choix d'un lieu pour y séjourner, sur le nombre des ennemis et sur le but qu'ils se proposent. Pour répondre à ces questions, les Pajas citent les esprits de leurs ennemis, et ceux-ci apparaissent et s'évanouissent sans être vus que de l'auteur de la conjuration ; leur voix alors fait entendre différens sons, elle imite parfois le cri des animaux : caché derrière un buisson, le Paja les interroge à haute voix, et reçoit leur réponse.

L'enterrement des morts donne lieu quelquefois à une sorte de cérémonie funèbre. Un chef prononce quelques paroles, et les femmes jettent des cris lamentables. Dans quelques tribus les morts sont enterrés assis, et l'on met des armes dans leur tombe.

Nous avons exposé aux yeux de nos lecteurs les rapports domestiques et de famille des Brésiliens, leurs mœurs, les besoins de leur existence et leurs usages : il nous reste encore à jeter un coup d'œil rapide sur leurs relations civiles et politiques, si toutefois elles méritent d'être qualifiées ainsi. La seule espèce de lien politique que l'on trouve chez les Indiens sauvages, est celui qui existe entre les diverses hordes et leurs chefs, que les Portugais appellent *Capitaos*. Il n'y a néanmoins, pour déterminer l'autorité de ces chefs, aucune espèce de loi ni d'usage : il n'est pas plus possible de rien dire de précis sur le mode et les conditions de leur nomination. Le plus souvent, il est vrai, ou même toujours, elle a lieu par voie d'élection; du moins l'on n'a pas jusqu'à présent découvert la moindre chose qui pût faire penser que cette dignité est héréditaire. Toutefois l'élection se fait sans aucune espèce de solennité ni même d'ordre. On dirait, au contraire, que par un consentement tacite on regarde comme chef de la troupe le plus audacieux, le plus rusé et le plus fort. Au surplus, sa place ne lui rapporte absolument aucune espèce d'avantage; on ne lui paie aucun tribut, et toute son autorité consiste dans ce genre d'influence qu'obtient partout sur les autres le plus fort, le plus sage, le plus habile à manier l'arc, à la chasse et à la guerre. C'est lui qui fait les dispositions nécessaires aux chasses, aux attaques et aux défenses entreprises en commun : il fixe le moment de quitter le lieu où l'on campait, et détermine celui vers lequel se dirigera la horde, soit pour y trouver sa nourriture, soit pour échapper à l'agression de l'ennemi.

Le gouvernement du Brésil fait, comme antérieurement celui de Portugal, consister sa politique à l'égard des sauvages à se procurer quelque influence sur le choix des Capitaos, et à le faire tomber sur des Indiens chez lesquels on remarque un germe de civilisation, ou qui du moins montrent moins d'aversion et de méfiance envers les blancs. Afin d'atteindre ce but, on cherche, le plus souvent, à engager quelques Indiens à se rendre dans les grandes villes; on les y traite bien, et on les renvoie avec des présens et le titre de Capitaos. Il ne faut pas croire cependant que les Indiens confirment formellement un chef nommé de la sorte; la horde peut, selon qu'il lui plaît, le reconnaître ou ne le reconnaître pas : cependant il arrive naturellement que le contact des sauvages avec les blancs leur apprend quels sont les avantages qui résultent pour eux d'avoir un chef reconnu par ceux-ci, qui soit avec eux en relations d'amitié, et qui puisse, en cas de besoin, procurer à ses compatriotes leur protection ou des vivres. Nul doute que, si ce système était suivi avec plus de constance, il ne contribuât beaucoup à déterminer les Indiens à se réunir librement en aldéas.

Il est encore plus difficile d'indiquer avec précision quel est le lien qui réunit diverses hordes, et quelle est leur composition, qu'il ne l'est de déterminer l'autorité exercée par le Capitao. Ces hordes sont au surplus la seule espèce de réunion connue des Indiens : celles qui appartiennent à une même nation ne sont obligées par aucune espèce de devoir à prendre part à une action commune. Toutefois nous trouvons dans l'histoire primitive de ces peuples des exemples de mouvemens généraux, qui permettent de conclure qu'il existait un degré de civilisation plus élevé, telles sont les migrations des Aymores vers la côte, et celles des Tupinambas de la côte vers l'intérieur.

Déjà nous avons fait remarquer qu'avant la découverte les hordes étaient plus nombreuses, que leurs demeures étaient plus fixes, et que par cela même la puissance et la considération des chefs étaient plus étendues et mieux déterminées. Si, sur ce point, l'état actuel des Indiens ne nous présente que les débris de leur ancien ordre social, on en peut dire autant à l'égard de leurs usages religieux et de leurs prêtres. Il n'est pas douteux qu'au temps de la découverte les prêtres ou magiciens n'aient exercé une grande influence sur les tribus indiennes, qu'ils n'aient formé une sorte de corporation, dans laquelle on n'était reçu qu'après de nombreuses et dures épreuves. On redoutait les malédictions des prêtres, on recherchait leurs bénédictions. Au milieu d'une multitude de cérémonies, les guerriers se faisaient inspirer le courage par eux. Les magiciens et les médecins actuels des Indiens ne sont, à ce qu'il paraît, que les misérables successeurs de cette caste; ils semblent avoir partagé le sort de la maraca, qui jadis était le signe révéré de leur puissance, et qui s'est conservée à la postérité, sans qu'on y attache d'idée précise; car on s'en sert aujourd'hui dans les danses et dans les fêtes comme d'un instrument de musique, et cependant on l'emploie aussi dans les conjurations et dans les cures comme un appareil magique.

Les différentes tribus n'ont pour l'ordinaire entre elles que des rapports d'inimitié. Toutefois on peut facilement distinguer les hostilités nées d'une offense quelconque de tribu à tribu, de celles qui se sont perpétuées depuis plusieurs siècles. Les premières peuvent avoir lieu entre deux hordes de différentes tribus pour une pièce de gibier ou pour d'autres sujets de ce genre, sans que pour cela les hordes plus éloignées de ces mêmes tribus en aient connaissance ou y prennent part : souvent elles s'apaisent au bout d'un temps fort court.

L'autre espèce de guerre est de telle nature que chaque individu de la tribu considère chacun de ceux de l'autre tribu comme son ennemi né, comme la proie qui lui est destinée. Sans autre cause, il le poursuit et le tue partout où il le trouve. C'est là ce qui arrive entre les Patachos et les Botocudos. Les membres d'une même horde ou de plusieurs se réunissent pour les grandes entreprises : toutefois on voit plus rarement s'assembler ceux de plusieurs hordes. Le signal de la réunion est donné au son d'une corne de bœuf ou d'un autre instrument semblable, soit lorsqu'il est question de repousser une attaque dont on est menacé, soit lorsqu'il faut marcher pour aller soi-même à la recherche de l'ennemi.

Des deux côtés l'attaque se fait avec des cris terribles, ou plutôt avec des hurlemens. Tout leur art militaire consiste à se mettre autant qu'on le peut à l'abri des traits des ennemis derrière des arbres ou des rochers, et à lancer sur eux ses propres flèches avec le plus grand succès possible. Rarement on en vient aux mains; les sauvages n'ont pour ce genre de combat d'autres armes que leurs pieds, leurs mains et leurs dents, dont ils se servent dans l'occasion chacun selon ses forces individuelles. Quand l'un des partis a perdu quelques hommes, il cherche son salut dans la fuite. Il paraît que l'on fait rarement des prisonniers, et dans le cas même où les Indiens parviennent à surprendre les cabanes de leurs ennemis, tout est massacré sans distinction d'âge ni de sexe. Quoique plusieurs voyageurs l'aient nié, il est hors de doute que les Indiens mangent parfois la chair de leurs ennemis : cet usage, cependant, n'est pas commun à toutes les tribus, et même chez celles qui le pratiquent, par exemple chez les Botocudos, les faits sont trop rares pour qu'on puisse leur donner le titre d'anthropophages dans l'acception ordinaire de ce mot : ils ne regardent pas la chair de leurs ennemis comme un aliment; c'est par haine et dans l'ivresse de la victoire qu'ils les dévorent. Ainsi que nous l'avons déjà dit plus haut, les Brésiliens prennent quelquefois les membres de leurs ennemis pour but lorsqu'ils s'exercent au tir. Il y a dans la collection de Blumenbach à Gœttingen un crâne de ce pays, qui est bizarrement orné de plumes; mais nous ne connaissons dans les usages des Indiens rien qui puisse expliquer cette parure.

On voit bien, d'après tout ce qui a été dit jusqu'à présent, qu'il n'y a absolument aucun traité pour fixer les rapports des tribus d'Indiens sauvages avec les Portugais, ou maintenant avec le gouvernement du Brésil. Tant qu'aucun de ces peuples n'aura de chef commun ni de centre de réunion, il ne faut pas y penser, et il serait tout-à-fait inutile de négocier avec des chefs isolés, personne parmi eux n'ayant ni le désir ni le pouvoir d'observer les conventions: d'ailleurs ces diverses troupes sont trop petites pour que leur amitié puisse être de quelque importance. La paix existe aujourd'hui il est vrai, entre les colons et la plupart des tribus indiennes; mais à chaque instant un hasard peut venir la troubler. Dans les derniers temps les hostilités contre les Botocudos furent les plus longues et les plus opiniâtres; elles durent encore sur quelques points. Ce qui démontre combien il y a peu d'unité entre ces peuples, c'est que les Botocudos du Rio doce sont en guerre avec les colons, tandis que ceux du Rio de Belmonte vivent avec eux sur un pied d'amitié. Les Puris ont aussi commis des hostilités dans ces derniers temps. Du reste, ils n'ont pas, à proprement parler, de dessein ni de vues politiques; il n'y a parmi eux qu'un petit nombre d'hommes qui savent comme une chose vague et générale que leurs adversaires forment un tout, un état sous un chef commun. Ils surprennent des plantations isolées, soit pour les piller, soit pour venger quelque offense. Dans ces occasions ils tuent, sans distinction, tous ceux qui leur tombent sous la main, et détruisent tout ce qu'ils ne consomment ou n'emportent pas. Il semble, au surplus, qu'ils attachent peu de prix au mobilier des colons: si l'on en excepte les haches et les couteaux, on ne trouve chez eux rien qui puisse être considéré comme provenant du butin fait dans ces pillages.

Pour toute mesure de sureté contre ces attaques, le gouvernement se borne à placer dans les pays les plus exposés, et dans les lieux où la route traverse des forêts, ce qu'on appelle des Quartales ou Presidios; ce sont des postes de quelques soldats commandés par un sous-officier ou par un porte-drapeau. Le plus souvent ces postes sont logés dans de misérables huttes; leurs fusils sont en très-mauvais état: le *gibao de armas* est leur principale défense: c'est une camisole de cuir, rembourrée de laine, qui descend jusqu'aux genoux, qui couvre le corps, le cou, les cuisses et le haut des bras, et met ces parties à l'abri des traits des Indiens. Chaque poste possède un ou plusieurs de ces gibaos. Quelquefois ces soldats ont avec eux des Indiens civilisés, et les gros chiens ne leur manquent jamais. On met ordinairement plusieurs de ces postes sous l'autorité d'un capitaine ou d'un colonel. Quand les Indiens ont commis des hostilités sur quelque point, ou bien, comme cela arrive parfois, quand ils ont surpris un poste, on fait, pour les punir et les effrayer, ce que l'on appelle un *entrada*. On réunit quelques postes; le capitaine du district se met à leur tête; on recherche les Indiens, et on les attaque partout où on les trouve;

on aime surtout à les surprendre dans leurs campemens, et quand on est parvenu à les découvrir, on les cerne la nuit, et au point du jour on fait feu de toutes parts sur les Indiens endormis. Quand on le peut, on tire tout droit dans les cabanes remplies d'Indiens, de femmes et d'enfans plongés dans le sommeil. Surpris de la sorte, les sauvages s'échappent et tâchent de se sauver par la fuite. En règle générale, le soldat massacre tout ce qui tombe en son pouvoir; rarement il épargne les femmes et les enfans, et cela seulement quand toute résistance a cessé : souvent cette résistance est fort opiniâtre. Les Indiens sont avertis quelquefois de l'approche des soldats par leurs chiens ou par leurs cochons, et alors tout s'enfuit, femmes, enfans et les hommes eux-mêmes.

Il arrive aussi dans ces *entradas* que les soldats sont surpris par les sauvages; car ils savent habilement poser des embûches dans les lieux favorables, et ils éclaircissent le bois jusqu'à une certaine distance, afin de pouvoir lancer leurs traits plus sûrement, sans cependant qu'on puisse les voir. Alors les soldats qui n'ont point de vêtemens cuirassés se trouvent dans une position d'autant plus fâcheuse que la plupart du temps leurs fusils ne valent rien. En général, ces sauvages ne sont pas des ennemis que l'on doive mépriser, et c'est un bonheur pour les colons qu'ils se réunissent rarement en grand nombre. Toutes les fois qu'ils l'ont fait, les presidios ont été d'un mince secours, forcés qu'ils étaient à se retirer dans les grandes villes avec les colons qu'ils devaient protéger, et à abandonner les plantations aux sauvages.

Lors même qu'on ne se ferait des forêts primitives du Brésil qu'une idée imparfaite, on se convaincrait qu'il ne faut pas même penser à soumettre ces peuples par la force, aucun corps, tant soit peu nombreux, ne pouvant seulement rester quelques jours dans ces forêts, et l'usage de l'artillerie et de la cavalerie étant de toute impossibilité. Les armes à feu ne donnent elles-mêmes aux soldats que peu d'avantage sur les sauvages, parce que dans les forêts il est rare que le coup puisse être ajusté d'assez loin pour que le trait n'ait pas autant d'effet que la balle, sans parler de ce que l'humidité fait souvent rater les fusils, tandis qu'elle permet aux sauvages l'usage de leur arc. Quel que fût d'ailleurs le résultat d'une pareille guerre, la perte des colons serait incalculable, tandis que les sauvages n'ont rien à perdre.

Toutes ces choses ne permettent pas de douter que les tribus indiennes sauvages ne puissent, surtout dans le cas où elles se réuniraient, devenir funestes aux établissemens européens, et l'on a d'autant plus de sujet de s'étonner que le gouvernement portugais ait donné si peu d'attention à ce danger, négligeant le seul moyen qui pouvait non-seulement l'écarter, mais encore le changer en une source de prospérité publique : ce moyen ne peut exister que dans une civilisation des Indiens, opérée sagement et successivement; il conviendrait de les arracher peu à peu à la vie errante des chasseurs, et de les accoutumer à des demeures fixes et à l'agriculture. Le gouvernement portugais a fait, il est vrai, depuis le milieu du dix-septième siècle, plusieurs lois et plusieurs réglemens pour parvenir à ce but, et ces lois font honneur, sans doute, à ses bonnes intentions; mais elles ont été conçues en grande partie sans connaissance de cause, et pour la plupart elles n'ont pas été exécutées. L'état des Indiens qu'on dit civilisés (Indios mansos), aussi bien que les rapports dictés par l'impartialité et rédigés par des hommes au fait de ce sujet, démontrent jusqu'à l'évidence que jusqu'à présent il a été fait peu de chose, ou même rien du tout, pour remplir les intentions bienfaisantes du gouvernement. Conformément aux lois existantes, et sur l'ordre de ce gouvernement, qui a pour cet objet dépensé des sommes considérables, plusieurs hordes d'Indiens de toutes les tribus, et même des tribus entières, se sont déterminées à accepter des présens, et se sont laissées entraîner par des promesses à abandonner les bois et à se réunir en aldéas sur des terres que le gouvernement leur assignait; et afin de pourvoir, par tous les moyens possibles, au bien-être physique et moral de ces sauvages, on mettait toujours à leur tête un directeur et un ecclésiastique. Ce n'est point ici le lieu d'indiquer avec plus de détails quelle fut la destinée de la plupart de ces établissemens. Toujours est-il certain que les directeurs et les ecclésiastiques détournaient souvent les sommes qui leur étaient confiées, et que par-là les Indiens se virent successivement amenés à un état qui ne différait que peu ou point de l'esclavage, ces directeurs et ces ecclésiastiques les faisant travailler pour eux-mêmes et les traitant avec une grande dureté. Il ne faut pas nous étonner que dans ces circonstances on n'ait rien fait pour l'instruction religieuse des Indiens, qu'on n'ait même rien pu faire, et qu'ils se soient enfuis dans leurs forêts dès qu'ils en ont trouvé l'occasion. Ajoutez à cela que les colons avec lesquels ils sont en relation ne sont pas seulement des hommes grossiers, mais que très-souvent ce sont de véritables criminels, qui cherchent à se soustraire à l'empire des lois dans les contrées de la colonie les plus éloignées; aussi ces colons, loin de favoriser les vues du gouvernement, rendent les sauvages toujours plus hostiles et toujours plus défians, tant par leurs tromperies que par les mauvais traitemens qu'ils leur font essuyer. Pour ce qu'il a fait en faveur de la civilisation des Indiens, le colonel Marlier mérite une mention honorable : il a fondé plusieurs aldéas de Coroados, de Coropos et de Puris dans la province de Minas-Geraes; et ces aldéas promettent de prospérer beaucoup plus que la plupart des autres. L'essai de joindre aux établissemens d'Indiens sauvages quelques Indiens déjà civilisés, soit de la même tribu, soit de tribus alliées, paraît avoir produit un très-bon effet. Jusqu'à présent néanmoins ces Indios mansos semblent différer très-peu des Indiens sauvages : ils portent, du moins dans les occasions solennelles, de larges pantalons et des camisoles; quelquefois ils ont des chapeaux de paille. Les femmes ont des robes d'indienne de couleurs bigarrées. Les cabanes sont un peu plus grandes et mieux construites; au lieu de haches de pierre, ils en ont de fer; ils cultivent un peu de maïs, de bananes, de citrouilles et autres choses semblables. Quand leurs provisions et leurs moissons se trouvent consommées, ils vont à la chasse dans les forêts, et n'en reviennent bien souvent qu'après plusieurs semaines. Alors ils en rapportent de la cire, des racines d'ipécacuanha et quelques espèces de gomme, qu'ils vendent aux colons ou à ceux qui font le commerce de ces objets; mais c'est pour eux, surtout quand ils ne peuvent résister à leur penchant pour les liqueurs spiritueuses, une occasion d'être horriblement trompés ou maltraités. Souvent il en arrive autant à ceux qui louent leurs services aux colons et à leurs journaliers.

Outre le directeur européen, chaque aldéa a son capitao, dont la considération dépend beaucoup de ce directeur. Il y a beaucoup d'aldéas dans lesquels les Indiens n'ont point encore tout-à-fait oublié leurs inimitiés de tribus, et l'on commet çà et là des hostilités envers des tribus sauvages voisines. Tous les Indios mansos sont baptisés; mais il est facile d'imaginer que c'est à cela que se borne tout leur christianisme. Ils viennent à la messe quand ils savent qu'après cela ils auront à boire et à manger, et ils regardent cette affaire comme un travail dont ils s'acquitteraient au profit des blancs. Leurs mœurs et leurs usages ne sont pas fort différens de ceux de leurs frères des tribus sauvages, surtout là où ils n'ont eux-mêmes abandonné que depuis peu de temps la vie sauvage. La civilisation, à ce premier degré, ne paraît pas exercer une influence favorable sur leur caractère : loin de perdre cette sombre férocité de leur premier état, la contrainte qu'ils s'imposent les rend encore plus chagrins, encore moins sociables, et leur haine contre les blancs se manifeste dans toutes les occasions où ils croient pouvoir la laisser agir sans danger d'être punis. Les mauvais traitemens qu'ils ont si souvent éprouvés et auxquels ils sont encore exposés, ont fait sur eux une impression trop profonde pour être effacés par les bienfaits isolés de quelques individus. Leurs véritables sentimens envers les blancs se montrent surtout quand ils sont échauffés par quelque boisson spiritueuse; ils profèrent de violentes imprécations, même contre ceux qui ne leur ont fait que du bien. Pour citer un exemple connu, nous dirons que le colonel Marlier lui-même en a été l'objet un jour qu'il donnait une fête aux Indiens d'un aldéa fondé par lui. En vain on leur prodigue les soins les plus empressés dans leurs maladies, en vain, quand ils sont dans le dénuement, on leur fournit des alimens et des boissons, ils vous quittent sans la moindre marque de reconnaissance. Les Indiens paraissent sous un jour plus favorable dans le voisinage des grandes villes, où déjà depuis plusieurs générations ils ont abandonné leur état sauvage, où ils se sont en grande partie mêlés à d'autres races, où, enfin, ils diffèrent peu des classes inférieures du reste de la population. Toutefois le mélange du sang américain avec celui des blancs est rare; les Indiennes ont peu d'attraits, et jamais une femme blanche ne songerait à s'unir à un Indien. Il paraît que dans les premiers temps de la découverte et de la conquête les Européens s'adressaient plus souvent aux Américaines, tant parce qu'ils n'avaient ni femmes blanches ni Négresses, qu'à raison de ce qu'alors peut-être les Indiennes étaient plus attrayantes. Il est fort ordinaire de voir des descendans de Nègres et d'Indiennes; car celles-ci préfèrent de beaucoup les Nègres aux hommes de leur race : les Indiens, au contraire, méprisent les Nègres, et croiraient se déshonorer s'ils entretenaient des relations avec une Négresse.

VOYAGE PITTORESQUE
DANS LE BRÉSIL.

MŒURS ET USAGES DES INDIENS.

Rio-Janeiro est, sous bien des rapports, l'un des points les plus intéressans du Nouveau-Monde : c'est peut-être celui qui, par son état matériel et moral, donne les plus sûres garanties d'un avenir riche de destinées, celui qui renferme le plus de germes de gloire et de puissance. C'est le plus beau port de la terre, situé dans un pays qui produit tout ce que réclament les besoins physiques de l'homme, tout ce que l'État peut demander à la nature, comme condition de sa prospérité. Cette ville renferme une population à laquelle il ne manque aucune des qualités intellectuelles ou physiques qui sont nécessaires pour jouir des dons d'une nature si prodigue de ses biens. Que l'on compare l'aspect actuel de Rio-Janeiro avec celui qu'elle offrit à ceux qui la découvrirent les premiers, et l'on se convaincra que sur aucun point de l'Amérique la colonisation n'a opéré d'aussi grands changemens : à la place d'épaisses forêts primitives, et de quelques cabanes habitées par des sauvages nus, on voit aujourd'hui une cité impériale populeuse, animée de toute l'activité du commerce du monde, imposante de toute la splendeur qu'elle reçoit des cérémonies du culte catholique et de ses édifices, et brillante de tout l'éclat des cours de l'Europe. Lors même que quelques villes de l'Amérique espagnole, telle que Mexico, pourraient lui être comparées pour la population et l'étendue, il ne faudrait pas oublier que là les conquérans européens ont trouvé déjà les créations d'une antique civilisation, qu'ils y ont beaucoup plus détruit qu'édifié, et qu'enfin le Mexique n'est plus qu'une ombre de ce qu'il fut sous Montézuma. D'ailleurs nulle de ces villes ne peut être comparée à Rio-Janeiro sous le rapport du commerce, et elles manquent de cet éclat qu'une cité ne peut recevoir que de la présence d'un prince, et qui, abstraction faite de ses conséquences politiques, influe considérablement sur la manière dont un pays se présente aux yeux de l'artiste.

A ne considérer la baie de Rio-Janeiro que sur la carte, on concevra difficilement que les premiers conquérans du pays n'aient pas, de préférence, choisi ce point pour leur établissement; et cependant ce ne fut que par un peuple étranger que les Portugais furent avertis de l'importance de cette position. Martin Affouad de Souza, qui, en 1531, découvrit le premier la baie voisine de Rio et qui la nomma, l'avait quittée pour aller au sud fonder un établissement sur la côte de Saint-Vincent, et les premiers Européens qui s'établirent dans la baie de Rio furent des protestans français : sous la conduite de Villegagnon, ils vinrent, en 1555, y chercher un asile contre les persécutions et les troubles auxquels leur religion était en proie dans leur patrie. Les chefs les plus puissans des huguenots français, et notamment l'amiral Coligny, étaient ceux qui favorisaient l'entreprise; néanmoins, dans le principe, la réussite paraissait fort douteuse. Il s'éleva des discordes entre les colons eux-mêmes, et Villegagnon, leur chef, retourna en France; il alla cacher sa douleur et sa honte dans le château de ses ancêtres, au lieu d'amener, ainsi qu'il l'avait promis, de nouveaux secours à ses compagnons. Ceux-ci le flétrirent du sobriquet de *Caïn américain*. Le nom de la petite île où il fonda son établissement est le seul monument qui conserve le souvenir de ce premier fondateur de Rio-Janeiro. Après le départ de Villegagnon, la colonie française commença à prospérer : ce qui y contribua beaucoup, ce fut surtout la conduite amicale que les Français surent tenir à l'égard des habitans primitifs de cette portion de la côte, les Tupinaes. L'état florissant de cet établissement ne pouvait manquer d'exciter bientôt l'attention des Portugais, et en 1560, principalement sur le rapport des jésuites, qui mirent l'importance de cette affaire dans tout son jour, il fut décidé que l'on expulserait les Français. Toutefois cela ne réussit qu'en partie : l'île de Villegagnon fut prise, à la vérité; mais la plupart des colons trouvèrent sur la côte un refuge assuré chez leurs amis, les Tupinaes. Ce ne fut qu'en 1564 qu'Eustacio de Sá et Salvador Correa de Sá parvinrent à expulser entièrement les Français, et ce dernier fonda la capitale du Brésil à l'endroit où elle est maintenant, et la nomma San-Sebastiao do Rio de Janeiro.

Si l'on réfléchit aux conséquences qu'aurait pu avoir pour deux parties du monde la formation dans ces contrées du Brésil d'une colonie française protestante, l'on s'étonnera de l'indifférence avec laquelle les chefs du protestantisme en France ont abandonné cette entreprise à sa destinée : cependant ils avaient parmi eux des hommes tels que Sully et Coligny. C'est une preuve de plus pour établir combien il est rare que les semences des événemens futurs soient répandues avec connaissance de cause et réflexion.

Les Portugais ayant une fois pris pied dans la baie de Rio-Janeiro, cette colonie devint en peu de temps l'une des plus importantes de la côte du Brésil; elle fut la capitale, d'abord de la partie méridionale, et plus tard de tout le pays. Toutefois, et dans les circonstances ordinaires, les progrès successifs d'une ville de commerce offrent peu de points saillans à l'historien; la capitale actuelle du Brésil est aussi fort pauvre en souvenirs historiques, souvenirs que d'ailleurs un ouvrage comme le nôtre ne pourrait pas négliger, car personne ne contestera leur effet quant à l'impression que produit l'aspect d'un pays sur l'observateur? Sous ce rapport, Rio-Janeiro est même encore plus mal partagée que beaucoup d'autres villes du Brésil, que Fernambouc par exemple : cette dernière, du moins, peut rappeler des noms et des faits qui appartiennent à l'époque des guerres soutenues contre les Hollandais pour la liberté, et qui peuvent être cités à côté des plus éclatans de tous les temps et de toutes les nations.

Le seul événement qui mérite une mention dans la première histoire de Rio-Janeiro, c'est l'expédition du héros de la marine française, Dugay Trouin. Sa facile réussite eut du moins ce résultat avantageux pour la ville, que par de nouvelles fortifications on prévint le retour de pareils malheurs. Du reste, cette expédition ne fut nullement la conséquence d'un plan réfléchi de la part du gouvernement français; il ne s'agissait pas de renouveler ses tentatives de colonisation dans le Brésil. Le but n'était autre que le pillage et la vengeance d'un outrage reçu antérieurement : en attaquant, dans la baie, quelques navires portugais, le capitaine d'un vaisseau français avait été pris : au mépris de la capitulation, on l'avait tué avec la plupart des siens. Tant pour venger cette violation du droit des gens que pour accomplir une entreprise dont cette première tentative, quoiqu'elle eût été manquée, prouvait la facilité, Dugay Trouin se montra le 11 Septembre 1711 devant la baie; il réduisit bientôt au silence les batteries du petit fort qui alors en défendait l'entrée; il pénétra dans la baie, et s'empara de l'Ilha das Cobras, qui est en face de la ville à très-peu de distance. De là il somma le gouverneur Francisco de Castro de capituler; mais celui-ci mit dans sa réponse plus de courage qu'il n'en montra dans les effets. Dugay Trouin fit pendant la nuit et par une horrible tempête un feu continuel, et ses troupes débarquèrent. Après une résistance assez vive, les habitans évacuèrent la ville et s'enfuirent dans les forêts qui l'entourent, tandis que le gouverneur prit avec la garnison une position forte dans le voisinage. Sur ces entrefaites, les Français occupèrent et pillèrent la ville; puis, non loin de là, ils livrèrent à la garnison un petit combat qui tourna à leur avantage, il fallut que le gouverneur consentît à acheter leur retraite par le paiement d'une contribution de 1,525,000 francs, somme qui fut réalisée dans la quinzaine. On permit ensuite aux riches habitans de Rio de racheter leurs maisons et leurs marchandises, et après un séjour de près de quatre semaines, Dugay Trouin quitta la baie avec un butin dont la valeur a été évaluée à vingt-sept millions de francs. Bientôt après, à la vérité, plusieurs de ses vaisseaux périrent dans une tempête; mais le bénéfice de l'entreprise n'en fut pas moins de quatre-vingt-quinze pour cent pour tous les intéressés. Rio-Janeiro se releva promptement du désastre qu'elle avait éprouvé dans cette occasion, et le dix-huitième siècle s'écoula sans qu'il y eût dans l'état civil ou commercial de cette colonie, non plus que du Brésil en général, un changement notable. Les circonstances qui, au commencement du dix-neuvième siècle, contraignirent la maison de Bragance à chercher dans le Nouveau-Monde un refuge contre les armes d'un conquérant favorisé par la victoire, et peut-être contre la dangereuse protection d'un allié trop puissant, furent d'autant plus importans pour le Brésil, et particulièrement pour Rio-Janeiro. C'est en 1808, à proprement parler, que commence l'histoire du Brésil et de Rio-Janeiro; et si depuis lors il n'y eut point de grands événemens, de victoires ou de défaites sanglantes, capables d'attirer sur ce pays l'attention des observateurs superficiels, du moins les changemens qui depuis cette époque ont eu lieu dans l'état intellectuel et matériel de cette ancienne colonie, et principalement dans celui de la capitale, sont de la plus haute importance. Les derniers faits, ceux qui ont eu pour résultat la séparation du Brésil d'avec le Portugal, ont moins influé sur l'état intérieur de cette colonie que sur la politique générale. En effet, c'est à peine si l'on peut considérer ce que l'on appelle l'émancipation du Brésil comme un changement dans l'état du pays; car elle n'a eu pour but que la conservation et la sanction légale d'un ordre de choses qui existe de fait depuis bien des années. La maison de Bragance ayant, en 1808, établi son trône à Rio-Janeiro, le Brésil cessa d'être une colonie du Portugal, et tandis que ce dernier tombait dans une entière nullité, il prit place parmi les États indépendans. Les mouvemens de 1821 devaient tirer la métropole de cette triste situation, puisqu'ils déterminèrent le roi à retourner dans son ancienne capitale; mais on conçoit difficilement comment les auteurs de ces mouvemens purent se bercer de la folle idée que le Brésil suivrait cette impulsion donnée à la mère-patrie par un parti peu nombreux; comment ils purent croire que ce pays voudrait ou pourrait redescendre à l'état de colonie. La marche des circonstances rendait ce pas rétrograde impossible, et le sort avait placé la conduite des affaires dans les mains d'un jeune prince qui, libre de toute considération minutieuse, a su juger sa position d'un coup d'œil et se mettre à la tête des événemens. Sous la direction de Don Pedro, cette contrée continua sa marche sur la route commencée, et ne suivit point l'impulsion que la métropole essaya de lui donner, en sorte que l'on peut dire avec beaucoup plus de raison que le Portugal s'est démembré du Brésil, qu'on ne le dirait du Brésil à l'égard du Portugal. Du reste, cette révolution apparaît beaucoup trop comme l'inévitable conséquence de rapports antérieurs et de forces préexistantes, pour qu'elle puisse être le moins du monde qualifiée de surprenante ou d'inattendue, et la seule chose remarquable, c'est peut-être le bonheur avec lequel la politique européenne a su, dans cette occurrence, résoudre le problème de concilier la marche invincible des faits avec des prétentions qui résultaient de droits reconnus et de principes proclamés.

Il suffit de comparer le nombre des habitans de Rio-Janeiro en 1808 avec celui d'à présent, pour comprendre de quelle influence a été sur la ville l'arrivée de la cour de Portugal. En 1808, Rio avait tout au plus 50,000 habitans, et le nombre des blancs était sans aucune comparaison de beaucoup au-dessous de celui des noirs. Maintenant la population est de 110,000 ames, et la disproportion entre les noirs et les blancs est beaucoup moindre: car depuis lors il s'est établi plus de 24,000 Portugais dans cette ville, sans compter une grande multitude d'étrangers, et surtout d'Anglais et de Français, qui y ont été attirés depuis que les ports du Brésil sont ouverts aux pavillons des autres nations. Depuis l'arrivée de Jean VI à Rio, le gouvernement portugais a fait plusieurs louables essais pour introduire au Brésil, outre ses institutions civiles, les établissemens d'instruction publique de la métropole. Nous ne déciderons point si l'importation de l'administration portugaise avec tous ses défauts sera un bienfait pour ce pays et si tôt ou tard il n'en faudra pas faire une réforme totale; mais ce qu'il y a de certain, c'est que les différens établissemens d'éducation publique, qui la plupart ont été créés à Rio avec beaucoup de peine et de frais, sont bien loin de répondre à leur destination et au but que se proposaient leurs fondateurs. On y a eu peu ou point d'égard à l'instruction primaire des basses et des moyennes classes de la société, et ceux qui dans les classes élevées éprouvaient le besoin d'une instruction plus étendue, n'y ont pas trouvé, pour cela, plus de ressources; ils n'en furent pas moins obligés de les chercher à Coïmbre, ou même en Angleterre et en France.

Au surplus, il est hors de doute que dans l'état actuel du Brésil la création d'une université proprement dite ne soit absolument nécessaire. Il faut espérer que l'accomplissement de ce projet délivrera les voyageurs futurs de l'embarras de nommer les établissemens existans, tels que l'académie des beaux-arts, l'académie militaire, la bibliothèque des Carmes, etc., sans avoir un mot d'éloge à leur donner. L'aula de chirurgia, où l'on forme des chirurgiens secondaires, et l'aula do comercio, où l'on donne à de jeunes négocians les connaissances dont ils ont besoin, sont sans contredit beaucoup plus utiles. Le seul établissement classique est le lycée, où le grec, le latin et la rhétorique sont plutôt enseignés qu'appris.

Ce que nous avons dit fera juger que les progrès de la civilisation à Rio-Janeiro pendant les dix-huit ans qui viennent de s'écouler sont surtout la conséquence des nombreuses relations d'affaires avec les nations européennes. Cette civilisation porte un caractère étranger et se montre dans la vie sociale, dans les variations et l'accroissement du luxe et des besoins, enfin, chez les classes élevées, dans le désir toujours croissant d'une culture plus étendue des facultés intellectuelles; elle paraît beaucoup plus dans toutes ces choses, qu'elle ne se manifeste par l'existence de connaissances approfondies ou par leur application aux différentes branches des arts, des métiers, des manufactures, de l'agriculture, etc. On est encore fort reculé à Rio pour toutes ces choses; aussi le commerce de la ville ne consiste-t-il en général qu'en exportation de produits bruts, tandis qu'on fait venir d'Europe presque tous les produits des arts. Du reste, il n'est pas douteux que les efforts que le gouvernement fait pour introduire dans le pays même quelques-unes des manufactures les plus importantes pour l'État, par exemple, celles qu'exige le service de la guerre et de la marine, ne soient enfin couronnés du succès qu'on en attend. Il faut dire à la louange de la génération qui s'élève dans le Brésil, qu'elle est douée d'un zèle sans bornes pour atteindre à des connaissances dont elle sent si bien le défaut, et que les progrès que font dans toutes les branches de la science les jeunes Brésiliens qui sont à Paris et à Londres, promettent à leur patrie d'importans services pour l'avenir.

Le ton de la haute société est surtout d'imiter les mœurs anglaises; mais celles-ci sont beaucoup trop opposées à la vivacité des habitans et même au climat, pour qu'un pareil mélange ne produise pas sur l'étranger impartial une impression désagréable : il ne peut manquer d'être choqué de retrouver au milieu d'une nation si grande et si originale toutes les petitesses, les folies et les entraves de la bonne compagnie européenne, et surtout de la société anglaise : par exemple, de voir des promeneurs qui parcourent le passeio publico, vêtus à la dernière mode de Paris ou de Londres, et qui n'offrent à l'artiste aucun aspect agréable. Les ecclésiastiques, et surtout ceux qui appartiennent à un ordre monastique, occupent dans toutes les sociétés une place distinguée, et en général ils la méritent, tant par leur conduite que par leurs connaissances, qui sont, comparativement, beaucoup plus grandes que celles des autres.

Au Brésil, comme dans la métropole, la littérature française du siècle dernier a exercé une grande influence sur l'éducation des hautes classes, et maintenant encore c'est la seule littérature étrangère qui soit quelque peu connue des Brésiliens et des Portugais, tant par des traductions que par les ouvrages originaux. Cela est d'autant plus singulier, que le nombre des Anglais établis à Rio est bien plus considérable que celui des Français, et que le commerce a répandu la connaissance de l'anglais beaucoup plus que celle du français, enfin, que les mœurs anglaises trouvent bien plus d'imitateurs que les mœurs françaises. Ce n'est point ici le lieu d'examiner quelle influence les derniers changemens produiront sur les institutions civiles et sur la marche de la civilisation au Brésil, et jusqu'à quel point des événemens futurs peuvent la déranger ou lui donner une autre direction. Si d'une part, les habitudes sociales des classes élevées à Rio ne fournissent pas au peintre plus de traits à saisir ou à représenter que dans la plupart des grandes villes de l'Europe (bien que sous d'autres rapports il reconnaisse leurs avantages), de l'autre, il en est richement dédommagé par la bruyante variété qui règne dans les classes inférieures. On retrouve ici la race africaine avec ses dégénérations; elle y est toujours plus remarquable, tant par la teinte prononcée et par le nombre de ses individus, que par son amour pour les couleurs mêlées, par les cris au moyen desquels les Nègres s'excitent au travail, enfin, par les bruyantes expressions de leur joie. On en est d'autant plus frappé du caractère sombre des Indiens qui prennent une place dans ce tableau, soit comme bateliers, soit comme pêcheurs, soit comme muletiers. Du reste, on voit à Rio très-peu de véritables Indiens sauvages, et leur apparition excite vivement l'attention, même celle des habitans. La place la plus vivante c'est Largo do paço, devant le palais impérial, au lieu du débarquement : là se rassemblent, et surtout le soir, des hommes de toutes les conditions, de toutes les nations et de toutes les couleurs. D'une part les travaux du chargement et du déchargement des vaisseaux, de l'autre le palais impérial avec son appareil militaire, contribuent beaucoup à animer le tableau. Il est un usage choquant, qui paraît tout aussi contraire aux idées d'un prince éclairé qu'il l'est au degré de liberté civile auquel prétendent ses sujets, c'est que chaque fois que l'empereur passe en voiture, ceux qui le rencontrent descendent de la leur, tandis que le peuple se met à genoux. C'est un trait caractéristique des mœurs publiques chez les habitans de Rio-Janeiro, que le grand nombre de fêtes d'église et de processions, et la joie bruyante avec laquelle on les célèbre; particulièrement parmi les classes inférieures du peuple et dans les quartiers de Mata-porcos, de Gamboa et de Vallongo, où elles sont accompagnées de feux d'artifices, de musique et de danses.

Les habitans de Rio font en général preuve de beaucoup de tempérance dans leur manière de vivre, ceux de la classe moyenne ou aisée sont aussi ceux qui se distinguent le plus par cette qualité. Leur nourriture est simple et se compose principalement de fruits, d'autres végétaux et de fromage. Ils sont très-sobres de boissons spiritueuses. Ceci est moins applicable aux classes inférieures, pour lesquelles, il est vrai, les vins forts et l'eau-de-vie de canne à sucre sont nécessaires jusqu'à un certain point, car autrement les alimens lourds dont se compose leur principale nourriture, le manioc, le maïs, les fèves et les viandes sèches et salées, leur seraient nuisibles. Il est rare de trouver des ivrognes, même parmi les Brésiliens de la plus basse condition; ces excès sont plus fréquens de la part des Nègres et des Indiens[1]. Ce qui prouve le mieux que les habitans de Rio ont adopté un genre de vie convenable à leur climat, c'est l'excellence de l'état sanitaire. Les maladies endémiques et épidémiques y sont tout-à-fait inconnues, ce qui est d'autant plus étonnant que dans le voisinage de la ville les marécages du Saco-do-Alfarez occupent une grande étendue de terrain et qu'en général on a peu de soin de la propreté des rues, à tel point qu'aux endroits les plus fréquentés on laisse parfois pendant des journées entières des chiens, des chats ou même des mulets crevés.

---

[1] Nous dirons une fois pour toutes que par Brésiliens nous entendons les blancs nés au Brésil ou les habitans qui se rapprochent de la couleur blanche.

VOYAGE PITTORESQUE
DANS LE BRÉSIL.

MŒURS ET USAGES DES INDIENS.

Il ne faudrait pas qu'un Européen qui n'a visité du Brésil que les villes maritimes, qui ne connaît que les plus riches propriétaires, les employés ou le peuple des villes, s'arrogeât le droit de prononcer sur l'état du pays et sur ses habitans. Cependant cela n'arrive que trop souvent, et trop souvent aussi on rend des jugemens, on émet des vues qui sont également entachés d'inexactitude et de partialité. La seule chose qui puisse établir une opinion saine et digne d'attention, c'est une longue résidence dans l'intérieur du pays, c'est une fréquentation habituelle et familière de la partie de la population qui se voue à l'agriculture, je veux parler des colons. Sous ce rapport nous pourrons recommander l'excellent ouvrage de l'Anglais Koster à tous ceux qui veulent bien connaître l'état du Brésil : il a passé plusieurs années à la campagne dans la province de Pernambouco. Les bornes de notre ouvrage et le but que nous nous proposons, ne nous permettent pas de toucher ce point autrement que d'une manière générale.

On peut bien imaginer que le genre de vie, les mœurs, la position sociale du colon brésilien varient selon les divers degrés d'aisance dont il jouit. Mais le genre d'industrie dont il fait sa principale occupation, exerce sur lui une influence encore bien plus grande ; cette industrie est ordinairement ou l'éducation des bestiaux ou l'agriculture, et celle-ci a encore différentes branches. La condition du colon est modifiée aussi par le plus ou moins d'éloignement qui sépare ses domaines de la côte, des grandes villes et des routes fréquentées.

On peut regarder comme les plus considérés parmi les colons, les propriétaires des exploitations de sucre ; d'une part, parce que leurs plantations sont pour la plupart dans le voisinage de la côte, dans les contrées où la population est plus nombreuse, dans les lieux où la culture est le plus ancienne ; de l'autre, parce qu'elle exige une plus grande dépense en instrumens, en mobilier, en esclaves. Mais aussi on rencontre chez eux moins d'originalité, moins de simplicité de mœurs que chez les petits colons de l'intérieur, car la plupart d'entre eux passent leur vie dans les villes maritimes au milieu d'un luxe européen. Ordinairement on retire une triple utilité des terres d'une plantation de sucre. Il y a une grande forêt pour fournir à la consommation du bois, qui est toujours très-considérable; une autre portion du domaine est destinée à la plantation proprement dite: une troisième division est particulièrement réservée à la culture des grains et d'arbres fruitiers de toute espèce, pour subvenir à l'entretien des habitans de la colonie. Enfin, outre ces trois sections il en existe une qui est spécialement affectée aux esclaves. Indépendamment de tout cela il reste presque toujours une vaste étendue de terres sans aucune culture; car, lorsqu'elles sont fort grandes, il est très-peu de colons qui possèdent assez d'esclaves, ou qui soient assez riches en argent pour exploiter toute leur propriété. Par la même raison il arrive aussi que dans un domaine on crée de nouvelles plantations en abandonnant les anciennes, qui reprennent alors un aspect sauvage. Cela se fait surtout quand la terre commence à s'épuiser, quand elle ne fournit plus des produits aussi abondans qu'autrefois. Dans la suite, lorsque la population s'accroîtra, il faudra sans doute que le campagnard brésilien apprenne à ménager son terrain, et à lui rendre ses forces productives par des moyens artificiels.

Voici quels sont, en général, les bâtimens d'une exploitation à sucre: la maison d'habitation du propriétaire ou du surveillant, avec une petite écurie pour les chevaux de monture; les huttes des Nègres, qui très-souvent sont rangées en deux lignes égales des deux côtés de la maison et forment une espèce de cour; le moulin à sucre; la sucrerie et la raffinerie (*caza de purgar*). Il est rare que tous ces établissemens soient réunis sous le même toit. Les grandes plantations ont la plupart une chapelle particulière; mais toutes doivent avoir un lieu spécialement destiné au culte. Le bloc (*cepo*) où l'on attache les Nègres récalcitrans, est le plus souvent dans la sucrerie. Les plantations qui ont trente ou quarante esclaves et tout autant de chevaux et de bœufs, sont considérées comme importantes; mais celles du premier rang ont au moins quatre-vingts Nègres. Il n'est pas besoin d'autant de bâtimens dans les plantations où l'on ne cultive que le manioc, le maïs, les fèves, le coton: les travaux y sont plus simples, et les produits, si l'on en excepte le coton, sont plus exigus. Le tout consiste en une maison d'habitation pour le colon et sa famille, en huttes pour les Nègres, en écuries et en un hangar (*rancho*), qui est destiné à préserver de la pluie toute sorte d'ustensiles et les récoltes, et à fournir un asile aux bêtes de somme et aux esclaves des voyageurs. Ajoutez encore un petit moulin pour le manioc, et vous aurez tout ce qui est nécessaire à l'établissement d'une pareille plantation. Les matériaux sont fournis par la forêt, au milieu de laquelle se trouvent la plupart de ces établissemens. Les bâtimens forment plusieurs cours, qui sont entièrement entourées de murs et où l'on place les bêtes à cornes et les moutons. Immédiatement autour de la maison on voit les jardins et les champs, qui alimentent de légumes et de fruits les personnes qui l'habitent. L'opération dont le but est de couper et de brûler la forêt pour y établir une plantation nouvelle, est appelée *roçada;* la plantation elle-même s'appelle *roça*, le colon *roçeiro.* Le soin le plus important pour un *roçeiro* doit être de saisir à propos le moment de l'année où il convient de brûler le bois et de préparer le sol du domaine, afin de ne pas laisser écouler le temps de semer et de planter. Une fois les terres préparées, il n'y a ordinairement presque rien à faire jusqu'à la récolte, si ce n'est toutefois de veiller à l'extirpation des mauvaises herbes. Le colon se réserve personnellement la surveillance à exercer sur les esclaves; et comme ses domaines sont le plus souvent fort vastes, cette occupation suffit pour absorber une grande partie de la journée.

En général, rien n'est plus simple que le genre de vie d'un *roçeiro,* et rien ne saurait être plus faux que les idées qu'on se fait en Europe de l'oisiveté et de la sensualité d'un colon brésilien, idées qui toutes proviennent des rapports qu'on nous fait sur les Indes orientales et Surinam. S'il n'en jugeait que par l'intérieur de leur maison, par leurs vêtemens, par leur nourriture, un Européen aurait peine à croire que la plupart de ces colons sont aisés, et que beaucoup d'entre eux sont même riches. La maison d'un colon aisé n'a qu'un étage : les murailles sont en terre glaise, et quelquefois blanchies. Les fondations, qui s'élèvent à peu près de deux pieds au-dessus du sol, sont en blocs de granit non taillés. Le toit, recouvert de larges tuiles creuses, dépasse de huit à douze pas les murailles de l'édifice, et il est supporté par des colonnes de bois. Tout autour règne un balcon appelé *varanda,* ce qui rappelle les maisons des paysans de quelques cantons de la Suisse. La porte est un peu plus élevée que le sol, et on y arrive au moyen de quelques degrés. D'abord on entre dans une grande pièce, qui sert ordinairement de salle à manger pour tous les habitans de la maison. Derrière cette salle est la cuisine ; c'est la véritable demeure des esclaves domestiques, qui se réunissent autour d'un foyer fort bas. Deux chambres sont ordinairement placées à droite et à gauche du premier salon; l'une appartient au maître de la maison, l'autre est ouverte à l'hospitalité. A côté de la cuisine et à l'angle de la maison il est une chambre destinée aux femmes, ayant sortie sur la *varanda,* qui forme ici un compartiment séparé. Il y a aussi une chapelle destinée au culte domestique, et le plus souvent elle est sur la *varanda* à l'autre angle de la maison. La cuisine communique avec le jardin par une porte de derrière et un escalier. Les portes et les volets sont fort grands et d'un bois fort lourd : il n'y a point de vitres. Les meubles ordinairement ne sont autre chose que de grands coffres, où l'on renferme les habits et les autres effets semblables : souvent on s'en sert comme de siéges et de bois de lit. Il y a aussi de grandes tables. C'est tout au plus si dans l'une des chambres latérales on trouve quelques meubles plus élégans, tels que miroirs, etc. Le plancher est, ainsi que les plafonds, revêtu de nattes de bambou : les esclaves de la maison les tressent; on les enduit des couleurs les plus vives, et leur aspect est très-agréable.

Le vêtement des hommes consiste en une chemise de coton et en un pantalon de même étoffe. Le pied est nu, mais chaussé d'une sorte de grandes pantoufles (*tamancas*), qui sont quelquefois garnies d'éperons, pour être toujours prêt à monter à cheval; car il est rare que le colon fasse à pied le plus court trajet. Dans l'intérieur de la maison les dames ne sont guère vêtues que d'une chemise de coton blanc, et s'il survient un étranger, elles s'enveloppent d'un gros shwal de coton.

La nourriture du colon est tout aussi simple. On commence le repas, qui a lieu vers le soir, par servir de la farine de manioc avec des oranges, puis viennent des fèves noires avec du lard ou de la viande salée. Quelquefois on y ajoute une poule et du riz : le dessert consiste en fromage et en fruits. La boisson la plus ordinaire est l'eau. Cette frugalité est due à une tempérance naturelle, car lorsqu'on reçoit des étrangers, ou dans les grandes occasions, il ne manque ni de plats fins, ni de vins d'Europe, ni d'autres friandises. On en sert aux voyageurs lors même qu'ils ne sont pas connus du tout. Le maître de la maison leur tient compagnie, s'entretient avec eux, les engage à boire en portant leur santé, et quand ils se sont rassasiés, il s'assied à la même table avec sa famille pour y prendre son frugal ordinaire. Dans les plantations plus vastes, on fait, il est vrai, cuisine à part pour les esclaves; mais là où ils sont moins nombreux, et surtout dans les plantations lointaines de l'intérieur du pays, les maîtres mangent patriarchalement à la même table qu'eux.

Les colons brésiliens, et surtout ceux qui jouissent de quelque considération, sont fort cérémonieux dans leur conduite envers les étrangers et dans leurs relations sociales; ils ont beaucoup de la politesse bruyante et verbeuse des Portugais. Il est vrai que les offres de service dont ils accablent l'étranger, ne sont souvent que de vaines formules, surtout dans les pays où les visites sont très-fréquentes; mais il y aurait beaucoup d'injustice à ne voir dans leur conduite que de la fausseté. Souvent ils tiennent beaucoup plus leurs promesses qu'on ne devrait s'y attendre d'après de pareilles exagérations.

Quoique le genre d'agriculture du Brésil exige de la part du maître peu de réflexion et peu de travail, et qu'il puisse par conséquent passer dans l'oisiveté la plus grande partie de son temps, il reçoit de la nature qui l'entoure, et de la solitude dans laquelle il vit, assez de dispositions au développement et à l'usage de toutes ses facultés corporelles, et de beaucoup de capacités intellectuelles et de qualités morales. Les dangers dont le menacent les animaux féroces ou des hommes pervers, soit lorsqu'il est dans sa demeure solitaire, soit lorsqu'il voyage; la distance immense qui le sépare des lieux habités, où l'appellent ses affaires ou ses plaisirs, sont des circonstances qui le forcent à s'appliquer dès sa plus tendre enfance au maniement des armes, à la chasse, à l'équitation et à l'art de dompter les chevaux. Il ne faut donc pas s'étonner que les colons brésiliens soient pour la plupart des hommes résolus, habiles, vigoureux. En général, tel est l'état de la société et des relations civiles, surtout dans les contrées éloignées des principaux siéges du gouvernement, que l'homme isolé est souvent mis dans le cas de se faire droit, de se procurer satisfaction à lui-même, ou de repousser l'attaque dont il est l'objet. Dans ces occasions les esclaves dont il est entouré se chargent volontiers du soutien de sa cause. Il faut ajouter à ces périls l'influence de quelques familles dans certains districts, influence qui date souvent des premiers temps de la colonie, et qui a plus d'une fois paralysé l'action du gouvernement; soit que quelques familles et leurs adhérens occupent toutes les places d'une province et fassent tourner à leur utilité particulière l'influence des lois; soit qu'elles s'opposent à force ouverte à l'exécution de ces lois, parce qu'elles comptent sur leurs relations avec la cour ou avec les grands fonctionnaires, sur la lenteur des informations judiciaires et sur la coupable indulgence du gouvernement. Il est vrai que devant une administration plus sévère on voit de jour en jour s'évanouir ce système, qui a quelque rapport avec la féodalité du moyen âge, ou du moins avec la féodalité en décadence ou avec ses commencemens. Aujourd'hui encore on voit dans les provinces éloignées les qualités personnelles et les liaisons de la famille l'emporter de beaucoup sur la position sociale et les droits des fonctionnaires publics. Lorsque les gouverneurs des provinces, les *capitães mores* des districts, etc., joignent à leur autorité légale un grand courage individuel, de la sagesse et de la droiture, il leur devient très-facile de faire exécuter et respecter les lois et les ordres du gouvernement; mais quand ils manquent de ces qualités, la prééminence dans toutes les affaires revient très-souvent à un particulier qui les possède, et qui s'en sert pour gagner la multitude; il s'en fait alors une clientèle sur laquelle il peut compter. Toute la question est de savoir si cet homme exercera son influence au profit du repos public, ou bien s'il en usera pour le troubler. Cet état de choses a fait naître une classe d'hommes à part, et ces hommes font profession de se faire droit à eux-mêmes dans toutes les occasions. De nombreux exemples nous apprennent que ces *valentoés* ont souvent commis pendant des années entières les plus grandes violences et les crimes les plus atroces, jusqu'à ce qu'enfin ils se fussent attiré la colère d'une famille influente, et que cette famille, pour obtenir satisfaction, invoquât la puissance des lois et la force publique : ou bien ces excès duraient jusqu'à ce qu'un particulier sût opposer la force de son caractère à leur audace. Dans un pays comme le Brésil, l'influence de la religion et celle du clergé doivent être grandes, et déjà elles ont produit les plus heureux effets, surtout à la campagne. Il serait même inutile de tenter sur les colons aucune espèce d'amélioration, soit morale, soit matérielle, sans le concours du clergé. Un séjour de quelque durée au Brésil, des liaisons plus particulières avec les colons et avec les ecclésiastiques de campagne, donneront à tout observateur non prévenu l'idée la plus favorable des qualités personnelles de ces derniers. La position sociale de ces prêtres est un trait des plus beaux et des plus caractéristiques de l'état moral des colons du Brésil : ils sont les conseillers, les amis des familles, les consolateurs, les protecteurs des opprimés, les conciliateurs des différends et des inimitiés. Partout on les reçoit avec confiance, partout on les honore. La conversation est le seul délassement de la vie des colons, et comme ils n'ont point de connaissances et que leur esprit est fort peu cultivé, ce sont les événemens que la journée a fait naître dans la famille, chez les voisins ou dans le district, qui font tous les frais de l'entretien. Au milieu d'un genre de vie si simple, ces sujets ont assez d'importance, et leur intérêt se trouve dans l'esprit naturel, dans la vivacité, dans le caractère des interlocuteurs. Il est rare que parmi les meubles d'une plantation il ne se trouve pas une mandoline : la musique et la danse viennent à leur tour égayer la vie domestique.

La monotonie de cette existence n'est guère interrompue que par les fêtes d'Église ; elles ont d'autant plus d'importance qu'elles sont une occasion de réunion pour tous les colons de la contrée ; ils y viennent terminer leurs affaires et en négocier de nouvelles. Rien n'est plus animé que le dimanche dans un aldea ou dans une petite bourgade qui possède l'image révérée d'un saint. Les familles de colons y arrivent de toutes parts. Les hommes viennent à cheval, les dames également à cheval ou dans des litières que portent des mulets ou des esclaves. Les grandes fêtes de l'Église sont célébrées avec beaucoup d'appareil : il y a des feux d'artifice, des danses et des spectacles, qui rappellent beaucoup les premiers essais mimiques, et dans lesquels les grossières plaisanteries des acteurs satisfont pleinement les spectateurs. Dans ces occasions on n'épargne point les liqueurs spiritueuses : toutefois, si les assistans ne se contiennent pas toujours dans les bornes de la tempérance, les excès et les violences qu'une pareille conduite amène chez la plupart des nations de l'Europe, sont infiniment plus rares. L'ivresse est beaucoup plus fréquente, ses conséquences se présentent beaucoup plus souvent chez les esclaves et davantage encore chez les Indiens, pourvu qu'ils trouvent l'occasion de prendre part à ces fêtes, ce qui est d'autant plus aisé qu'on y exerce l'hospitalité la plus étendue; car les frais de la fête sont supportés à tour de rôle, tantôt par un, tantôt par plusieurs des plus riches colons. C'est l'ecclésiastique du lieu qui les désigne, et ils tiennent ce choix à grand honneur.

Pour faire goûter les bienfaits de l'Église aux plantations les plus lointaines et les plus solitaires, ainsi qu'aux esclaves qui les habitent, il est des prêtres qui à certaines époques de l'année parcourent le pays avec un petit autel, qu'ils placent devant eux sur leur cheval ou sur leur mulet. Au moyen d'une légère rétribution, ils disent la messe dans les maisons des colons et des pâtres. Il y a une autre espèce de prêtres errans, qui ne sont pas néanmoins des plus considérés ; ce sont des hermites, qui bâtissent une cabane dans un endroit sauvage quelconque, pour y exposer à la vénération des croyans une relique qu'ils sont parvenus à se procurer. Si les pèlerins ne viennent pas, ils parcourent le pays, et quoiqu'ils reçoivent en l'honneur de leur saint des aumônes considérables, ils ne paraissent pas se fier entièrement à sa protection, et se munissent le plus souvent de moyens de défense très-matériels. Lorsqu'un de ces dignes frères monte un bon cheval ou un mulet, et que, sa cassette de reliques sous le bras, il paraît armé d'un fusil, de pistolets et d'un large couteau de chasse, cet extérieur n'est pas précisément très-propre à inspirer la piété à ceux qui le rencontrent : la peur et la défiance sont plus naturelles en cette occasion, et ces sentimens, très-opposés à celui de la piété, pourraient n'être pas toujours dénués de fondement.

Les *facendas de criaz* ou les pâturages sur les collines dépouillées de forêts des hautes regions de l'intérieur, méritent qu'on en fasse une mention particulière. Les plus remarquables sont ceux des provinces de *San Paulo* et de *Minas Geraes*. Ceux qui appartiennent à un même propriétaire ont souvent une étendue de plusieurs *legoas*, et souvent aussi le nombre du bétail, soit en chevaux, soit en bêtes à cornes, s'élève à plusieurs milliers. Cependant il est rare que les grands propriétaires de troupeaux habitent ces *facendas*; ils en abandonnent le soin à un fermier, qui partage avec eux les produits dans une proportion donnée. Ce genre d'industrie est très-lucratif, le propriétaire ne pouvant connaître au juste ses affaires. La garde des troupeaux est l'affaire d'un pâtre supérieur (*vaqueiro*) et de plusieurs valets (*pides*) : néanmoins ils sont tous libres. On se sert fort peu d'esclaves dans ces contrées, et on ne les emploie qu'aux petits ouvrages domestiques.

La vie de ces *vaqueiros* est encore plus retirée, plus grossière que celle des *roçeiros* ou colons proprement dits. Leurs fonctions exigent beaucoup de courage et d'habileté, tant pour saisir et dompter les chevaux sauvages, que pour les soins à donner aux bêtes à cornes, si toutefois il peut être ici question de soins. Les troupeaux errent librement, et ce n'est que dans certaines saisons de l'année que les *piães* à cheval les réunissent dans des lieux entourés de clôture (*rodeio*). Une fois renfermés, on recherche les taureaux de deux ans, et on les châtre ; on marque d'un fer chaud ceux d'un an, pour leur imprimer la marque du propriétaire ; enfin on prend, pour les tuer, ceux qui sont âgés de plusieurs années. On observe dans cette dernière opération une méthode qui prouve beaucoup d'habileté. Le berger à cheval poursuit l'animal, et quand il l'a une fois atteint, il tâche de lui jeter un fort lacet autour des jambes pour le renverser, ou bien il le terrasse d'un coup de perche et lui noue ensuite les pieds. Les fonctions du berger consistent de plus à visiter tous les jours les différens pâturages, pour empêcher le bétail de se perdre, et pour le protéger contre les animaux féroces, et surtout contre les loups, qui sont fort nombreux dans les campos. Cette inspection, vu la grande étendue des pâturages, ne peut se faire qu'à cheval, car le pâtre a très-souvent quinze ou vingt *legoas* à parcourir en un jour. Il y a près de la *fazenda* un pâturage entouré d'une haie (*corral*) ; on y tient toujours un certain nombre de bêtes apprivoisées, et principalement de vaches, dont le lait fournit un fromage qui dans ces contrées est un article de commerce fort important.

L'éducation des chevaux n'exige pas plus de soins que celle des bêtes à cornes, mais elle demande tout autant de fatigue et d'habileté. Ordinairement les chevaux courent çà et là par troupes de vingt à trente. Pour les approcher, les marquer ou les vendre, les *piães*, à certaines époques, poursuivent ces troupes, les unes après les autres, et les font entrer dans une enceinte. Là on prend avec des lacets les chevaux qui ont l'âge requis ; on se sert de pinces pour les tenir par les oreilles ou les lèvres ; on leur met un caveçon, et tout aussitôt le *pião* s'élance sur leur dos ; puis on lâche le cheval ainsi monté : alors il s'élance à la course, et par les sauts les plus vigoureux il cherche à se débarrasser de son cavalier, jusqu'à ce qu'épuisé de fatigues et de coups de fouet, il commence à obéir à la bride. Le lendemain on renouvelle le même traitement, et en très-peu de jours le cheval est dressé. Dans chaque *fazenda* il y a quelques ânes de bonne qualité pour la propagation des mulets ; à quel effet on tient toujours un certain nombre de junmens à proximité de l'habitation et dans un pâturage séparé.

VOYAGE PITTORESQUE
DANS LE BRÉSIL.

VIE DES EUROPÉENS.

Les révolutions politiques et les événemens qui depuis quelques années se sont succédé au Brésil, et dont Rio Janeiro a été souvent le théâtre, ont eu des résultats fort remarquables; mais l'un des plus importans, celui peut-être qui frappe le plus l'observateur, c'est l'intérêt toujours croissant que prennent les habitans du pays à toutes les questions dont la solution peut exercer quelque influence sur l'état intérieur ou sur les relations extérieures du Brésil. Cet intérêt se manifeste librement et sans aucune contrainte, et si l'on compare ces nouvelles habitudes avec l'ancienne obéissance passive, avec cette muette soumission à tous les ordres venus de la métropole, sentimens qui étaient le caractère dominant de toutes les colonies des États de l'Europe, et surtout de celles de l'Amérique méridionale, on ne niera pas que l'esprit d'examen et de discussion ne se soit mis à la place du respect aveugle qu'on professait pour la supériorité de la métropole, et que ce ne soit là un des traits caractéristiques des mœurs de Rio Janeiro. Les habitans de toutes les classes se livrent aux conversations politiques, et dans leurs groupes on voit des ecclésiastiques, des officiers, des négocians, des ouvriers. S'ils ne sont pas toujours très-instruits du sujet dont ils parlent, toujours est-il qu'ils font preuve de zèle, de raison, d'esprit, et qu'ils expriment leur pensée avec beaucoup de facilité. Chez les peuples méridionaux ces discussions en pleine rue rappellent assez bien la vie publique des anciens; elles forment l'opinion, elles l'expriment. Mais, comme on peut bien le penser, il existe au Brésil, comme en Europe, différentes manières de voir sur ces réunions. Que les puissans du jour soient incommodés parfois du progrès sans cesse plus sensible de l'esprit d'investigation, du besoin qu'éprouvent les citoyens de se communiquer leur pensée sur des événemens et sur des mesures dont les suites bonnes ou mauvaises agissent sur tous les membres de la société, cela est tout simple; mais du moins ils ne devraient pas oublier qu'ils ont eux-mêmes donné l'impulsion à ce mouvement, et qu'aujourd'hui il serait difficilement en leur pouvoir de l'arrêter. Nous n'examinons pas jusqu'à quel degré cette observation est vraie pour l'Europe elle-même; mais l'application en est éminemment juste pour les colonies espagnoles et portugaises. Les habitans du Brésil ne songeaient pas à se mêler des affaires publiques, ni à juger les actes de leurs dominateurs; ce sont les gouvernemens de l'Europe qui les y ont provoqués, en s'adressant dans des proclamations, dans des articles officiels, au peuple, et à l'opinion, qui peut-être jusqu'alors n'avait pas même le sentiment de sa propre existence.

Cet esprit public agit dans le sud d'une manière encore plus puissante que dans le nord; encore bien que la presse, que l'écriture même n'y soient pas libres, les discours y sont plus animés et les réunions plus fréquentes. La Porte du soleil à Madrid, le Rocio de Lisbonne, et la place du même nom qui est devant le palais de Rio Janeiro, sont pour la vie intellectuelle des centres d'action dont l'importance ne peut être appréciée dans les froides contrées du nord. Du reste il n'est pas étonnant que l'opinion publique se prononce plus favorablement pour le gouvernement actuel à Rio Janeiro que dans aucune autre partie du Brésil. Non-seulement la présence de l'empereur et de la cour procurent à la capitale de grands avantages matériels, dont sont privées les autres parties de l'empire, mais le personnel du jeune prince est tel, qu'il lui assure une popularité méritée toutes les fois qu'il se montre au public. On rapporte de lui un trait qui explique l'enthousiasme d'une grande partie de ses sujets. En 1822 il apprit que des troubles agitaient la province de Minas Geraës; aussitôt il monta à cheval, et, suivi de plusieurs aides-de-camp, courut au siége de la sédition. Quoiqu'il n'eût point amené de troupes, sa présence seule suffit pour apaiser le désordre; après cela il revint en quatre jours et demi de Villa-Rica à Rio Janeiro, parut au théâtre, et le premier annonça au public étonné la nouvelle de la cessation des troubles. En la même année, lorsque les troupes portugaises refusèrent de s'embarquer pour Lisbonne, il ne montra ni moins de prudence dans ses mesures, ni moins de résolution dans l'exécution; à la tête de la milice, il les obligea de passer sur la rive opposée; ensuite il leur coupa les vivres, se rendit à bord d'une corvette qui était à l'ancre tout près du rivage, et n'en descendit que quand tous les Portugais furent embarqués. On le vit même pointer un canon, et prendre la mèche de la main d'un artilleur pour faire feu à la moindre résistance. A la dissolution de la première assemblée représentative, ce qu'on put lui reprocher, ne fut pas assurément le défaut d'énergie.

Si ce prince, qui a donné des preuves si évidentes de sa fermeté et de son infatigable activité, ne s'abandonne point à des conseillers ignorans ou malveillans, s'il ne sépare point ses intérêts de ceux des Brésiliens, s'il ne les sacrifie point à l'influence étrangère, s'il observe le progrès de l'opinion publique, s'il honore ses représentans et s'il les écoute, son règne, lors même qu'il ne serait pas en son pouvoir de satisfaire tous les vœux, marquera l'une des plus mémorables et même des plus glorieuses époques de l'histoire du Nouveau-Monde.

Il est un objet qui, malgré l'importance extraordinaire dont il peut être pour le Brésil, n'est pas traité par le gouvernement avec toute l'attention qu'il mérite : c'est la colonisation du pays par des Européens. Les avantages qui en résulteraient pour l'État sont trop évidens pour qu'il soit besoin de les énumérer. Plus que tout autre moyen cette colonisation accélérerait la civilisation et la dirigerait. Nous n'indiquerons qu'une des faces de la question, parce qu'on ne paraît pas y avoir fait assez d'attention : c'est l'influence que l'accroissement de la population des blancs dans le Brésil, et en général dans le Nouveau-Monde, exercera nécessairement sur l'état des noirs et des esclaves. Évidemment cette influence aurait, un jour, pour résultat l'abolition de l'esclavage, sans qu'il y eût à redouter ni secousse ni danger. En effet, si la prépondérance du nombre appartenait aux blancs, elle diminuerait par là-même les dangers de l'émancipation des noirs, dangers qu'au surplus l'on a peut-être de beaucoup exagérés. D'ailleurs la concurrence du travail des hommes libres enchérit toujours le travail des esclaves, et diminue par conséquent les avantages du système de l'esclavage de manière à en rendre l'abolition désirable pour les maîtres eux-mêmes. Malheureusement le mauvais succès de tous les essais de colonisation a créé un préjugé très-défavorable à toute entreprise semblable, non-seulement dans l'esprit du gouvernement brésilien, mais encore dans le public européen, et surtout en Allemagne. Qu'il nous soit donc permis d'exposer rapidement les causes de ce peu de succès, afin d'assurer aux entreprises futures une issue plus favorable.

Il n'est pas étonnant que ceux qui ont été victimes de ces entreprises cherchent les causes de leur mésaventure partout, excepté dans leurs propres défauts; il n'est pas étonnant non plus que le public se soit laissé égarer par leurs plaintes au point de concevoir des idées entièrement fausses. Nous sommes sûr néanmoins de l'assentiment de tous les connaisseurs et de toutes les personnes impartiales, quand nous dirons que ces hommes déçus dans leurs espérances ne font qu'expier leurs propres vices et leurs extravagances, et que les reproches qu'on a faits au gouvernement du Brésil, sont absolument dénués de fondement. Ce gouvernement est consciencieux observateur des engagemens qu'il prend dans les lettres émanées de lui et reconnues comme telles; mais quand les émigrans ajoutent foi aux mensonges des agens inférieurs et des rédacteurs, c'est leur propre faute s'ils se voient trompés dans leur attente; et d'autant plus qu'ils ne manquent pas à cet égard d'avertissemens des autorités de leur pays. Quiconque va au Brésil pour y faire fortune rapidement et sans peine, quiconque y arrive sans argent et sans capacité, se fiant uniquement aux secours qu'il attend du gouvernement, court à une perte certaine. Au contraire, lorsque l'on part avec la ferme résolution de consacrer quelques années à un travail assidu et de renoncer à tout ce qui n'est pas de première nécessité; lorsqu'on est capable d'exécuter ce projet; enfin, lorsqu'on fait abnégation des idées et surtout de l'orgueil européen, et qu'on ne craint point de demander des instructions aux indigènes, on peut se tenir assuré, qu'à moins de malheurs extraordinaires, on aura conquis pour soi et pour les siens une position au-dessus du besoin. Le travail soutenu peut conduire même à l'aisance, rarement ou jamais à la richesse. On conçoit que pour cela même il faut un petit capital, surtout pour le campagnard, qui paie ordinairement son expérience assez cher avant d'avoir accommodé ses idées européennes au pays où il est. L'avenir de l'ouvrier est plus favorable, car on paie son travail fort cher; mais, d'un autre côté, il est exposé à des tentations plus grandes de dissiper ce qu'il a facilement gagné, et de s'abandonner à l'influence du climat et aux séductions des ports de mer. Le choix des cantons est aussi d'une grande importance pour les nouveaux colons; car pour la plupart d'entre eux l'une des principales causes de ruine est de s'être établis dans les régions humides des côtes, où la nature sévère des tropiques ne tarde pas à les abattre, tandis que les provinces de l'intérieur, qui sont plus élevées, conviennent mieux à la culture européenne, et notamment San Paulo. Pendant que nous cherchons à prouver que ces sortes d'entreprises peuvent réussir, il nous faut encore ajouter ce conseil, que quiconque en Europe conserve l'espérance de gagner son pain à la sueur de son front, y demeure et se contente de ce qu'il a.

L'essai tenté par le gouvernement, d'introduire au Brésil la culture du thé au moyen d'une colonie de Chinois, mérite une mention particulière. A la vérité, cette tentative n'a eu jusqu'à présent que des résultats insignifians; mais les résultats ne pouvaient pas être fort grands en aussi peu de temps. Il n'y a d'ailleurs aucune raison de désespérer de la réussite des entreprises de ce genre. Les conséquences heureuses que peut amener la culture du thé au Brésil, l'influence qu'elle peut exercer sur le commerce du monde entier, sont telles, qu'on trouverait difficilement un sujet plus digne des méditations du gouvernement. Que l'on veuille bien considérer que l'Angleterre à elle seule importe pour plus de trois millions sterling de thé de Chine, et que cet article se paie principalement en piastres, et l'on verra que l'Orient est le gouffre où s'engloutissent la plupart des métaux précieux qui d'Amérique viennent en Europe. La cause de la crise extraordinaire qui s'est manifestée, il y a quelque temps, dans le commerce de l'Angleterre et de toute l'Europe, quant au numéraire, n'est pas douteuse : c'est, d'une part, que les métaux précieux n'affluaient plus dans nos contrées comme autrefois; de l'autre, que l'Orient continuait à les absorber. La naturalisation du thé au Brésil promet de changer entièrement ce système de commerce si funeste à l'Europe. Dès que l'Europe pourra obtenir du Brésil tout le thé dont elle aura besoin, ou du moins la plus forte partie de sa consommation, elle ne sera plus obligée de l'acheter au prix de métaux précieux. En compensation des valeurs immenses qu'elle achète, elle enverra des marchandises au Brésil. Alors s'arrêterait l'écoulement du métal vers l'Orient, et l'industrie recevrait une impulsion nouvelle et de l'augmentation des capitaux, et de l'augmentation des importations. Les avantages qui résulteraient de cet état de choses pour le Brésil sont évidens. Nous nous bornerons à observer que du Brésil aussi partent pour l'Orient de grandes sommes de métal, ce qui jette dans sa valeur des vicissitudes fâcheuses et souvent une hausse subite et disproportionnée.

C'est surtout à l'ancien ministre, comte de Linhares, que l'on doit les essais tentés jusqu'à ce jour pour la culture du thé. Il y a quelques années, il fit venir beaucoup de plantes et quelques Chinois pour les soigner, et il établit une plantation derrière le Corecovado, au bord du petit lac Lagoa Rodrigo das Freitas, non loin du Jardin des plantes. En 1825 le nombre des arbustes à thé était de six mille; ils sont plantés par rangées à trois pieds de distance les uns des autres, et réussissent à merveille. La floraison dure de Juillet à Septembre, et les semences mûrissent complétement. Trois fois par an on choisit les feuilles à cueillir, et on les sèche sur des fours d'argile, en ayant soin de les séparer selon les différentes espèces, comme cela se pratique en Chine.

Néanmoins on reproche justement à ce thé de n'avoir point le goût fin et aromatique des espèces de première qualité de la Chine; on le trouve au contraire d'un goût âpre et terreux. Ce défaut s'explique aisément par cette circonstance, que cette plante n'est pas introduite au Brésil depuis assez long-temps pour s'y bien acclimater, et l'on a quelque raison d'espérer qu'avec des soins prolongés et soutenus le thé acquerra toutes ces qualités que l'on estime dans celui de la Chine. Des hommes bien instruits pensent que le goût terreux tient à ce qu'on ne sait pas bien traiter les feuilles après la récolte, surtout en ce qui concerne la dessiccation. A les entendre, on n'a pas eu assez de soin dans le choix des Chinois qu'on a fait venir pour cette culture. On comprendra aisément combien il importe que ce choix ne porte que sur des Chinois qui dans leur patrie se sont déjà livrés à la culture du thé et en ont acquis l'expérience. En agir autrement, serait tomber dans l'absurde; ce serait comme si l'on faisait venir au Brésil un paysan du Holstein pour y introduire la culture de la vigne. Quelque ridicule, quelque nuisible que doive être une pareille balourdise, il ne paraît pas néanmoins qu'on l'ait évitée entièrement.

Le nombre des Chinois établis près du Lagoa de Rodrigo Freitas et à la plantation de Santa Cruz est d'environ trois cents, et dans ce nombre il n'y en a que fort peu qui se livrent à la culture du thé; il y a parmi eux beaucoup de courtiers et de cuisiniers. Les Chinois s'accommodent fort bien du climat du Brésil, et plusieurs d'entre eux s'y sont mariés. On pourrait se demander s'il ne serait pas d'un grand avantage pour le pays d'avoir de plus grandes colonies de Chinois, si le gouvernement ne devrait pas en favoriser l'établissement? Ce qui appelle une sérieuse attention sur cet objet, c'est le succès toujours croissant des colonies de cette nation dans les possessions anglaises de l'Australie.

Nous ne terminerons pas cette courte esquisse sur les mœurs des habitans de la capitale du Brésil et de ses environs, sans dire quelques mots de ce qu'il y a de plus agréable dans leurs habitudes : nous voulons parler de la manière dont les habitans les plus aisés vivent à la campagne. On imaginerait difficilement quelque chose de plus attrayant que ces maisons éparses, que l'on voit principalement au sud de la ville, sur le rivage de Catete et Botafogo, puis sur le penchant de la montagne et dans les vallées qui s'ouvrent vers la baie. Il en est une surtout qui, remarquable déjà et par sa situation et par le goût qui règne dans son architecture, mérite encore d'être distinguée, parce qu'elle a été long-temps la résidence d'un homme qui s'était sauvé sur ce rivage hospitalier pour échapper à l'immense naufrage de notre siècle. Là, au milieu de la végétation vigoureuse du Nouveau-Monde, il rappelait le pilote qui, nouveau Prométhée, gémissait attaché à la roche dépouillée. Puissent tous les infortunés, sur lesquels la vieille Europe exercera désormais le droit de bris et de naufrage, trouver dans le Nouveau-Monde un avenir aussi doux.

VOYAGE PITTORESQUE
DANS LE BRÉSIL.

EUROPÉENS A BAHIA ET A PERNAMBUCO.

Il y a beaucoup d'analogie entre l'état social des habitans de Bahia et les mœurs, les usages et le caractère de Pernambuco : les uns et les autres sont séparés par des différences bien tranchées des habitans de Rio-Janeiro et des provinces méridionales. Depuis l'époque qui ouvrit le Brésil au commerce européen, et surtout au commerce anglais, Bahia et Pernambuco ont toujours vu s'accroître l'influence des besoins, des jouissances, des idées et des connaissances de l'ancien monde; néanmoins les Brésiliens du nord se sont, à ce qu'il semble, moins attachés aux dehors brillans de la civilisation européenne, qu'à ce qu'elle offre de sérieux, d'industriel, de scientifique. Ces deux villes ont moins de splendeur que la résidence de la cour impériale; mais on y jouit de l'aspect d'une aisance plus générale, d'une activité plus libre. Cette observation s'applique surtout aux classes moyennes et aux classes inférieures : le nombre des petits propriétaires et des ouvriers libres y est plus grand que dans les provinces méridionales; le peuple y est moins turbulent, moins débauché, moins efféminé qu'à Rio-Janeiro. L'homme de la basse classe, quelle que soit sa couleur, affecte une certaine fierté, une sorte d'énergie, qui le conduit souvent à des violences, à des outrages, et à se faire vengeance à lui-même.

Les Brésiliens septentrionaux se distinguent par leurs connaissances maritimes, et l'on sait qu'une grande partie de la population de ses provinces se nourrit par la pêche de la baleine. Les radeaux dont les pêcheurs se servent sur la côte, sont pour les jeunes gens l'occasion de s'accoutumer de bonne heure à la mer et à ses périls. Ces radeaux, appelés *Jangadas,* se composent de cinq à six pièces d'un bois léger, assemblées d'une manière toute particulière; ils sont surmontés d'une voile latine; le pilote occupe un siége étroit; il a près de lui une pièce de bois en forme de fourche pour y suspendre quelques provisions et quelques vases. C'est sur ces frêles embarcations que deux ou trois hommes s'abandonnent aux vagues, qui très-souvent les dérobent aux regards du spectateur étonné.

Les idées qui pendant le dix-huitième et le dix-neuvième siècle régnaient en Europe, ont peut-être trouvé plus d'accueil à Pernambuco que dans les autres villes du Brésil; mais ce qu'il y a de remarquable, c'est qu'au Brésil, notamment dans les provinces du nord, ces idées n'ont point, ou presque point diminué l'influence du clergé sur le peuple. Il est même beaucoup de rapports sous lesquels le clergé semble s'être placé à la tête de ce mouvement intellectuel. Le voyageur qui voit avec quelle splendeur se célèbrent les fêtes religieuses à Bahia et Pernambuco, se persuaderait difficilement que la civilisation actuelle a été le résultat des idées et des principes qui dans l'Europe ont combattu sans cesse l'Église catholique, comme leur principal adversaire.

Avant de prendre congé de Pernambuco et du Brésil, qu'il nous soit permis de reporter nos regards sur l'histoire de cette province. Les commencemens de Pernambuco ne présentent rien de bien remarquable. Nous ne les rappellerons que sommairement. En 1534, Duarte Coelho Pereira, qui, d'après le système colonial de l'époque, avait été investi de cette partie de la côte, fonda la ville d'Olinda. Les faits qui signalent le premier siècle de l'existence de Pernambuco sont, d'abord l'accroissement progressif de cette colonie à la faveur de l'agriculture et du commerce; puis, les négociations ouvertes avec les Cahètes et d'autres Indiens de la côte; enfin, les continuels efforts du gouvernement portugais pour diminuer le pouvoir des anciens possesseurs de fiefs et les soumettre aux capitaines généraux nommés par la métropole. C'est à cette époque aussi que les Français, expulsés de Rio-Janeiro, essayèrent de s'établir sur cette côte. Si l'on réfléchit aux ressources de tout genre que présente la richesse du sol, on ne pourra s'empêcher de trouver que les accroissemens de cette colonie ont été bien lents : cela s'explique cependant par le caractère des premiers colons. Ce n'étaient pas uniquement des marchands et des agriculteurs; c'étaient aussi des soldats et des aventuriers de toute espèce. Il en faut aussi chercher la raison dans les premières institutions civiles qui furent données à ces colonies; institutions qui n'étaient que l'imitation du système féodal de l'Europe, et par conséquent beaucoup plus propres à favoriser les guerres contre les Indiens et d'autres expéditions périlleuses, que les paisibles progrès de l'agriculture et du commerce. Mais, si ces institutions, si l'influence qu'elles ont exercée sur le caractère des colons ont été sous bien des rapports un obstacle à ce que l'on profitât de toutes les ressources du sol, si elles ont retardé la prospérité de la colonie, d'un autre côté elles contribuèrent beaucoup à inspirer aux habitans de Pernambuco une ardeur guerrière, une persévérance, un grand amour de la liberté, qualités qu'ils eurent bientôt l'occasion de développer, et qui leur assignent une place glorieuse dans l'histoire des peuples.

Cette occasion leur fut donnée par les Hollandais : ceux-ci, voulant s'établir au Brésil, essayèrent de soumettre Pernambuco. Après avoir été chassés de Bahia par l'amiral espagnol Don Fadrique de Tolède, les Hollandais tournèrent tous leurs efforts contre Pernambuco. La cour d'Espagne, informée de leurs préparatifs, envoya un général portugais, Mathias d'Albuquerque. Il vint à Pernambuco avec quelques troupes, prit le commandement et fit les préparatifs nécessaires à la défense. Toutefois ses forces n'étaient pas assez considérables pour défendre Olinda, qui d'ailleurs était mal fortifiée, contre la flotte hollandaise, qui était bien approvisionnée et chargée de troupes de débarquement, et qui en 1630 s'empara de la ville, du port et de Recife. Mais ici, comme à Bahia, l'événement prouva que la conquête du chef-lieu ne décidait rien quant au sort de la province. Exaspérés par les cruautés des soldats hollandais, tous les habitans prirent les armes, et les Hollandais ne purent se maintenir que dans la capitale et sur quelques autres points fortifiés, d'où ils ravageaient tout le pays; mais souvent aussi les habitans les attaquaient, leur faisaient éprouver des pertes considérables et les mettaient en fuite. Malheureusement ces habitans n'avaient ni assez de troupes disciplinées, ni assez d'armes pour entreprendre quelque chose de décisif. L'Espagne envoya une flotte sous le commandement de l'amiral Oquendo; il devait protéger les galions mexicains et en même temps conduire du renfort à Pernambuco. Oquendo rencontra à la hauteur d'Olinda la flotte hollandaise sous les ordres de l'amiral Patry, et après une bataille terrible, les Hollandais, vaincus, furent contraints de fuir dans le port de Recife. L'amiral Patry, dont le vaisseau venait d'être pris, se déroba à la captivité par une mort volontaire, et dans sa défaite même il acquit des droits à l'immortalité : du haut de son vaisseau il se précipita dans la mer en s'écriant : « L'océan est la seule tombe digne d'un « amiral hollandais. »

Oquendo débarqua sept cents hommes sous le commandement du général Bagnolo, et dans leur première frayeur les Hollandais abandonnèrent Olinda; après l'avoir réduite en cendres, ils se retirèrent à Recife. Ce n'est pas ici le lieu de raconter tous les événemens, toutes les vicissitudes de cette lutte. Les Hollandais déployèrent une persévérance qui tenait de l'obstination; ils avaient pour eux la supériorité de l'art militaire, de continuels renforts envoyés d'Europe et des richesses inépuisables; au contraire, les habitans de Pernambuco ne possédaient que leur héroïsme; nul secours ne leur venait de l'Europe. Ils soutinrent quatre années l'effort des Hollandais, qui réussirent enfin à s'emparer non-seulement de la province de Pernambuco, mais encore de toutes les provinces voisines qui vers le sud s'étendent jusqu'à Bahia. Les causes qui paralysèrent la courageuse résistance des habitans de Pernambuco, en leur faisant perdre tout le fruit de leurs premiers succès, furent principalement dans les divisions qui s'établirent entre les chefs des Brésiliens; dans l'incapacité ou dans la trahison du général Bagnolo, qui était napolitain; enfin, dans la désertion du mulâtre Calabar; ce fut ce qui contribua le plus à la réussite des Hollandais. Sans doute il est pénible de jeter ainsi le blâme sur les noms de quelques-uns des chefs qui défendaient la liberté du Brésil; mais quand l'histoire flétrit le nom d'un traître, qui plus tard devint l'objet de la vengeance de ses concitoyens, il est beaucoup d'autres noms qui brillent et brilleront toujours dans les annales du Nouveau-Monde; leur immortelle réputation est due aux plus nobles sacrifices, à l'héroïsme le plus pur, à la profondeur des vues et à l'habileté de l'exécution. Il est beaucoup d'hommes dont la noble conduite constitue de véritables titres de noblesse à la race noire et à la race cuivrée, et nous citerons de préférence à tous les autres les noms du chef de Nègres *Henrique Diaz* et du chef indien *Cameram*.

Alors même que tout paraissait perdu, une grande partie des habitans de Pernambuco refusa de se soumettre aux Hollandais. Ils partirent avec femmes et enfans pour le port voisin de Porto-Calvo; de là, chassés encore par les Hollandais, ils vinrent à Bahia. Beaucoup d'entre eux, leurs femmes, leurs enfans périrent de faim et de mal-aise dans leurs marches à travers les déserts de Sertaos. Les autres contribuèrent beaucoup à protéger Bahia contre l'attaque du général hollandais Maurice de Nassau.

Vers ce temps (1638) il parut être décidé qu'à l'avenir le Brésil serait partagé entre la Hollande et le Portugal, et d'autant plus qu'on avait vu échouer la dernière tentative de la cour d'Espagne, qui avait envoyé Francisco Mascarenhas à la tête d'une flotte pour sauver Pernambuco. Par une administration sage et vigoureuse Maurice de Nassau chercha à fermer les plaies des provinces qu'il avait conquises, et qu'une guerre de dévastation avait long-temps ravagées. L'activité des Hollandais semblait promettre que bientôt l'on mettrait à profit les riches ressources de cette contrée, et que Pernambuco serait l'une des principales colonies d'une puissance, qui, pour l'importance maritime, était alors une des premières de l'Europe. Un événement, qui à la première apparence semblait devoir favoriser toutes ces vues, contribua cependant à les détruire d'un seul coup. Le 1.er Décembre une conjuration, la plus glorieuse peut-être de toutes celles dont l'histoire a retenu le souvenir, délivra le Portugal du joug de l'Espagne, et mit la maison de Bragance sur le trône. Il paraissait dès-lors que les États de Hollande trouveraient dans le Portugal un allié naturel contre l'Espagne, et de fait, le nouveau roi, n'étant pas encore bien assuré sur son trône, se vit obligé de conclure une trêve de dix ans, en assurant aux Hollandais la possession de leurs conquêtes au Brésil. Mais les Hollandais eux-mêmes violèrent cette convention par leur attaque imprévue sur Maranham. Vers le même temps Maurice de Nassau fut rappelé par les chefs ombrageux de la République, et l'administration des provinces conquises fut confiée à trois commissaires; mais bientôt ces commissaires portèrent l'exaspération des habitans à son comble par des vexations de tout genre et même par leur intolérance religieuse. Le gouvernement sage et fort de Maurice n'avait pas donné lieu à ce genre de plaintes. Alors un jeune homme, Fernandez Vieira, entreprit de délivrer sa patrie. Il appartenait à une famille considérée et possédait de grandes plantations dans la province. Déjà il s'était distingué dans divers combats contre les Hollandais, et notamment à la prise d'Olinda, où il avait avec trente-sept compagnons et pendant six jours défendu contre toutes les forces ennemies le fort Saint-Georges, qu'il ne rendit qu'à des conditions très-honorables, et en rejetant avec un noble dédain la condition de ne jamais porter les armes contre les Hollandais. En 1645 il conçut le plan de s'emparer de la capitale de la province : se voyant trahi et dénoncé, il prit sur-le-champ la résolution de se dérober aux conséquences de son action, en se révoltant ouvertement. A la tête d'une petite troupe fort mal armée, il attaqua les Hollandais. Grâce à son inébranlable courage, à sa sagesse profonde, à son brûlant amour de la patrie, il réussit à communiquer son enthousiasme à ses compatriotes, et quoique la supériorité de l'ennemi lui fît essuyer quelques revers, les flammes de l'insurrection se répandirent sur toute la province de Pernambuco et sur les contrées voisines. Vieira fut l'âme de toutes ces entreprises; ses richesses servaient à l'armement, à la nourriture des patriotes; sans hésiter il jeta lui-même la torche dans ses plantations, pour que l'ennemi n'en pût tirer parti. D'abord les entreprises de Vieira ne furent point appuyées par le gouvernement portugais; le roi lui ordonna même formellement de poser les armes. « Quand j'aurai, répondit-il, reconquis pour le roi, mon maître, l'une « de ses plus belles provinces, je recevrai de ses mains la punition de ma désobéis- « sance. » Cependant le vice-roi Vidal, dont la résidence était à Bahia, lui envoya de temps à autre de faibles secours. La Hollande arma une flotte pour sauver sa conquête; cette circonstance, jointe aux victoires de Vieira, détermina enfin le gouvernement à reconnaître formellement son entreprise et à envoyer quelques troupes à Pernambuco sous le commandement de Francisco Baretto de Menezes.

Ici le grand caractère de Vieira se montra sous une nouvelle face : sans murmurer il remit le commandement au général nommé par son roi, et fit preuve du même zèle, de la même abnégation de soi-même, en se résignant à obéir dans un poste inférieur; en un mot, il fut tel qu'il avait été quand il dirigeait l'entreprise. En 1648 les Hollandais furent vaincus dans une bataille décisive à Guararapi près d'Olinda, et depuis lors, quoiqu'ils eussent remporté des avantages partiels, quoique leur général Sigismond fût vaillant et expérimenté, leur domination marcha rapidement vers sa fin. Olinda fut reprise en 1653, et l'année suivante les restes des forces hollandaises se virent enfermés à Recife. Pour cette dernière attaque, destinée à couronner l'œuvre, Vieira, ce généreux guerrier s'adjugea le poste du péril et de l'honneur; le 17 Janvier 1655, après une valeureuse résistance, le chef hollandais fut obligé de rendre Recife aux patriotes et de quitter le Brésil. Vieira reçut de son roi les récompenses que les cours et les princes peuvent décerner à un grand homme, et sa patrie reconnaissante le salua libérateur du Brésil.

On nous blâmera peut-être d'avoir consacré ces pages à honorer la mémoire du plus grand homme que le Brésil, que l'Amérique même puissent nommer dans leur première histoire, d'un homme qui, sans préjudice pour sa réputation, peut être comparé aux plus célèbres de notre époque. Quel que soit le charme de cette nature si grande, si riche du Nouveau-Monde, quelque impression qu'elle ait faite sur notre esprit, le souvenir des grands hommes qu'elle a produits, des nobles actions dont elle a été témoin, lui donne une ame, lui communique une importance qui la met en rapport plus intime avec nous-mêmes. L'intérêt du présent, l'état actuel du Brésil nous occupent davantage : mais cela n'empêche que les Brésiliens ne soient ennoblis par la gloire de leurs aïeux. Ces faits anciens expliquent d'ailleurs beaucoup de choses actuelles; ils servent aussi à résoudre des questions d'avenir. Serait-ce à dire qu'un ouvrage dont le but principal est de décrire la nature et l'état social du Brésil, ne pût faire aucun retour sur un passé si glorieux pour ce pays? cette noble consécration de la gloire nationale serait-elle interdite au crayon fugitif de l'artiste?

Depuis que Pernambuco a été délivré du joug hollandais, jusqu'à nos jours, l'histoire de ce pays n'offre rien qui soit digne d'attention ; mais les événemens récens ont démontré que l'esprit d'indépendance s'était développé au Brésil dans la même proportion que la prospérité de ce pays. Sa naissance remonte à ces temps de lutte dont nous avons retracé l'image, et l'avenir du Brésil paraît devoir ressentir l'influence de ces dispositions des habitans. Dans le Nouveau-Monde aussi notre siècle a déclaré les peuples majeurs : la voix du prince a confirmé cette vocation en les appelant à la connaissance de leurs affaires, et cet esprit d'indépendance s'est manifesté dans les provinces septentrionales du Brésil et surtout à Pernambuco.

Tandis que l'opinion publique dans les provinces méridionales du Brésil et dans la plus grande partie du pays réclamait de plus en plus leur séparation d'avec la métropole, Pernambuco de son côté demandait non moins vivement à s'isoler du gouvernement central du Brésil. Des mouvemens qui y furent suscités en 1817 par Marinho, l'insurrection de 1824, à la tête de laquelle se trouvait Cavalho, étaient sans doute l'ouvrage de quelques ambitieux; mais ce serait une erreur dangereuse de nier que l'esprit du fédéralisme, qui gagne de plus en plus en Amérique, n'ait fait de très-grands progrès parmi les habitans de Pernambuco et parmi ceux de Bahia. Quoi qu'il en soit, et quelque jugement que l'on porte sur les causes de ces agitations, il est un fait incontestable; c'est que dans la malheureuse défense des habitans de Pernambuco contre les troupes impériales en 1824, les habitans ont fait preuve d'une grande valeur et se sont imposé des sacrifices dignes de la meilleure des causes et d'un succès différent. Les citoyens de Recife et d'Olinda couvrirent de leurs cadavres les positions que leur avaient confiées des chefs inexpérimentés; ils ont montré qu'en eux n'était point encore éteinte l'ardeur de leurs ancêtres. Si cet esprit, si les excellentes dispositions qui distinguent le caractère des Brésiliens du nord sont les garanties de l'avenir du pays, d'un autre côté il faut bien reconnaître que l'égoïsme des chefs de parti, leur peu d'intelligence, l'aveuglement et la faiblesse du chef du nouvel État pourraient faire ressortir de ces mêmes dispositions le germe qui produirait les fruits les plus amers. Puisse le dominateur actuel de ce beau pays résoudre encore cette difficile question! Puisse-t-il s'épargner à lui-même, à ses successeurs, et surtout à son peuple, les terribles épreuves qui paraissent le menacer encore!

VOYAGE PITTORESQUE
DANS LE BRÉSIL.

MŒURS ET USAGES DES NÈGRES.

Une chose incontestable, c'est que beaucoup d'hommes d'un grand mérite ont écrit sur l'esclavage des Nègres, sans posséder cependant sur cette matière les connaissances exactes qu'ils auraient pu acquérir, soit en voyant les choses par eux-mêmes, soit en examinant du moins avec précaution les rapports d'autrui. Les tableaux chargés ou infidèles qu'ils nous ont faits du malheureux état des Noirs, ont nui à la bonne cause dont ils voulaient assurer le succès; car le public, averti de l'inexactitude de quelques points, s'est repenti d'avoir fait une si grande dépense de pitié. Avec son défaut ordinaire de mesure et de discernement, il a de suite accordé son approbation aux rapports de ceux que faisait parler l'intérêt, ou qui voulaient se donner une réputation d'esprits forts, en affirmant que l'esclavage n'a rien de pénible; que non-seulement le sort des Nègres est le seul pour lequel la nature les ait faits, mais encore qu'ils sont tellement heureux que, si les Européens de la classe ouvrière le savaient, il pourrait bien en résulter une concurrence fâcheuse pour les Noirs. Il y avait d'autant plus lieu de s'attendre à ce résultat, que la pitié, chez la plupart des hommes, n'est qu'une impression sensitive, qui a ses jouissances comme la crainte des revenans. Quoiqu'il soit vraisemblable qu'en exposant l'état des Nègres du Brésil sans prévention et sans passion, nous ne contenterons ni les ames compatissantes ni les esprits forts; nous ne pouvons nous écarter de notre devoir, qui est de rapporter fidèlement ce que nous avons vu.

Il est un fait sur lequel sont d'accord tous ceux qui s'y connaissent et qui ont observé sans prévention : c'est que les esclaves des possessions espagnoles et portugaises du Nouveau-Monde sont infiniment mieux traités que ceux des colonies des autres nations européennes; leur sort est surtout bien préférable à celui des Nègres des colonies anglaises dans les Indes occidentales. Cette particularité s'explique d'abord en ce qu'il y a entre le caractère des peuples du Nord et celui des peuples méridionaux des différences prononcées, elle s'explique encore au moyen d'autres différences qui existent dans la position des colons eux-mêmes.

Les défauts du caractère national des Espagnols et des Portugais contribuent peut-être, autant que ses qualités, à adoucir la condition des esclaves dans les parties de l'Amérique où se sont établies leurs colonies. Tout homme qui a observé longtemps et avec impartialité ces deux nations doit demeurer convaincu que, quelles que soient les différences qui les distinguent entre elles, la masse du peuple est plus facile à émouvoir et plus véhémente dans ses passions que les nations septentrionales : or il ne peut être question que de la masse, quand il s'agit de comparer entre eux des caractères nationaux. La facilité avec laquelle ces peuples reçoivent toute sorte d'impressions, et la force même de ces impressions, ont leur source dans une sensibilité plus exquise, dans une organisation plus délicate ; qualités qui les préservent de l'impassible rudesse, résultat ordinaire de l'âpreté du climat, contre laquelle il faut que les nations septentrionales luttent sans cesse. Cette rudesse, il est vrai, peut, au moyen de la civilisation, produire les plus nobles vertus, tandis que sous un ciel prodigue de ses biens, l'habitant du Sud n'a pas besoin de faire de ses facultés intimes un emploi journalier, et que, pour cette raison, il semble paresseux et indifférent, jusqu'à ce qu'il soit excité par un événement particulier; mais quelque échec qu'en doivent éprouver les idées reçues et une vanité peut-être excusable, l'observateur impartial ne pourra s'empêcher de reconnaître que l'habitant du Midi apporte dans ses relations journalières et dans les circonstances ordinaires de la vie une certaine douceur, de la politesse, de la souplesse d'esprit, enfin cette humanité entendue dans le sens le plus large de ce mot et qu'on chercherait en vain dans l'homme du Nord et surtout chez l'Anglais. Le colon portugais et le colon espagnol, qui sont capables des plus grands efforts pour les travaux du corps comme pour ceux de l'esprit, quand la nécessité l'exige ou que des circonstances majeures enflamment leurs passions, n'ont nulle vocation pour cette infatigable activité, pour cette application journalière, que les nations septentrionales mettent au nombre de leurs vertus. Ces colons n'exigent point d'autrui les qualités qu'ils n'ont pas eux-mêmes et, proportion gardée, ils ne demandent pas plus aux esclaves que les exemples qu'ils donnent eux-mêmes ne les y autorisent.

Les travaux des esclaves au Brésil sont à ceux des esclaves des colonies anglaises à peu près comme les travaux des hommes libres de l'Angleterre à ceux des hommes libres du Brésil ou du Portugal. Quelque désavantage que sous d'autres rapports il puisse résulter de ce laisser aller et de cette négligence, elle ne peut manquer d'influer d'une manière favorable sur la condition des esclaves. La liberté qui règne chez les maîtres dans toutes les relations et pour toutes les classes de la société, ne leur est pas moins propice; elle diminue beaucoup les désagrémens inséparables de la servitude. Enfin, ce qui est d'un plus grand poids dans la balance que les qualités de leurs maîtres, c'est que ceux-ci sont pénétrés des idées les plus religieuses. Il n'y a nul doute que le catholicisme, tel que le pratiquent les Portugais et les Espagnols, ne contribue plus que toute autre chose à rendre l'esclavage supportable autant que peut l'être une condition aussi opposée à la nature. Ce n'est point ici le lieu d'expliquer pourquoi le christianisme n'a pas eu partout des effets aussi salutaires? Il suffira de rapporter un fait, c'est que dans les colonies anglaises les ministres du culte anglican ont fait jusqu'à ce jour peu ou même rien du tout pour l'instruction morale et religieuse des esclaves; et même les efforts de quelques prêtres sectaires, loin d'être favorisés par l'Autorité ou par les colons, ont souvent éprouvé la résistance la plus opiniâtre. Le sort du missionnaire Smith à Demerary sera une tache éternelle dans les annales des colonies anglaises. Cette manière si peu chrétienne d'entendre le christianisme, l'esprit d'aristocratie et le peu de liant que les Anglais apportent dans leurs relations sociales, enfin les spéculations sans fin auxquelles se livre cette nation, rendent plus large et plus profond qu'il ne le serait d'ailleurs le gouffre qui sépare les maîtres des esclaves. Il y a de la part des premiers envers les seconds un mélange d'avarice, de mépris aristocratique des races étrangères, et même d'orgueil religieux : le colon pense que le manque de croyance ou la croyance erronnée de son esclave ne lui donne pas moins que ses vices le droit de l'opprimer et de l'exclure des biens les plus ordinaires de la vie; il ne daigne pas même réfléchir que lui-même a fait naître ces vices dont il se prévaut, ou du moins qu'il ne fait absolument rien pour les corriger au moyen de la morale et de la religion. Ces remarques ne peuvent paraître sévères qu'à ceux qui ne connaissent pas les débats et les négociations auxquels ont donné lieu, en Angleterre, les refus opiniâtres des colons de faire la moindre chose pour améliorer la condition de leurs esclaves sous les rapports physiques et moraux.

Le colon du Brésil, au contraire, regarde comme son premier devoir d'admettre l'esclave dans la société chrétienne; s'il le négligeait, rien ne pourrait le soustraire à la flétrissure que lui imprimerait à la fois le clergé et l'opinion publique. La plupart des esclaves sont baptisés sur la côte même de l'Afrique avant leur embarquement, ou le plus tôt qu'il est possible de le faire après leur arrivée au Brésil, et dès qu'ils en ont appris assez de la langue de leurs maîtres pour réciter les principales prières du culte catholique. On ne les consulte pas sur ce point, et l'on regarde leur admission au sein de l'Église comme une chose d'une nécessité reconnue. Jamais cependant on n'a vu d'exemple qu'il ait fallu recourir à la violence pour administrer le baptême à ces esclaves. Ils s'accoutument promptement à regarder cette solennité comme un bienfait; car les anciens, ceux qui ont déjà été baptisés, traitent les nouveaux venus avec une sorte de mépris et comme des sauvages, jusqu'au moment où ce sacrement les élève jusqu'à eux.

Quoi que l'on puisse dire contre ce genre de christianisme et quelque insuffisant que soit le baptême conféré dans de pareilles circonstances, il demeure toujours certain qu'il y a un rapport direct de la consciencieuse observation des préceptes de l'Église catholique à la bonne conduite des esclaves, à leur valeur morale, à l'humanité des maîtres : avant donc que d'imprudentes clartés viennent leur représenter cette religion comme un assemblage de formes extérieures vides de sens ou comme de vaines superstitions, on aurait droit d'exiger que ces lumières fournissent des garanties très-certaines que non-seulement elles pourront produire à l'avenir de plus salutaires effets, mais encore qu'elles les produiront réellement. Si l'on considère ce que sont les esclaves au Brésil et aux Indes occidentales, et si l'on compare la conduite du clergé dans ces deux colonies, les prétentions du clergé anglican à un plus haut degré de civilisation et de lumières en seront fort compromises. Une vérité reconnue, c'est que les esclaves qui appartiennent à des couvens ou à des corporations ecclésiastiques sont à la fois les plus laborieux, les plus moraux, les mieux nourris et les mieux entretenus. Ce qui les relève encore à leurs propres yeux, c'est qu'ils ont la persuasion qu'ils ne sont pas au service des moines ou des religieux ; ils se disent les serviteurs immédiats des Saints sous l'invocation desquels se trouvent placés les églises et les couvens : ils appartiennent ainsi à S. Benoît, à S. Dominique, etc., ce qui ne contribue pas pour peu de chose à leur faire penser qu'ils sont au-dessus de leurs compagnons d'infortune. Les devoirs de parrain envers le filleul, ayant jeté de profondes racines dans l'opinion publique au moyen des idées religieuses, exercent une salutaire influence sur le sort de l'esclave et lui assurent un ami, un conseil qui écoute toutes ses plaintes; et qui, s'il ne peut le protéger dans toutes les circonstances, a du moins des consolations pour toutes ses douleurs. Ces devoirs sont tellement reconnus par les mœurs publiques, qu'il est fort rare que le maître serve de parrain à l'esclave : cette qualité apporterait trop de restriction à ses droits et à sa puissance. La position indépendante du clergé dans ces colonies catholiques tourne aussi au profit des esclaves, qui le plus souvent invoquent avec confiance son intervention et ses conseils.

Après ces considérations générales sur l'état des esclaves au Brésil, nous allons entrer dans de plus amples détails sur les diverses situations dans lesquelles les place successivement la singulière destinée qu'ils doivent à leur couleur, tant pendant leur traversée pour l'Amérique, que dans les colonies elles-mêmes.

C'est, sans aucun doute, pendant leur trajet d'Afrique en Amérique que la situation des Nègres est le plus affreuse : il n'est que trop vrai qu'en supposant que pour ce temps, les circonstances soient les plus favorables, leurs souffrances n'en sont pas moins telles qu'aucune description ne serait complète, quand même on oserait abandonner à l'imagination la plus active le soin de peindre ce tableau de ses véritables couleurs. L'artiste ne pourrait être autorisé à représenter de pareilles scènes, s'il n'en adoucissait l'expression autant que possible.

Malheureusement on ne peut se dissimuler (et d'ailleurs l'expérience le prouve) que les mesures prises par les puissances européennes pour réprimer le commerce des esclaves, loin de restreindre ce funeste trafic, ont beaucoup empiré le sort des milliers d'individus qui en sont chaque année les victimes. La postérité qui, peut-être, aura sur les caractères et sur le but de la civilisation des idées plus nettes, s'étonnera d'apprendre qu'un phénomène politique, tel que la traite des Nègres, ait pu durer des siècles, sans qu'il se soit élevé la moindre réclamation sur son injustice et sur ce qu'elle a de préjudiciable même aux intérêts des nations qui y participent; mais elle s'en étonnera probablement moins, elle y croira plus facilement qu'à une autre vérité tout aussi triste, c'est qu'après que les puissances qui prétendent à la civilisation eurent proclamé solennellement que ce commerce infâme était la honte du siècle, il ne fut cependant rien arrêté de positif pour l'anéantir, ni même pour diminuer les maux qui en sont inséparables : c'est que, loin de là, il en est résulté, soit par le défaut de conscience des législateurs, soit par la négligence ou la perfidie de ceux qui devaient faire observer les lois, une espèce de garantie négative, d'assurance d'impunité pour le mal.

Que peut-on dire de plus positif sur la nature et sur les progrès de ces excès, que ce qu'annoncent les résultats eux-mêmes? On enlève annuellement environ cent vingt mille Nègres de la côte d'Afrique pour le seul Brésil, et rarement il en parvient plus de quatre-vingt à quatre-vingt-dix mille à leur destination. Il en périt donc à peu près un tiers pendant une traversée de deux mois et demi à trois mois. Que l'on réfléchisse à la cruelle impression que doit faire sur le Nègre sa séparation violente d'avec tout ce qui lui est cher, à l'effet que produisent le plus profond abattement ou la plus terrible exaltation de l'esprit réunis à toutes les privations du corps, à toutes les souffrances du voyage, et l'on ne s'étonnera plus de ces affreux résultats. Ces malheureux sont entassés dans un réduit dont la hauteur excède rarement cinq pieds. Ce cachot comprend toute la longueur et toute la largeur de la cale du vaisseau : on les y entasse au nombre de deux ou trois cents, de telle sorte qu'il y a tout au plus cinq pieds cubes pour chaque homme adulte; et même des rapports officiels soumis au parlement au sujet de la côte du Brésil, ne permettent pas de douter que dans la cale de plusieurs bâtimens l'espace disponible pour chaque individu ne se trouve réduit à quatre pieds cubes, et la hauteur de l'entrepont n'y excède pas non plus quatre pieds. Les esclaves y sont entassés contre les parois du navire et autour du mât; partout où il y a place pour une créature humaine, à quelque position qu'il faille la contraindre, on ne manque pas d'en profiter. Le plus souvent les parois sont entourées à moitié de leur hauteur d'une sorte de rayons en planches, sur lesquels gît une seconde couche de corps humains. Tous, et principalement dans les premiers temps de la traversée, ont les fers aux pieds et aux mains, et de plus ils sont liés les uns aux autres par une longue chaîne.

Joignons à cette déplorable situation la chaleur brûlante de l'équateur, la fureur des tempêtes, et cette nourriture inaccoutumée de fèves et de viandes salées, enfin, le manque d'eau, conséquence presque inévitable de la cupidité avec laquelle on fait emploi du plus petit espace pour rendre la cargaison plus riche, et nous comprendrons pourquoi il règne une si grande mortalité à bord des vaisseaux négriers. Souvent il arrive qu'un cadavre reste plusieurs jours parmi les vivans. La privation de l'eau est la cause la plus fréquente des révoltes des Nègres; mais à la moindre apparence de sédition on ne distingue personne; on fait d'impitoyables décharges d'armes à feu dans cet antre encombré d'hommes, de femmes et d'enfans. On a vu, dans l'excès de leur désespoir, des Nègres se lancer furieux sur leurs voisins, ou déchirer en lambeaux sanglans leurs propres membres.

Il ne faut pas oublier que nous ne peignons point ici de rares exceptions, que c'est l'état habituel des bâtimens négriers, que tel est le sort ordinaire des cent vingt mille Nègres que l'on exporte annuellement pour le seul Brésil, enfin que, les choses fussent-elles arrangées pour le mieux, un retard de quelques jours dans la traversée peut avoir les plus terribles résultats. Nous ne citerons ici aucun des nombreux traits d'inhumanité recueillis tous les ans par les croisières anglaises ou par les agens de la société africaine : cela serait absolument inutile.

On ne fait faire de quarantaine régulière aux vaisseaux négriers ni à Rio-Janeiro ni dans aucun autre port du Brésil; il n'y a d'ailleurs aucune institution spéciale à cet effet. Quelquefois on les oblige à rester plusieurs jours à l'ancre soit dans la rade, soit dans le port; mais la durée de ce retard paraît dépendre uniquement du caprice ou de l'intérêt de la douane ou du *Medico-mor*. Il n'y a pas d'ailleurs d'autres mesures de précaution, en sorte que, si les ports du Brésil n'ont jamais été envahis par des maladies contagieuses, c'est un bonheur qu'il ne faut attribuer qu'au hasard ou à la salubrité particulière du climat. Dès que le marchand obtient la permission de débarquer ses esclaves, on les met à terre près de la douane, et là on les inscrit sur les registres, après avoir perçu les droits établis pour l'entrée.

De la douane on les conduit aux maisons de vente, qui sont véritablement des étables : ils y restent jusqu'à ce qu'ils trouvent un acheteur. La plupart de ces étables à esclaves sont dans le quartier appelé Vallongo, auprès du rivage. C'est pour la vue de l'Européen un spectacle choquant et presque insupportable : toute la journée ces êtres infortunés, hommes, femmes, enfans, sont assis ou couchés près des murailles de ces immenses bâtimens, et mêlés les uns avec les autres; ou bien, si le temps est beau, on les voit dans la rue. Leur aspect a quelque chose d'affreux, surtout lorsqu'ils ne sont pas encore reposés de la traversée : l'odeur qui s'exhale de cette foule de Nègres est si forte, si désagréable, que l'on a peine à rester dans le voisinage, lorsqu'on n'y est pas encore accoutumé. Les hommes et les femmes sont nus et ne portent qu'une pièce de toile grossière autour des hanches. On les nourrit de farine de manioc, de fèves et de viandes sèches; les fruits rafraîchissans ne leur manquent pas.

Cette position, toute désagréable qu'elle puisse être, leur semble un véritable adoucissement aux maux soufferts pendant la traversée. Cela explique pourquoi les Nègres ne paraissent pas se trouver fort malheureux dans ces marchés : rarement on les entend se plaindre, et même on les voit accroupis autour du feu, entonner des chants monotones et bruyans, tandis qu'ils s'accompagnent en battant des mains. La seule chose qui paraisse les inquiéter, est une certaine impatience de connaître quel sera enfin leur sort : aussi l'apparition d'un acheteur cause-t-elle souvent parmi eux des explosions de joie; ils s'approchent alors et se pressent autour de lui pour se faire palper et visiter soigneusement le corps, et quand on les achète, ils regardent leur vente comme une véritable délivrance, comme un bienfait, et suivent leur nouveau maître avec beaucoup de bonne volonté, tandis que leurs compagnons, moins favorisés, les voient partir avec un regret qui n'est pas exempt d'envie. Ceux néanmoins qui sont arrivés sur un même vaisseau restent plus étroitement liés, et le devoir de s'aimer et de se secourir est fidèlement observé entre ces esclaves, que l'on appelle *molungos*. Malheureusement, quand on vend des esclaves, on tient rarement compte des liens de famille. Arrachés à leurs parens, à leurs enfans, à leurs frères, ces infortunés éclatent parfois en cris douloureux; mais, en général, le Nègre fait preuve dans ces circonstances d'une telle indifférence ou d'un tel empire sur ses sentimens, qu'on ne peut que s'en étonner, et qui semble surtout inexplicable, quand on rapproche cette conduite de l'attachement qu'ils témoignent dans la suite pour ceux auxquels ils sont liés par le sang.

Le premier soin de l'acheteur est de procurer à son nouvel esclave quelques vêtemens qui lui plaisent : la toile bigarrée qu'on lui noue autour des hanches, la veste de laine bleue et le bonnet rouge qu'on y ajoute, ne contribuent pas peu à rendre plus agréable la transition du Nègre vers son nouvel état. On lui donne encore une grande couverture de laine grossière, qui lui sert à la fois de couche et de manteau, et dont les couleurs tranchantes, le jaune et le rouge, lui plaisent beaucoup. On a soin aussi, pendant le voyage du marché à la plantation, de maintenir les esclaves en bonne humeur, en les traitant et en les nourrissant bien. Souvent on voit arriver à la halte, appelée *Rancho*, le colon, qui prend en croupe l'esclave fatigué, ou qui conduit par la bride le cheval qui le porte.

A l'arrivée dans la plantation on confie l'esclave à la surveillance et aux soins d'un autre plus âgé et déjà baptisé. Celui-ci le reçoit dans sa hutte et cherche à lui faire, peu à peu, prendre part à ses propres occupations domestiques; il lui apprend aussi quelques mots portugais. Ce n'est que quand le nouvel esclave est entièrement rétabli des suites de la traversée, qu'on commence à le faire participer aux travaux agricoles des autres. Alors c'est son premier protecteur qui l'instruit, et pendant long-temps encore on a égard à son inhabileté ou à sa faiblesse. Toutes ces précautions allègent beaucoup l'entrée de l'esclave dans sa nouvelle condition; il n'y a donc pas lieu de s'étonner, si les Nègres sont en général assez contens et s'ils oublient bientôt leurs affections antérieures. Cela est d'autant moins surprenant, qu'il en est beaucoup parmi eux qui ont été esclaves dans leur patrie, où on les traitait plus mal qu'en Amérique.

VOYAGE PITTORESQUE
DANS LE BRÉSIL.

MŒURS ET USAGES DES NÈGRES.

Après avoir, dans le précédent cahier, accompagné le Nègre depuis la côte d'Afrique jusqu'à la plantation, nous allons passer à une description plus détaillée du genre de vie et des occupations qui l'attendent dans sa nouvelle condition.

On envoie les esclaves au travail dès le lever du soleil. La fraîcheur du matin paraît leur être beaucoup plus désagréable que la plus grande chaleur du jour, et ils demeurent comme engourdis jusqu'à ce que, s'élevant au ciel, le soleil les brûle de ses rayons. A huit heures on leur accorde une demi-heure pour déjeûner et se reposer. Il y a quelques plantations où l'on fait déjeûner les esclaves avant de les envoyer au travail, c'est-à-dire, immédiatement après le lever du soleil. A midi ils ont encore deux heures pour le dîner et le repos, puis ils travaillent de nouveau jusqu'à six heures. Toutefois, dans la plupart des plantations, et de cinq à sept heures, au lieu de continuer à les faire travailler aux champs, on les emploie à rassembler du fourrage pour les chevaux, ou à chercher dans les forêts voisines des palmitas et du bois de chauffage; souvent ils en reviennent pesamment chargés, et fort avant dans la soirée. Ou bien, quand ils sont de retour des champs, on leur fait encore moudre, pendant deux heures, de la farine de manioc; mais ce travail, dans la plupart des plantations, ne se représente qu'une ou deux fois la semaine; car il y en a peu où l'on en prépare plus qu'il n'en faut pour la consommation des esclaves eux-mêmes. Il est d'usage, quand ceux-ci reviennent de leurs travaux, qu'ils aillent se présenter au maître et lui souhaiter le bon soir.

Les diverses époques des travaux de l'agriculture entraînent avec elles plusieurs changemens dans le réglement ordinaire de la journée. Pendant la récolte du sucre, par exemple, le travail dure jour et nuit, et les Nègres se relèvent par troupes comme les matelots pour le service des vaisseaux. Cette récolte se fait depuis la fin de Septembre à la fin d'Octobre, et pendant ce temps il n'est rien qu'on ne fasse pour conserver les Nègres en bonne humeur et en bonne santé; aussi y a-t-il dans les commencemens beaucoup de gaieté et beaucoup de bruit; mais peu à peu la continuité du travail épuise les esclaves et surtout ceux des (*engenhos*) moulins à sucre, et même leur fatigue devient telle qu'ils s'endorment en quelque lieu qu'ils se trouvent, d'où est venue cette locution : *he dorminhoço como negro de engenho* (il a sommeil comme un Nègre du moulin à sucre). Il arrive très-souvent que cet épuisement donne lieu à des malheurs : soit que la main, soit que les vêtemens du Nègre chargé de placer les cannes à sucre entre les cylindres, s'y prennent; le bras et quelquefois le corps entier sont alors écrasés, à moins qu'il n'y soit porté secours sur-le-champ. Dans quelques plantations on voit à côté de la machine une forte barre de fer, que l'on introduit entre les cylindres pour les arrêter en pareil cas ou pour les séparer. Néanmoins il n'y a souvent d'autre moyen de sauver le malheureux que de lui couper promptement avec une hache le doigt, la main, ou le bras qui se trouvent engagés dans les cylindres. On pense généralement qu'il y a moins de danger quand la machine est mue par des bœufs que quand on y emploie des mulets, que le cri des Nègres effarouche et qui n'en tournent que plus rapidement, tandis que les bœufs s'arrêtent d'eux-mêmes.

La nourriture donnée par les maîtres aux esclaves consiste en farine de manioc (*farinha da mandiocca*), ou fèves de marais (*feixaos*), en viandes séchées au soleil (*carne secca*), en lard et en bananes. Il est plus avantageux de leur abandonner le soin de préparer leurs alimens eux-mêmes dans les champs, que de leur faire perdre beaucoup de temps à revenir, pour chaque repas, de plantations souvent très-éloignées jusqu'au logis; aussi cela se pratique-t-il ainsi en un grand nombre d'endroits. En général, on leur donne leur nourriture avec beaucoup de parcimonie, et elle suffirait à peine à leur entretien, s'ils n'avaient les moyens de se procurer encore différens comestibles, tels que des fruits, des légumes sauvages, ou même du gibier.

Le dimanche, ou aux jours de fêtes, qui sont tellement nombreux qu'ils absorbent plus de cent jours de l'année, les esclaves sont dispensés de travailler pour leurs maîtres, ils peuvent ou se reposer ou bien s'occuper pour leur propre compte. Il y a dans chaque plantation une étendue de terrain proportionnée à son importance; le maître ne s'en sert point, l'abandonne à ses esclaves, et chacun en cultive autant qu'il le veut ou qu'il le peut : non-seulement l'esclave se procure une nourriture saine et suffisante par le produit de ces champs, mais il trouve souvent à le vendre avantageusement. Ainsi l'un des commandemens de l'Église catholique qui a été le plus souvent blâmé comme abusif et pernicieux, est, par ce moyen, devenu un véritable bienfait pour les esclaves, et quand le gouvernement portugais crut devoir satisfaire aux progrès des lumières et prendre des mesures pour diminuer le nombre des fêtes, cette innovation ne reçut pas l'approbation des hommes les plus éclairés du Brésil; ils disaient avec raison que ce qui pouvait être un bienfait en Portugal, n'était au Brésil qu'une cruauté envers les esclaves. Il n'y a rien à répondre à cela, sinon que cette contradiction même est une preuve de l'absurdité de tout ce système. Quoi qu'il en soit, les huttes des esclaves contiennent à peu près tout ce qui dans ce climat peut être appelé nécessaire. Ordinairement ils possèdent de la volaille, des porcs, quelquefois même un cheval ou un mulet, qu'ils louent avec avantage, parce que la nourriture ne leur en coûte rien.

En général, les colons favorisent les mariages entre leurs esclaves; car ils savent par expérience que c'est le meilleur moyen de les attacher à la plantation, et la plus forte garantie de leur bonne conduite. Toutefois on ne peut nier qu'il n'y ait beaucoup d'exceptions à cette règle, que souvent même, par leurs exemples, les maîtres amènent le déréglement des mœurs des esclaves, et que les rapports entre ceux du sexe féminin et ceux du sexe masculin rendent impossible l'observation sévère de la morale ou la consciencieuse persévérance dans la fidélité conjugale.

Telle est, en général, la position des esclaves nègres dans les plantations du Brésil; mais il est bien entendu qu'elle présente une infinité de gradations et de modifications, et qu'en dernier ressort, le bien-être ou le mal-aise de l'esclave dépend toujours du caractère personnel ou des caprices de leurs maîtres, et peut-être beaucoup plus encore de ceux de leurs surveillans immédiats. Lorsque l'on considère tout ceci avec connaissance de cause, sans passion ni préjugés, on acquiert de plus en plus la conviction que d'une part les suites affligeantes que paraît nécessairement entraîner pour les Nègres l'esclavage consacré par les lois dans tout ce qu'il a de plus inhumain, sont cependant beaucoup adoucies par l'influence toute-puissante des intérêts personnels, par celle de la raison, de l'humanité, de la religion; et que, d'autre part, les lois qui ont été faites pour protéger les esclaves contre les maîtres, n'ont que peu ou point d'influence sur le sort des premiers, leur observation n'ayant pas non plus d'autre garantie que ces élémens moraux constitutifs de la société civile, qui finissent toujours par se réunir à ce que l'on appelle l'opinion publique : c'est le seul tribunal que pourrait réellement redouter le maître par rapport à sa conduite envers l'esclave. On peut donc s'égarer également, soit en admettant *à priori* l'existence réelle de toutes les suites possibles de cet ordre de choses, soit en attribuant aux lois rendues en faveur des esclaves une influence très-grande ou très-favorable. Ces deux défauts se trouvent fréquemment dans les auteurs qui n'ont pas eu l'occasion de voir les choses de leurs propres yeux.

Ce qui importe le plus, c'est le caractère du surveillant des esclaves ou *feitor* : le fouet à la main, il conduit les esclaves au travail, et c'est lui qui les surveille immédiatement toute la journée. Ce qui nous révolte surtout dans ce malheureux système, c'est cette affreuse pensée, de soumettre l'homme comme la bête à l'action du fouet. Quoiqu'en thèse générale il soit vrai, comme le prétendent les défenseurs de l'esclavage, que le fouet est plutôt dans la main du *feitor* le symbole de la puissance, et qu'il ne s'en sert ni pour forcer le Nègre au travail, ni pour le punir arbitrairement, il n'en est pas moins vrai, non plus, que ce surveillant ne peut être empêché d'appliquer le fouet que par la présence ou la volonté du maître, et qu'il n'est point possible qu'un homme grossier, cruel, vindicatif, ne fasse point abus de son pouvoir; les exemples constatés de ces abus de pouvoir ne sont d'ailleurs que trop fréquens. Dans l'état actuel des choses, et jusqu'à ce que l'esclavage ait été supprimé, ou que, du moins, l'on ait mis des bornes légales à l'arbitraire du maître ou du *feitor*, l'un des premiers et des plus importans devoirs du maître est d'apporter un grand soin dans le choix de ce *feitor*. En général, on peut se fier aux *feitors* qui sont esclaves eux-mêmes, bien plus qu'aux autres, parce qu'ils dépendent eux-mêmes entièrement du maître; mais c'est précisément sur eux qu'il faut que le maître veille plus particulièrement, afin qu'ils ne se montrent pas trop sévères envers leurs compagnons de servitude. On prend aussi pour *feitors* des Brésiliens ou des mulâtres libres, et ordinairement c'est sous leur direction que les esclaves se trouvent le mieux, tandis que les *feitors* européens sont les plus durs. Un fait que l'expérience de tous les jours confirme, c'est que les Européens, dans quelque rapport qu'ils se trouvent avec les esclaves, sont ceux qui aggravent le plus leur position, et, sans vouloir excuser cette déshonorante distinction, on pourrait l'expliquer, d'une part, en ce que les Européens apportent dans ces contrées plus d'orgueil et de préjugés; de l'autre, en ce que la plupart de ceux qui s'établissent au Brésil, et surtout ceux qui entreprennent des plantations, ou qui louent leurs services pour être *feitors*, ne sont que des spéculateurs, dont le but est de s'enrichir dans le plus court délai possible, et de retourner en Europe avec leur bénéfice. Il en est beaucoup qui ont quitté leur patrie pour des raisons qui ne leur font point honneur, et nul d'entre eux ne se sent attaché au pays, ni à ses habitudes, par un lien quelconque : loin de là, il voit dans tout un sujet de spéculation ; et même il est loin d'avoir pour sa propriété, sa plantation, ses esclaves, les soins et l'attachement naturel de l'indigène, qui espère les transmettre un jour à ses enfans, tandis que l'unique affaire de l'autre, c'est de faire le plus de profit qu'il le pourra dans le plus court délai possible, sans aucunement s'inquiéter de ce qui pourra en résulter à l'avenir : aussi les esclaves de ces hommes sont-ils presque toujours abîmés sous des travaux excessifs. Il faut y ajouter que, par les mêmes raisons, ces étrangers se soucient peu de l'opinion publique, ou de ce qu'ils appellent les préjugés religieux des Brésiliens ; ils mettent même une sorte de fierté à les mépriser, de sorte que rien ne peut sauver les esclaves de leur insatiable cupidité et de leur froide cruauté. Malheureusement les Européens du Nord surpassent encore les Portugais en ce genre.

La position des esclaves dépend beaucoup aussi du genre de culture qui est la principale occupation dans la plantation à laquelle ils appartiennent ; par exemple, la situation des esclaves est bien plus pénible quand il s'agit de fonder de nouvelles plantations appelées roças, que dans celles qui sont déjà organisées, surtout quand on fonde ces nouvelles plantations à une grande distance des contrées habitées ; car, dans ce cas, les esclaves sont exposés à toutes les intempéries du climat et de la température que présentent, par exemple, les marais ; car ils n'ont d'autre abri que des huttes de branches d'arbres, et, de plus, ils souffrent des privations de tous les genres. Ici le danger des animaux féroces, des serpens venimeux, des insectes mal-faisans est encore bien plus grand. C'est dans les plantations du clergé ou des couvens que les esclaves sont le mieux traités. La régularité des occupations est déjà un adoucissement au travail, qui ne leur est imposé que dans une proportion fort modérée, et le plus souvent leur nourriture est abondante. On instruit les enfans des esclaves à chanter à l'église, et on leur donne quelque peu de notions de catéchisme. Tous les soirs à sept heures les travaux cessent ; puis on réunit les esclaves pour leur faire chanter un cantique et réciter un chapelet. Outre les dimanches et les fêtes, on leur accorde encore le samedi pour travailler pour leur propre compte, si bien que la plupart acquièrent assez d'économies pour racheter leur liberté. Dans ce cas, ou lorsque l'esclave meurt, on lui permet de léguer son petit champ à qui bon lui semble, quoiqu'il n'y ait absolument aucun droit de propriété. Jusqu'à l'âge de douze ans, les enfans ne sont tenus à aucun travail, si ce n'est à nettoyer les haricots destinés à la nourriture des esclaves, ou les graines qu'on veut semer, ou bien ils gardent les bestiaux et font les menus ouvrages de la maison. Plus tard, les filles filent de la laine, tandis qu'on emmène les garçons aux champs. Lorsqu'un enfant fait paraître des dispositions particulières pour un métier, on le lui fait apprendre, pour qu'il l'exerce un jour dans la plantation même : cela facilite en même temps le retour à la liberté, en créant à l'esclave un moyen d'acquérir, et cela assure son avenir.

Les filles se marient à quatorze ans, les hommes à dix-sept ou à dix-huit : ordinairement on favorise beaucoup les mariages. Les jeunes femmes prennent part aux travaux de la campagne, et l'on donne aux nouveaux mariés une petite quantité de terrain pour y construire leur cabane, et on leur accorde le droit de travailler pour leur propre compte à certains jours. Quand il arrive d'Afrique de nouveaux esclaves, on a grand soin de ne les pas faire travailler trop tôt, et cela est aussi profitable au maître qu'à l'esclave; car il faut, en règle générale, six à huit mois avant que ces Nègres soient au fait des travaux les plus ordinaires. Les occupations domestiques et les métiers sont principalement confiés aux créoles : ce sont les Nègres nés au Brésil. Les esclaves sont mieux traités aussi dans les très-petites plantations que dans les grandes, parce que les travaux communs, la même nourriture, les mêmes délassemens, font à peu près disparaître toute différence entre eux et les maîtres. Souvent les esclaves des plantations envient le sort de ceux qui vivent dans les *campos* de l'intérieur du pays; la principale affaire des habitans de ces *campos* étant l'éducation des bestiaux, on ne peut que rarement compter sur l'habileté et le courage des esclaves au point de leur abandonner le soin de pourvoir à cette affaire, comme on a coutume de la gouverner dans ces contrées. Il en arrive qu'on les emploie dans la maison et qu'on les charge seulement des occupations très-simples du ménage.

Une classe tout-à-fait séparée est celle des esclaves dont les maîtres s'occupent du transport des marchandises de la côte vers l'intérieur, et de l'intérieur vers la côte. Il est vrai que l'irrégularité du genre de vie de ces *troperos* les expose à des privations dont les esclaves des plantations sont mieux garantis; mais d'un autre côté elle leur donne plus de liberté, et les met avec leurs maîtres sur le pied d'une sorte d'égalité, à raison de ce qu'ils supportent avec eux les difficultés et les inconvéniens du voyage.

Quand un esclave commet un crime, l'autorité publique se charge de le punir, ainsi que nous le verrons plus bas; mais quand il se borne à exciter le mécontentement de son maître par son ivresse, sa paresse, son imprudence, ou par de petits larcins, celui-ci peut le punir selon qu'il lui semble bon. Il y a des lois, il est vrai, pour mettre en ceci des bornes à l'arbitraire et à la colère des maîtres : c'est ainsi qu'on a fixé le nombre de coups de fouet qu'il est permis de faire infliger à son esclave, à la fois, et sans l'intervention de l'autorité. Néanmoins, et comme nous l'avons déjà dit plus haut, ces lois sont sans force, et peut-être même sont-elles inconnues à la plupart des maîtres et des esclaves; ou bien, les Autorités sont si éloignées, qu'en effet le châtiment des esclaves à raison d'un délit, soit réel, soit imaginaire, ou les mauvais traitemens qui ne seraient que le résultat du caprice ou de la cruauté du maître, ne trouvent de bornes que dans la crainte de perdre l'esclave, soit par sa mort, soit par sa fuite, ou dans le respect qu'on a pour l'opinion publique. Mais ces considérations ne sont pas toujours suffisantes pour empêcher le mal, et il n'est que trop vrai qu'il ne manque pas d'exemples de cruautés qui ont amené la mutilation ou la mort des esclaves, et que ces crimes sont restés impunis : mais il est vrai aussi que ces excès sont rares, et que leur nombre ne dépasse guère celui des crimes du même genre commis par des hommes libres sur des hommes libres en Europe; enfin, que la plupart sont commis par des étrangers, des Européens, et que l'opinion publique s'exprime hautement et généralement, comme le méritent de telles horreurs. On ne saurait douter que les progrès que la civilisation promet maintenant de faire au Brésil, n'amènent aussi la juste vindicte des lois sur de tels attentats. Une description détaillée de ces scènes ne pourrait avoir aucun but raisonnable. Croirait-on par ce moyen exciter la pitié? Mais quand cette pitié n'est que le résultat d'une impression des sens, ou d'une imagination montée, elle est absolument sans valeur. Il suffit d'avoir démontré que de tels forfaits sont possibles et qu'ils se commettent en effet, pour convaincre tout être raisonnable de la nécessité qu'il faut changer de fond en comble tout ce système d'esclavage, pour rendre possible son entière abolition. Mais si l'on pense qu'il faut de pareils tableaux pour agir sur des ames grossières, on oublie qu'il est plus nuisible de souiller leur imagination de ces faits, que profitable d'exciter en eux ce genre de pitié.

Il ne faut pas, non plus, se laisser égarer par une pitié mal entendue, au point de s'imaginer qu'il soit possible de conduire et de tenir en respect sans une grande sévérité et sans une prompte justice, une troupe de cinquante à cent hommes passionnés, et de femmes encore plus indisciplinées, comme le sont en général les esclaves. Dans la plupart des plantations les délits graves sont atteints du fouet; on n'applique, à raison des moindres fautes, que des *palmados*, ou coups sur le plat de la main. Le plus souvent ces corrections s'administrent en présence de tous les esclaves. Il est à désirer, sans doute, que l'usage du fouet soit, peu à peu, tout-à-fait aboli, et l'on doit s'y attendre d'autant plus que l'intérêt des colons s'accorde avec l'accomplissement de ce vœu. L'expérience a prouvé que rien n'est plus propre à gâter l'esclave et à diminuer sa valeur, que l'usage fréquent du fouet, qui anéantit en lui tout sentiment d'honneur. Et s'il est vrai que les mauvais esclaves s'attirent le plus ces corrections, il est vrai aussi qu'il y a ici une continuelle et fâcheuse réciprocité de cause et d'effet. D'ailleurs, les esclaves s'habituent si promptement à ce genre de douleur, qu'il arrive souvent que ceux que leurs premiers maîtres châtiaient fréquemment du fouet, supplient leur maître nouveau de les faire fouetter plutôt que de les faire enfermer, ne fût-ce que pour peu de temps. Le meilleur moyen de retenir les esclaves dans le devoir par une sévérité nécessaire, mais dépourvue de cruauté, c'est de les enfermer pour plus ou moins de temps, et surtout aux jours qui leur sont réservés, sans y joindre d'autre privation que celle de la lumière. Passer un jour seul dans l'obscurité et sans alimens, est une chose que le Nègre redoute beaucoup plus que tous les coups de fouet qu'on pourrait lui donner.

VOYAGE PITTORESQUE
DANS LE BRÉSIL.

MŒURS ET USAGES DES NÈGRES.

Nous avons, par les précédens cahiers, donné quelques notions sur l'état des Nègres dans les plantations; nous allons faire connaître quelles sont dans les villes la position et la manière de vivre de ces esclaves, car sous beaucoup de rapports il y a des différences très-prononcées entre leur sort et celui des autres. Une grande partie de la population esclave de Rio-Janeiro est au service domestique des grands et des riches : c'est un article de luxe, qui se règle bien plus sur la vanité du maître que sur les besoins du ménage. Ces esclaves portent des livrées la plupart d'un genre fort antique, et ces livrées, jointes aux bourses de leurs coiffures, en font de véritables caricatures. Ils ont peu d'ouvrage, ou même ils n'en ont point du tout ; leur nourriture est fort bonne; en un mot, ce sont des êtres tout aussi inutiles que les valets des grands seigneurs d'Europe, dont ils imitent les vices avec une grande facilité. La plupart des esclaves des grandes villes sont assujettis à payer toutes les semaines, ou même tous les jours, à leurs maîtres une somme déterminée, qu'ils tâchent de se procurer par l'exercice d'une profession; ils sont menuisiers, cordonniers, tailleurs, mariniers, porte-faix, etc. Ils peuvent de la sorte gagner aisément au-delà de ce que leur maître exige ; et pour peu que ces esclaves mettent d'économie dans leurs affaires, ils parviennent, sans beaucoup de difficulté, à racheter leur liberté dans l'espace de neuf à dix ans. Cependant cela n'arrive pas aussi souvent qu'on aurait lieu de le croire, et cela parce que les Nègres ont des dispositions à se laisser entraîner aux plus folles dépenses, surtout en fait de vêtemens, d'étoffes de couleurs voyantes et de rubans : ils dissipent en ce genre à peu près tout ce qu'ils gagnent. Ils jouissent en général de beaucoup de liberté, et leur existence est fort supportable, car ils ont toute la journée pour vaquer à leurs affaires, pourvu qu'ils rentrent le soir; leurs maîtres ne s'inquiètent d'eux qu'autant qu'il le faut pour s'assurer la redevance hebdomadaire. Le matin avant leur départ, et le soir après leur retour, on leur donne de la farine de manioc et des fèves; mais ils doivent pourvoir eux-mêmes à leur nourriture de la journée. On voit aussi des femmes esclaves gagner leur entretien de la même manière, elles se font nourrices, blanchisseuses, fleuristes ou fruitières.

La facilité avec laquelle les esclaves parviennent à récupérer leur liberté, est le plus grand des avantages du système établi au Brésil sur celui que suivent les colonies anglaises. A certains égards cet avantage doit être attribué aux dispositions législatives : toutefois ces dispositions agissent moins d'une manière positive qu'elles ne laissent faire le bien par leur silence ; car la seule chose qu'on puisse dire à leur éloge, c'est que du moins elles ne mettent point d'obstacles à l'émancipation des esclaves, tandis que l'affranchissement résultant de la volonté libre du maître est, dans les colonies anglaises, puni d'une amende.

Pour un esclave le moyen le plus ordinaire de recouvrer sa liberté, est d'épargner une somme égale à celle qu'il a coûté à son maître, ou à sa valeur actuelle ; cette somme lui sert à payer sa rançon. Ceux qui exercent des métiers dans les villes, sont aussi ceux qui y parviennent le plus facilement. Les esclaves des plantations ne jouissent de cet avantage que quand la proximité d'une ville leur assure le débit des produits de leur petit champ ou de leur industrie.

Il y a dans ce rachat de la liberté quelque chose de contradictoire ; il y a une opposition tranchée entre la loi existante et l'usage, et cette opposition est la plus grande preuve de l'absurdité de la loi. Selon la loi, l'esclave ne peut posséder aucune propriété, ou plutôt tout ce qu'il possède est la propriété du maître : il en résulte que c'est de ses propres deniers que ce dernier se fait payer la liberté de son esclave ; et même il aurait le droit de lui enlever ses économies, sans lui donner en retour la liberté, ni aucune autre indemnité. Néanmoins on citerait à peine un exemple d'un maître faisant usage de ce droit ; lors même qu'il serait assez inhumain pour le vouloir, il serait douteux qu'il osât à ce point heurter l'opinion publique. Il n'y a d'ailleurs ni menaces ni mauvais traitemens qui puissent amener l'esclave à livrer son petit trésor, ou à indiquer le lieu où il le garde. Si, dans ce cas, l'opinion publique et l'usage préservent de violence celui que la loi y expose, il arrive aussi, par un effet contraire, que ce même usage énerve une loi rendue en faveur de l'esclave, une loi qui renferme la seule garantie accordée à ce dernier contre l'arbitraire du maître. Cette loi contraint le maître à rendre la liberté à l'esclave toutes les fois que celui-ci lui offre le prix qu'il en a payé, ou sa valeur actuelle, à dire d'expert, pour le cas où elle excéderait le prix d'achat. Mais cette disposition si sage est entièrement négligée, comme toutes celles qui sont à l'avantage des esclaves; à peine si l'on connaît son existence, il est rare, ou plutôt il n'arrive jamais que les esclaves l'invoquent, soit qu'ils l'ignorent, soit qu'ils sachent fort bien qu'ils n'en tireront pas grand secours, car il faut déjà un hasard bien heureux pour leur donner la possibilité de porter leur plainte aux tribunaux supérieurs. Il est encore bien plus difficile de la soutenir contre leurs maîtres, qui ont mille moyens de retarder la décision ou même de faire rejeter la demande, et de faire expier à l'esclave sa téméraire entreprise, en lui faisant éprouver toutes sortes de vexations et en l'intimidant. En cela, comme en toute autre chose, l'esclave dépend donc uniquement du caprice du maître, et si celui-ci, soit méchanceté, soit entêtement, soit par d'autres motifs, ne veut pas lui vendre sa liberté, la position de l'esclave devient d'autant plus dure qu'il voit s'anéantir le fruit de longues années de travail et d'économie. Il est replongé dans l'esclavage au moment même où il se croit sûr de sa liberté et tout en conservant en mains les moyens de la récupérer: outre l'amertume causée par l'espérance déçue, il lui faut supporter les suites de la méfiance et de la colère de son maître. Toutefois ces exemples sont rares: un maître ne peut guère avoir de raison pour refuser la liberté à un esclave; car après un refus il n'y a plus de fond à faire sur lui: désormais il travaille avec dégoût, et saisit la première occasion de s'enfuir: s'il n'y parvient, il finit par s'ôter la vie, et dans tous les cas le maître ne tire plus d'avantages du travail de l'esclave ainsi retenu dans la servitude. L'opinion publique, particulièrement dans les classes inférieures, se prononce d'une manière bien forte, et fait sentir à l'auteur de ce refus toute son animadversion. L'influence du clergé a eu sur ce point, comme sur toute autre matière, des conséquences très-salutaires; il protège si ouvertement la liberté des esclaves, que cela suffirait pour empêcher que l'on y opposât des obstacles fréquens. Néanmoins quand ces refus ont lieu, ils frappent ordinairement les esclaves les plus habiles et les plus laborieux, ceux qui sont réellement devenus indispensables. Après avoir été pendant de longues années les surveillans d'une plantation, après avoir possédé toute la confiance de leur maître et s'être élevés à un certain degré d'aisance qui semblait ne rien laisser à désirer, on en a vu retomber tout à coup dans un état d'abaissement tel que les mauvais traitemens étaient nécessaires pour les contraindre à la continuation de leurs travaux, et cela parce que l'apparence de la liberté ne leur suffisait pas, et qu'ils avaient insisté pour obtenir leur affranchissement.

Au Brésil il est pour beaucoup de Nègres un autre moyen de parvenir à la liberté; c'est l'usage où sont les Négresses de faire tenir leurs enfans sur les fonts de baptême par des gens aisés. A cet égard les personnes les plus considérées ne pourraient rejeter leur demande sans exciter un mécontentement général. Ces rapports, loin de les faire déroger, sont, grâces aux idées religieuses du peuple et à l'influence du clergé, régardés comme fort méritoires. Le petit esclave est à peu près assuré par cela même que son parrain le rachètera; ce qui est d'autant plus aisé, que le prix d'un petit Nègre est fort peu de chose et dépasse rarement 60 à 80 piastres.

Très-souvent les blancs qui ont procréé des enfans avec une femme esclave, les achètent à leurs maîtres et leur donnent la liberté. Enfin, il arrive fréquemment que, pour les récompenser de la bonne conduite qu'ils ont tenue pendant long-temps, les esclaves sont affranchis par leurs maîtres eux-mêmes; c'est surtout dans les testamens que la liberté leur est donnée : il est bien rare que le propriétaire d'une grande plantation et de beaucoup d'esclaves n'affranchisse pas quelques-uns d'entre eux, soit par acte de dernière volonté, soit à l'occasion de toute autre solennité. Ces usages et ces facilités accordées à la liberté, augmentent chaque année le nombre des Nègres libres du Brésil. Leur population est maintenant de 159,500 ames; c'est à peu près le douzième du nombre des esclaves (1,987,500): la moitié des hommes de couleur libres (416,000); le cinquième des blancs (843,000), et enfin le vingt-cinquième de la totalité de la population.

Au premier coup d'œil cette proportion pourrait paraître peu favorable à l'espérance d'un affranchissement progressif; mais il en sera tout autrement, si l'on considère qu'il faut bien peu de générations pour détruire la couleur noire dans la population libre, à raison des mariages réciproques entre Nègres et hommes de couleur, et par suite des relations fréquentes des Négresses libres avec les hommes de couleur et même avec les blancs. Souvent même la couleur noire disparait chez leurs enfans ou petits-enfans, en sorte que les descendans des Nègres libres, au lieu d'augmenter la population noire, se perdent insensiblement dans la masse des hommes de couleur; il s'ensuit qu'en choisissant telle ou telle époque donnée, le nombre des Nègres libres ne renfermera, à proprement parler, que ceux qui ont obtenu leur liberté dans les années précédentes, et tout au plus les enfans de la précédente génération, tandis que les enfans de la génération antérieure sont déjà rangés pour la plupart parmi les hommes de couleur.

La position des Nègres libres présente beaucoup de différences, selon le plus ou moins de bonheur et de zèle qui leur acquièrent quelque fortune. Il y en a de fort aisés; mais il est rare de trouver au Brésil des Nègres riches comme il s'en rencontre quelquefois dans les Indes occidentales.

Une fois affranchis, les Nègres d'une plantation s'établissent ordinairement dans son voisinage; ils y cultivent un petit domaine que leurs anciens maîtres leur concèdent souvent pour un très-léger fermage, ou même gratuitement; ils travaillent de plus à la journée. Les bons ouvriers, et particulièrement les surveillans des sucreries, continuent à faire leur métier dans les plantations voisines en qualité d'ouvriers libres. Après la récolte des cannes à sucre, ils entreprennent les diverses préparations à exécuter, et offrent leurs services partout où l'on manque, soit des ustensiles nécessaires, soit de directeurs assez exercés. De la sorte ces anciens esclaves peuvent en peu de temps parvenir à une grande aisance.

Dans les villes, les Nègres libres sont répartis dans les classes inférieures de la population; ils y sont ouvriers, marchands, journaliers. Le nombre de ceux qui ont réussi à s'élever au rang de bourgeois aisés, de négocians ou de propriétaires, est fort peu considérable; néanmoins il leur est facile de gagner leur vie, car au Brésil, ainsi que dans tous les pays où l'esclavage existe, le taux des journées est très-élevé, et l'on recherche fort les ouvriers habiles.

La population noire libre est à beaucoup d'égards, et surtout par son avenir, l'une des classes les plus importantes des colonies. Cela est vrai surtout des Créoles proprement dits, des Nègres nés en Amérique. En les comparant à ceux d'Afrique, on acquiert la consolante certitude que la race africaine, nonobstant les tristes circonstances qui accompagnent sa translation dans le Nouveau-Monde, y gagne beaucoup sous les rapports physiques et moraux. En général, ces Créoles sont des hommes très-bien faits et très-robustes; ils sont résolus, actifs et beaucoup plus tempérans que les Nègres d'Afrique. Ils accordent une certaine préséance aux blancs dans leurs relations sociales, mais somme toute, c'est plus au rang qu'à la couleur qu'ils ont voué cette déférence. De leur côté ils ont aussi une juste fierté fondée sur la conscience de leurs forces et sur le sentiment de leur liberté: ils sont d'autant plus faciles à blesser et d'autant plus défians à cet égard, qu'ils savent que leur couleur est celle des esclaves. Ils tiennent beaucoup à ce que dans les plus petits détails de la vie on ne les traite jamais comme les esclaves, à ce qu'on n'oublie point leur qualité d'hommes libres. Lorsqu'un blanc leur montre de la franchise et des égards, lorsqu'il ne fait aucune différence de couleur, ils saisissent toutes les occasions de lui rendre des services et de lui témoigner de la considération: au contraire, toute allusion méprisante à leur couleur excite leur orgueil et leur colère, chose qui n'est aucunement indifférente; pour se procurer satisfaction, ils ne manquent pas d'audace. En pareille occasion les Créoles ont coutume de répondre au sarcasme:

Negro sim, porem direito (je suis Nègre, il est vrai, mais je suis droit). Les Nègres libres, et surtout ceux des classes inférieures, prennent dans la société le rang que l'on accorderait sous les mêmes conditions aux hommes d'autres couleurs. Cependant il est fort rare de voir des mariages entre des femmes vraiment blanches et des noirs : les unions formelles ne sont pas fréquentes non plus entre les blancs et les Négresses; mais les alliances réciproques entre Nègres libres et hommes de couleur également libres n'en sont que plus fréquentes, et d'autant plus que les hommes de couleur se rapprochent davantage du noir. Comme dans la grande masse des classes populaires il est rare que la race blanche se présente sans mélange, l'exclusion qui empêche les noirs de s'unir aux blancs est beaucoup moins humiliante et beaucoup moins préjudiciable qu'on pourrait le penser. Les lois prononcent contre l'admission des noirs aux emplois beaucoup de restrictions, et bien que les hommes de couleur libres doivent être frappés des mêmes prohibitions, rien n'est plus facile que d'éluder ces lois. Quand des circonstances favorables, des richesses, des rapports de famille, des talens personnels rendent un homme recommandable, la moindre nuance un peu claire le fait passer pour blanc, surtout à raison de ce que les blancs eux-mêmes sont fort souvent d'un teint très-brun. Au surplus cette loi, presque tombée en désuétude, ne frappe réellement que ceux qui sont noirs sans mélange, et qu'aucun prétexte ne peut faire ranger parmi les blancs. D'ailleurs cette exclusion légale n'est pas aujourd'hui aussi humiliante, aussi oppressive qu'elle pourrait le paraître au premier coup d'œil : parmi les Nègres libres il en est fort peu dont les connaissances, la fortune et la position sociale puissent autoriser des prétentions aux emplois. Du reste, il est hors de doute que, plus le nombre des noirs libres s'accroît, plus leurs qualités personnelles, leurs propriétés leur donnent de droits, et que, pour éviter une guerre civile entre les noirs et les hommes d'autres couleurs, il en faudra venir à l'abolition totale de cette loi d'exclusion. Quant à présent, les noirs libres se contentent de la pensée que leurs descendans, hommes de couleur, pourront arriver aux honneurs, et les hommes de couleur s'en tiennent à la tolérance qui leur assure les principaux avantages auxquels ils prétendent. Mais il y aurait de la folie à s'imaginer que ces dispositions suffisent pour assurer au Brésil un repos durable. Une politique sage, au contraire, saura en profiter pour prévenir, par des améliorations volontaires dans la législation, la possibilité d'une explosion violente, explosion qui serait d'autant plus difficile à éviter, que dans ce pays, comme dans les autres États de l'Amérique, il existe beaucoup d'élémens de discorde. Il y aurait de la démence à s'imaginer que dans ces États l'on puisse comprimer par la force une classe aussi nombreuse et, dans le cas où ce serait à la violence à décider, une classe aussi puissante que celle des Nègres et des hommes de couleur, et cela pour leur refuser des choses auxquelles ils se prétendent des droits, tandis que parmi les blancs les factions se disputent aussi des droits fondés ou imaginaires. Le Brésil est-il menacé de révolutions et de lutte entre les partis ? de quelle nature seront-elles ? sera-t-il en la puissance de ceux qui gouvernent de prévenir ces révolutions ? Ce sont des questions que nous n'entreprendrons point de décider. La seule chose qui me paraisse certaine, c'est que par des modifications opérées à propos dans la situation légale des hommes de couleur et des noirs, on peut empêcher qu'à la lutte future des factions politiques ne se mêle la lutte plus terrible des couleurs. Il est d'autant plus urgent de faire ce pas, qu'au jugement des hommes les plus entendus et les plus sensés, l'émancipation des esclaves, toute nécessaire, toute désirable qu'elle soit, ne peut se faire que très-lentement, et que dans les circonstances les plus favorables elle ne s'accomplira peut-être qu'au bout d'un siècle. Cependant si la marche des événemens, l'imprévoyance des partis ou l'imprudence des gouvernans amenaient un jour une révolte d'esclaves, on ne pourrait opposer de digue à ce torrent qu'au moyen de la population libre des hommes de couleur et des noirs. Il est donc important de les attacher définitivement aux blancs par un intérêt commun.

Il est une autre exclusion des Nègres, mais jusqu'ici ils s'en accommodaient fort : ils ne pouvaient servir dans aucun régiment de ligne, et n'entraient que dans les corps exclusivement créés pour eux. Par là ils échappaient aux abus et aux vexations sans nombre, auxquels le service militaire expose les autres habitans, qu'on y contraint par toute espèce d'extorsions. Il y a au Brésil trois régimens de Nègres : soldats et officiers, tous sont des noirs. Par leur discipline et par leur bonne tenue ils se distinguent de toutes les autres troupes, et la plus parfaite union règne entre les soldats et les officiers. Ces régimens portent le nom d'Henriquez, en commémoration de Henriquez, général nègre, qui s'acquit une gloire immortelle dans l'histoire du Brésil par sa valeur dans la guerre de Fernambuc, soutenue contre les Hollandais pour la liberté.

VOYAGE PITTORESQUE
DANS LE BRÉSIL.

MŒURS ET USAGES DES NÈGRES.

Ce que nous avons dit dans les cahiers précédens sur l'état des esclaves au Brésil, fait connaître assez qu'ils ne sont pas aussi malheureux qu'on se l'imagine généralement en Europe. Peut-être même y a-t-il lieu de craindre que notre pensée n'ait été mal saisie; en effet, notre impartialité pourrait avoir donné des idées trop favorables de l'esclavage à ceux qui ne jugent que d'après les impressions des sens, ou à ceux qui ne voient qu'un côté des choses. Il ne serait pas impossible que ce que nous en avons dit les eût même rangés parmi les défenseurs de l'esclavage. Il est beaucoup d'Européens qui, une fois venus dans le pays, trouvent qu'on dépeint de couleurs fort exagérées la situation des esclaves; et tout aussitôt ils changent d'idée et deviennent des esprits forts. Ce qui contribue beaucoup à rendre la position des esclaves tolérable, c'est que les Nègres, semblables aux enfans, jouissent de l'heureuse faculté de goûter les plaisirs du moment sans éprouver aucun souci du passé ni de l'avenir; et il faut très-peu de chose pour les jeter dans une joie poussée jusqu'à l'étourdissement et l'ivresse.

On dirait qu'après les travaux de la journée les plaisirs les plus bruyans produisent sur le Nègre le même effet que le repos. Dans la soirée il est rare de voir plusieurs esclaves assemblés sans que leurs groupes s'animent par des chants et des danses; l'on a peine à croire qu'ils aient pendant toute la journée exécuté les ouvrages les plus pénibles, et l'on ne peut se persuader que ce sont des esclaves qu'on a sous les yeux.

La danse habituelle des Nègres est la *Batuca*. Dès qu'il y en a quelques-uns d'assemblés, l'on entend des battemens de mains cadencés; c'est le signal par lequel ils s'appellent et se provoquent en quelque sorte à la danse. La *Batuca* est conduite par un figurant; elle consiste en certains mouvemens du corps, qui peut-être sont trop expressifs; ce sont surtout les hanches qui s'agitent : tandis que le danseur fait claquer sa langue, ses doigts, et s'accompagne d'un chant assez monotone, les autres forment cercle autour de lui et répètent le refrain.

Une autre danse nègre, très-connue, est le *Zandu*, usité aussi chez les Portugais;

elle est exécutée au son de la mandoline par un ou deux couples : peut-être le *Fandango* ou le *Bolero* des Espagnols n'en est-il qu'une imitation perfectionnée.

Il arrive souvent que les Nègres se livrent à ces danses pendant des nuits entières sans interruption ; aussi choisissent-ils de préférence les samedis et les veilles de fêtes.

Il faut aussi parler ici d'une sorte de danse militaire : deux troupes armées de perches se placent en face l'une de l'autre, et l'habileté consiste pour chacun à éviter les coups de pointe que son adversaire lui porte. Les Nègres ont encore un autre jeu guerrier, beaucoup plus violent, le *Jogar capoera* : deux champions se précipitent l'un sur l'autre, et cherchent à frapper de leur tête la poitrine de l'adversaire qu'ils veulent renverser. C'est par des sauts de côté, ou par des parades également habiles qu'on échappe à l'attaque ; mais en s'élançant l'un contre l'autre, à peu près comme les boucs, ils se heurtent quelquefois fort rudement la tête : aussi voit-on souvent la plaisanterie faire place à la colère, si bien que les coups et même les couteaux ensanglantent ce jeu.

Mais une réjouissance à laquelle les Nègres attachent beaucoup de prix, c'est l'élection du roi de Congo. Nous ne pourrions en donner une meilleure description que celle qui se trouve dans l'excellent ouvrage de *Koster* sur le Brésil[1]. Qu'il nous soit donc permis de la transcrire textuellement : « Au mois de Mai les Nègres célébrèrent
« la fête de *Nossa Senhora do Rosario*. C'est dans cette occasion qu'ils ont coutume
« d'élire le roi de Congo, ce qui a lieu quand celui qui était revêtu de cette dignité
« est mort dans l'année, quand une raison quelconque lui a fait donner sa démission,
« ou bien, ce qui arrive quelquefois, quand il a été détrôné par ses sujets. On permet
« aux Nègres du Congo de se donner un roi et une reine de leur nation, et ce choix
« peut tomber aussi bien sur un esclave que sur un affranchi. Ce prince exerce sur
« ses sujets une sorte de puissance qui prête beaucoup à rire aux Blancs ; elle se
« manifeste surtout dans les fêtes religieuses des Nègres, par exemple dans celle de
« leur patronne spéciale, *Nossa Senhora do Rosario*. Le Nègre qui occupait cette
« dignité dans le district d'Itamarca (car chaque district a son roi), voulait déposer
« sa couronne à cause de son grand âge, et pour cette raison l'on avait élu un nou-
« veau roi, c'était un vieil esclave de la plantation *Amparo*; mais la vieille reine
« n'avait pas l'intention d'abdiquer : elle demeura donc en possession de sa dignité.

« Le Nègre qui devait être couronné dans la journée, vint de bon matin chez le

---

[1] De tous les ouvrages qui ont paru sur le Brésil, il n'y en a aucun qui l'emporte sur celui de *Koster* par sa richesse en excellentes observations sur les mœurs et l'état de la société.

« curé pour lui offrir l'hommage de sa vénération. *Fort bien, seigneur,* répondit
« celui-ci sur le ton de la plaisanterie; *je serai donc aujourd'hui votre aumônier.*
« A onze heures je me rendis à l'église avec l'aumônier, et bientôt nous vîmes arriver
« une foule de Nègres au son des tambours et drapeaux déployés; hommes et femmes
« portaient des vêtemens des couleurs les plus voyantes qu'ils avaient pu trouver.
« Quand ils se furent approchés, nous distinguâmes le roi, la reine et le ministre
« d'État. Les premiers de ces personnages portaient des couronnes de carton recou-
« vertes de papier d'or. Le roi avait un habit vert, un gilet rouge, un pantalon jaune;
« le tout selon la forme la plus antique. Il tenait en main un sceptre de bois doré. La
« reine avait une très-vieille robe de cérémonie, en soie bleue. Quant au pauvre
« ministre d'État, il pouvait se vanter de briller de tout autant de couleurs que son
« maître; mais il n'avait pas été aussi heureux dans le choix de ses vêtemens : le pan-
« talon était à la fois trop étroit et trop court, tandis que le gilet était d'une longueur
« démesurée. Les frais de la cérémonie devaient être supportés par les Nègres : on
« avait donc dressé dans l'église une petite table, à laquelle étaient assis le trésorier
« et quelques autres employés de la confrérie noire *do Rosario* (du rosaire), et ils
« recevaient les dons des assistans dans une sorte de boîte destinée à cet effet. Mais
« les offrandes étaient maigres et rentraient lentement, beaucoup trop lentement
« au gré du curé, car l'heure de son dîner avait sonné. Aussi le vit-on s'avancer
« avec impatience vers le trésorier, en lui protestant qu'il ne procéderait pas à la céré-
« monie que tous les frais ne fussent couverts; et tout aussitôt il apostropha les Nègres
« qui l'entouraient, leur reprochant leur peu de zèle à contribuer à la solennité.
« A peine eût-il quitté ce groupe, qu'il s'éleva entre les Nègres qui le composaient
« une suite de contestations et d'altercations, accompagnées des gestes et des expres-
« sions les plus comiques, mais elles n'étaient pas précisément conformes à la sainteté
« du lieu. Enfin on s'entendit. Leurs Majestés noires s'agenouillèrent devant la ba-
« lustrade de l'autel et le service divin commença. La messe terminée, le roi devait
« être solennellement investi de sa dignité; mais le curé avait faim, et sans scrupule il
« abrégea la cérémonie : il demanda donc la couronne, et la prenant, se dirigea vers
« la porte de l'église, où le nouveau roi vint au-devant de lui et se mit à genoux. Le
« curé lui posa la couronne sur la tête, lui mit le sceptre à la main et prononça ces
« paroles: *Agora, Senhor Rey, vai te embora* (Maintenant, seigneur roi, décampez)!
« Il dit, et de suite courut regagner sa maison. Les Nègres partirent en poussant des
« cris de joie et se rendirent à la plantation d'Amparo, où ils passèrent le jour et
« la nuit à se livrer aux plaisirs de la boisson et de la danse. »

(28)

On s'étonnera peut-être de retrouver chez les Nègres du Brésil si peu de traces des idées religieuses et des usages qui règnent dans leur patrie; mais en cela, comme en beaucoup d'autres choses, on acquiert la preuve que pour les Nègres la traversée qui les conduit en Amérique est une véritable mort. L'excès des violences qu'ils éprouvent, anéantit presque entièrement toutes leurs idées antérieures, efface le souvenir de tous les intérêts : l'Amérique devient donc pour eux un monde nouveau; ils y recommencent une nouvelle vie. L'influence de la religion catholique est incontestable à cet égard; elle est la consolatrice du Nègre; ses ministres lui apparaissent toujours comme ses protecteurs naturels, et le sont en effet. D'un autre côté, les formes extérieures de ce culte doivent produire une impression irrésistible sur l'esprit et sur l'imagination de l'Africain. On conçoit donc qu'au Brésil les Nègres deviennent promptement de zélés chrétiens, et que tous les souvenirs de paganisme s'effacent en eux ou leur deviennent odieux.

Il ne faut pas s'étonner si, dans les colonies des autres nations, les Nègres conservent beaucoup de leurs premières idées, ou du moins s'ils n'y substituent rien de mieux. Cette absence de progrès est remarquable surtout dans les colonies anglaises, où l'on néglige, sans aucune espèce de conscience, l'éducation morale et religieuse des esclaves, où les prêtres anglicans que l'on dit si éclairés, s'accoutument à peine à regarder les Nègres comme des hommes, et ne songent pas même à sacrifier une seule des aisances de la vie pour descendre jusqu'à ces malheureux. Cela explique aussi l'influence choquante et presque incroyable que les *obeahs* ou magiciens exercent dans les colonies anglaises : on a eu occasion de remarquer aussi plusieurs traits de cette influence à l'île d'Haïti à l'époque où l'on y faisait la guerre contre les Français. Toutefois les Nègres du Brésil ne sont pas entièrement libres de ce genre de superstition. Ces magiciens y portent le nom de *Mandingos* ou *Mandingueiros*. On leur croit entre autres la puissance de manier sans danger les serpens les plus venimeux, et de préserver les autres personnes de l'effet de leur poison par leurs chants et leurs conjurations. Ces conjurations, dit-on, font sortir les reptiles de leurs retraites, et les rassemblent autour des Mandingos; elles agissent encore sur d'autres êtres venimeux ou malfaisans; et cette espèce de magie domine surtout le serpent à sonnettes. Les enchanteurs ont coutume d'apprivoiser les serpens qui ne sont pas venimeux, et l'on regarde ces animaux comme doués d'une puissance surnaturelle. L'on redoute principalement l'effet de ce qu'on appelle *mandingua*, sorte de talisman, au moyen duquel le *Mandingueiro* peut faire mourir d'une mort lente les personnes qui l'ont offensé, ou celles auxquelles il a des raisons de nuire : il peut aussi s'en servir pour les frapper d'un sort quelconque. Cette *mandingua* consiste en un grand nombre d'herbes, de racines, de terres; il y entre de plus des ingrédiens du règne animal. Le mélange s'opère sous l'empire de formules magiques; on enveloppe ces maléfices, et on les place, soit dans le lit, soit sous le lit de la personne à laquelle on en veut. On appelle aussi ces enchantemens *Feiticos*, et les initiés *Feiticeiros*. Il y en a de plusieurs espèces; par exemple, pour exciter l'amour et la haine, etc., etc. Cette superstition n'est pas particulière aux Nègres, elle règne sur toutes les classes du peuple : il serait difficile de dire si elle est d'origine africaine ou européenne; car, malgré son nom africain, ce talisman a la plus grande analogie avec des idées qui sont fort répandues en Europe depuis les temps les plus anciens. Néanmoins les *Mandingueiros* sont presque toujours des Nègres : la plupart d'entre eux joignent à cette profession la danse de corde et les tours d'adresse; ils y sont fort habiles, et il leur faut très-peu de moyens pour produire des effets étonnans. Quoique ces *Mandingos* soient pour les Noirs un objet de haine et de crainte, quoiqu'on ne les honore nullement, et que beaucoup de Nègres condamnent cette superstition comme antichrétienne, ces hommes exercent souvent une influence très-puissante sur ceux qui les environnent, au point qu'ils occasionnent quelquefois des désordres sérieux et font même commettre des crimes. Pour rétablir le repos et l'ordre dans un district, il n'y a bien souvent d'autre moyen que leur éloignement.

En général, les divertissemens des Nègres amènent des querelles, qui sont d'autant plus graves que rarement ils ont l'esprit dégagé des effets de l'ivresse, non-seulement parce qu'ils boivent immodérément, mais encore parce qu'ils supportent fort mal la boisson, et qu'il suffit d'une très-petite dose de *cachaza*, assez mauvaise espèce de rhum, pour les enivrer complétement. Tout aussitôt les couteaux sont tirés, et rien n'est plus ordinaire alors que les blessures graves et les meurtres. La punition de ces crimes et d'autres de même importance est confiée à l'autorité publique; mais comme elle entraîne fréquemment pour le maître la perte d'un esclave, qui peut subir le supplice de la perche, la déportation ou les travaux publics, il arrive assez ordinairement que le maître fait tous les efforts imaginables pour arracher l'esclave des mains de l'autorité, pour l'échanger ou le vendre furtivement, de manière à ce qu'il s'en aille dans un pays éloigné. Il y a même des colons qui profitent volontiers de ces occasions d'augmenter à bon compte le nombre de leurs esclaves, s'en reposant sur leur fermeté et sur leur courage personnel, du soin de contenir de pareils hommes. Il en résulte qu'il y a des plantations où l'on voit un assez bon nombre de Nègres dont chacun peut-être a mérité la mort, sans que cependant les autorités s'en soucient beaucoup, tant que le propriétaire croit pouvoir les gouverner. Toutefois ce sont de rares exceptions, et les colons qui font de pareilles entreprises, sont pour la plupart des hommes célèbres ou plutôt décriés par leur violence et leur audace. Il est d'autres circonstances, au contraire, où les propriétaires abandonnent à l'autorité publique la punition de leurs esclaves; cela arrive dans les cas où elle n'interviendrait pas sans en être requise : par exemple, quand l'esclave a commis une contravention ou un vol de quelque importance. Le maître alors l'envoie au village ou à la ville voisine chez le *Juiz ordinario*, qui lui fait administrer dans la prison publique cent ou deux cents coups, selon le nombre réclamé par le maître; ou bien on l'enferme autant qu'il plaît à ce maître, lequel paie les frais de la peine, qui sont proportionnés dans la taxe au nombre de coups que le Nègre a reçus, ou à la durée de son emprisonnement. Quand il s'agit de fautes graves, ces punitions sont toujours infligées avec une sorte de solennité en place publique, et en la présence des esclaves des plantations voisines. Dans les villes elles ont lieu au milieu d'un grand concours de tous les Nègres qui se trouvent dans les rues.

La fuite des esclaves est, comme on peut bien le penser, ce qui fournit le plus d'occasions à de pareilles scènes. Ordinairement ils ne s'évadent que de chez les propriétaires qui les traitent fort mal; toutefois les traitemens les plus doux n'empêchent pas ces évasions, car l'amour de la liberté est toujours très-puissant sur le Nègre, et il ne faut parfois qu'une très-petite cause pour lui faire prendre une résolution précipitée : mais le repentir parle bientôt, et ramène souvent le fugitif chez un ami de son maître; il en obtient une lettre dans laquelle on implore la grâce de celui qui rentre volontairement au logis. Quand les esclaves possèdent de quoi racheter leur liberté, et que cependant on la leur refuse, ils profitent ordinairement de la première occasion de s'évader, et il est fort difficile de s'assurer d'eux.

On pourrait croire que dans un pays comme le Brésil, il doit être presque impossible de ressaisir un Nègre fugitif : cependant il arrive bien rarement que l'esclave échappé ne soit promptement repris. On doit cette facilité avec laquelle on s'en remet en possession à l'institution des *Capitaes do Matto*. Ce sont des Nègres libres qui jouissent d'un traitement fixe, et qui sont chargés de parcourir leurs districts de temps à autre, afin de s'emparer de la personne de tout Nègre errant, et de le reconduire à son maître, ou, s'ils ne le connaissent pas, à la prison la plus voisine. La capture est ensuite annoncée par une affiche apposée à la porte de l'église, et le propriétaire est bientôt trouvé. Souvent ces *Capitaes do Matto* se servent pour leurs recherches de grands chiens qui sont dressés à cet usage. Les Nègres ont d'ailleurs à redouter les Indiens et la faim; aussi ne se déterminent-ils guères à pénétrer fort avant dans l'intérieur du pays ni à se perdre dans les forêts. Ils se tiennent donc presque toujours dans le voisinage des lieux habités : or, on ne tarde pas à s'apercevoir qu'ils sont fugitifs, soit parce qu'on les connaît, soit par cela même qu'on ne les connaît pas; enfin c'est précisément parce que le nombre des habitans est fort petit que ces évasions réussissent si rarement, bien qu'au premier aperçu cette circonstance semble devoir les favoriser. La punition d'un esclave fugitif est entièrement abandonnée à l'arbitraire du maître.

Quelquefois plusieurs Nègres s'évadent ensemble et parviennent à se procurer des armes à feu : alors ils peuvent réussir à trouver un asile dans l'intérieur des bois, à se nourrir de leur chasse et à se défendre contre les Indiens. Assez fréquemment ces hommes, appelés *Nègres des bois* (*Negros do Matto* ou *Cajambolas*) se forment en troupes plus nombreuses, exercent le brigandage sur les grands chemins et attaquent les voyageurs isolés, les *tropas*, les caravanes ou les plantations qui font le commerce de l'intérieur avec la côte. De nos jours il est rarement arrivé que ces Nègres des bois aient causé des inquiétudes sérieuses, comme celles qu'inspirent dans les colonies anglaises les *Maroons*. Les insurrections de Nègres ont été également rares au Brésil, et n'y ont jamais eu une grande importance.

Il est un fait remarquable dans l'histoire des Nègres du Brésil : c'est la fondation de la ville de Palmares au milieu du dix-septième siècle. Cent ans auparavant quelques troupes nombreuses de Nègres fugitifs s'étaient réunies aux environs de Porto-Calvo dans la province de Pernambuco, et y avaient formé un établissement; mais ils furent bientôt repoussés par les Hollandais, qui occupaient alors Pernambuco. Cela n'empêcha pas qu'en 1650 il ne s'élevât encore dans la même contrée un établissement de Nègres fugitifs sous le nom de *Palmares*. Ils enlevèrent toutes les femmes dont ils purent s'emparer, soit qu'elles fussent blanches soit qu'elles fussent de couleur, et bientôt leur nombre s'accrut tellement que les colons des provinces voisines jugèrent plus prudent de traiter avec eux pour se préserver de leurs rapines, que d'avoir recours à la violence pour les expulser. De la sorte ces Nègres parvinrent à se procurer des armes et d'autres marchandises d'Europe en échange des produits des forêts et de leurs propres plantations, et peu à peu l'agriculture et l'industrie vinrent remplacer un genre de vie consacré au brigandage. Après la mort de Hombé, leur premier chef, ils s'organisèrent en royaume électif. Leur religion était un mélange de christianisme et de leur ancien fétichisme. Après cinquante ans d'existence la population de *Palmares* s'était accrue jusqu'au nombre de 20,000 habitans. Un abbatis protégeait la ville, dont le pourtour était fort vaste, les maisons étaient disséminées et entourées chacune des plantations du propriétaire. Ces progrès excitèrent enfin les inquiétudes du gouvernement portugais. En 1696 les gouverneurs généraux de Bahia et de Pernambuco, Joao de Lancastro et Gaetano Mello, se réunirent pour faire de concert une expédition contre *Palmares*. Une armée de 1000 hommes attaqua la ville, mais elle manquait d'artillerie et fut repoussée. On ne réussit à battre les Nègres que quand il fut arrivé des renforts et de la grosse artillerie. La ville fut prise et détruite; on réduisit en esclavage les femmes, les enfans et tout ce qui avait pu échapper au carnage du champ de bataille. Le chef des Nègres et ses compagnons préférèrent la mort à l'esclavage : ils se précipitèrent tous du sommet d'une roche qui s'élevait au-dessus de leur ville.

PRAYA RODRIGUES
Prs de Rio de Janeiro

RIO JANEIRO.
dans la Baie de Rio de Janeiro.

FORÊT VIERGE PRÈS MANQUETIRA,
dans la province de Rio de Janeiro.

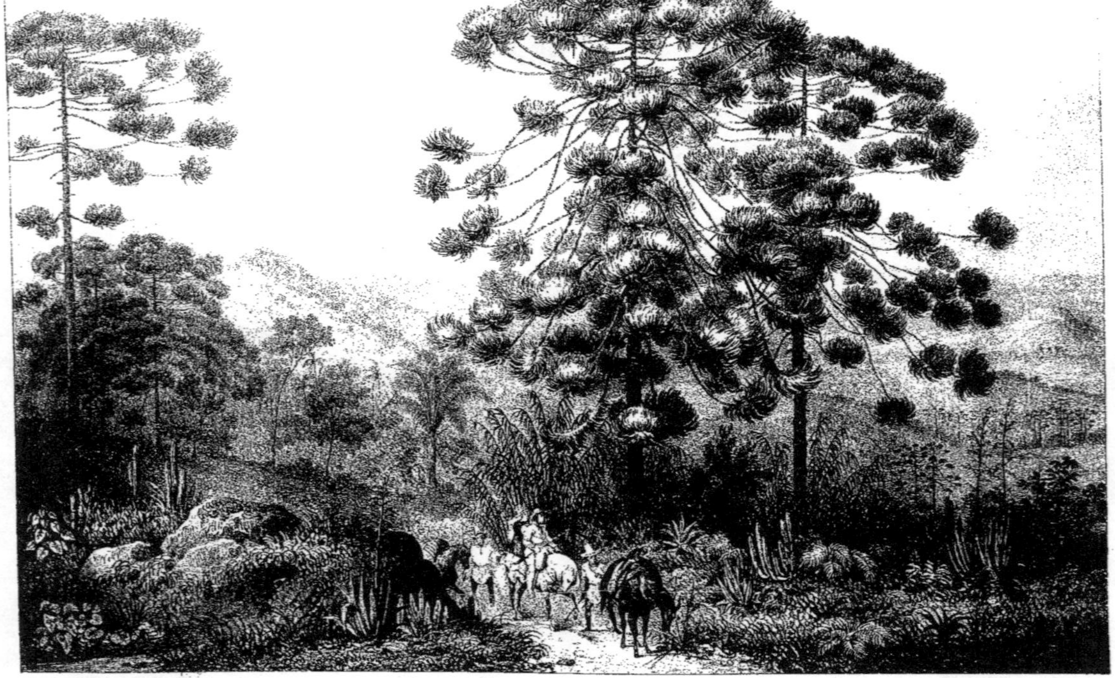

Bichebois l.t. fig. par V. Adam (R.R.) — dess. d'ap. nat. par Rugendas. — lith. de Engelmann Rue Louis le Grand N° 27 à Paris.

SERRA OURO-BRANCO.

dans la province de Minas Geraës.

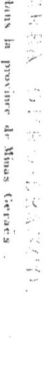

CAMPOS AUX BORDS DES RIO DAS VELHAS,
dans la province de Minas Geraes.

VUE DE RIO JANEIRO,
prise de la Rade.

VUE DE RIO-JANEIRO
prise de l'Arguedor

VUE DE RIO-JANEIRO,
prise près de l'Église de Notre-Dame de la Gloire.

BOTA-FOGO.

CASCADE DE TIJUCA.

SERRA DAS ORGÃAS.

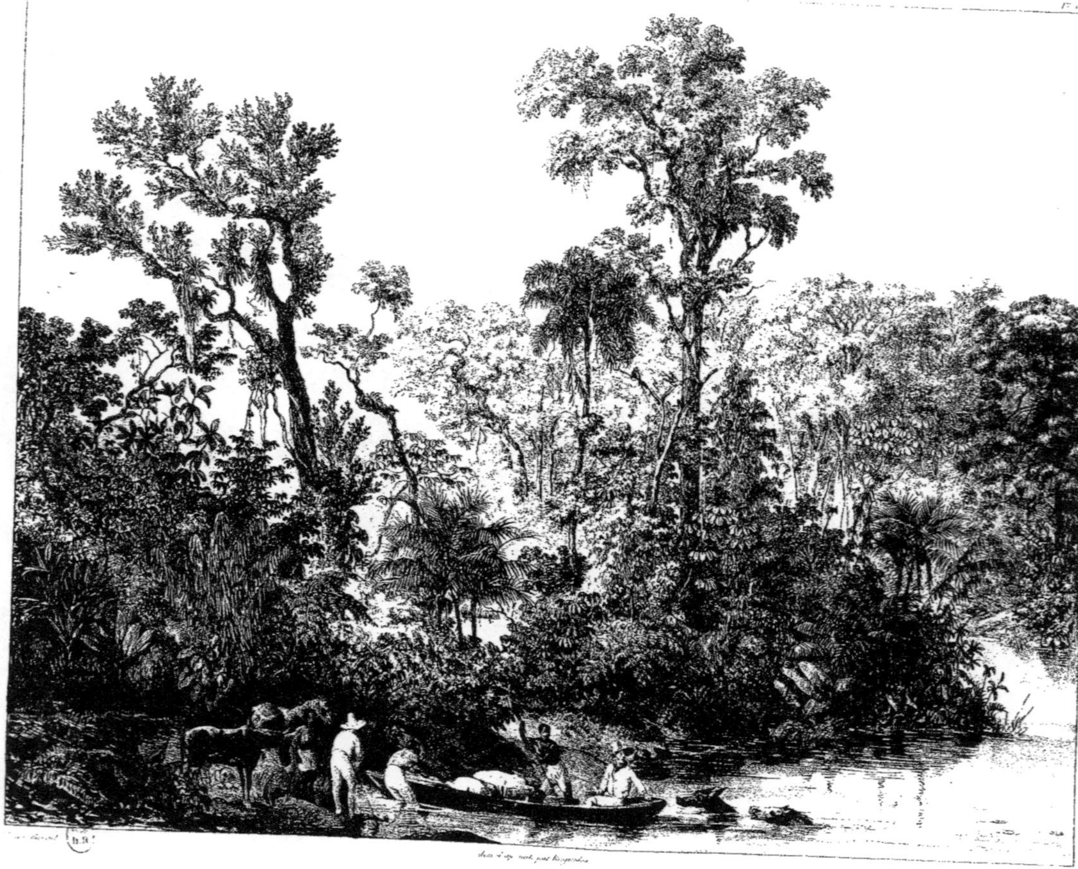

Dessiné d'ap. nat. par Rugendas

RIO PARAHYBA

RIO PARAHYBUNA.

Vue prise près Campêche.

près St Jean el El Rey.

VILLA RICA.

VILLA RICA.

SABARÁ.

CAPE ATLAS.

1re Div

Pl. 25

Dessiné d'ap. nat. par Rugendas

Lith. de Thierry Frères succ. de Engelmann et Cie

Joly lith.

CAMPOS.

EMBOUCHURE DE LA RIVIÈRE CAXOERA.

SAN-SALVADOR.

ILHA DOS PINS.

VUE PRISE SUR LA CÔTE PRÈS DE BAHIA

VUE D'OBINDA.

Botocudos.

2ᵉ Div. Pl. 2.

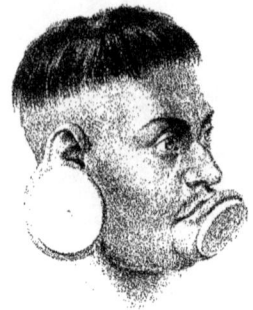
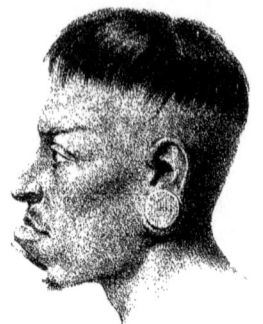
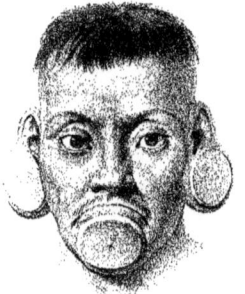

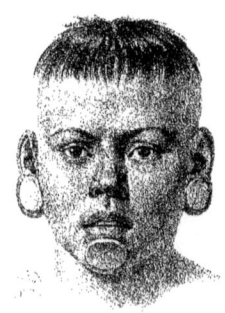

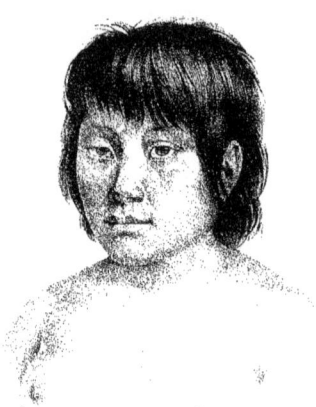

2.º Div. 		 					 			 		 	 IV.5.

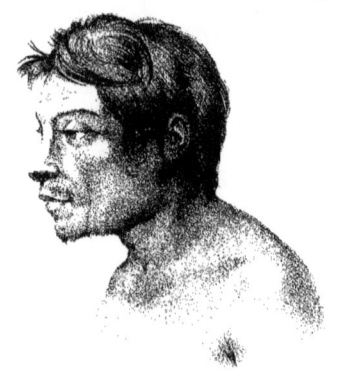

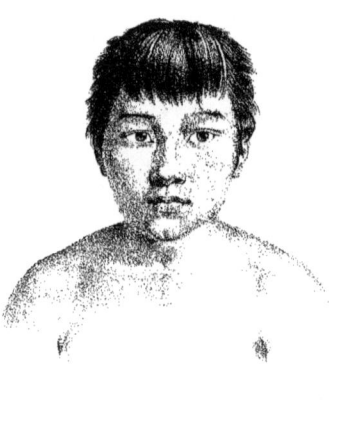

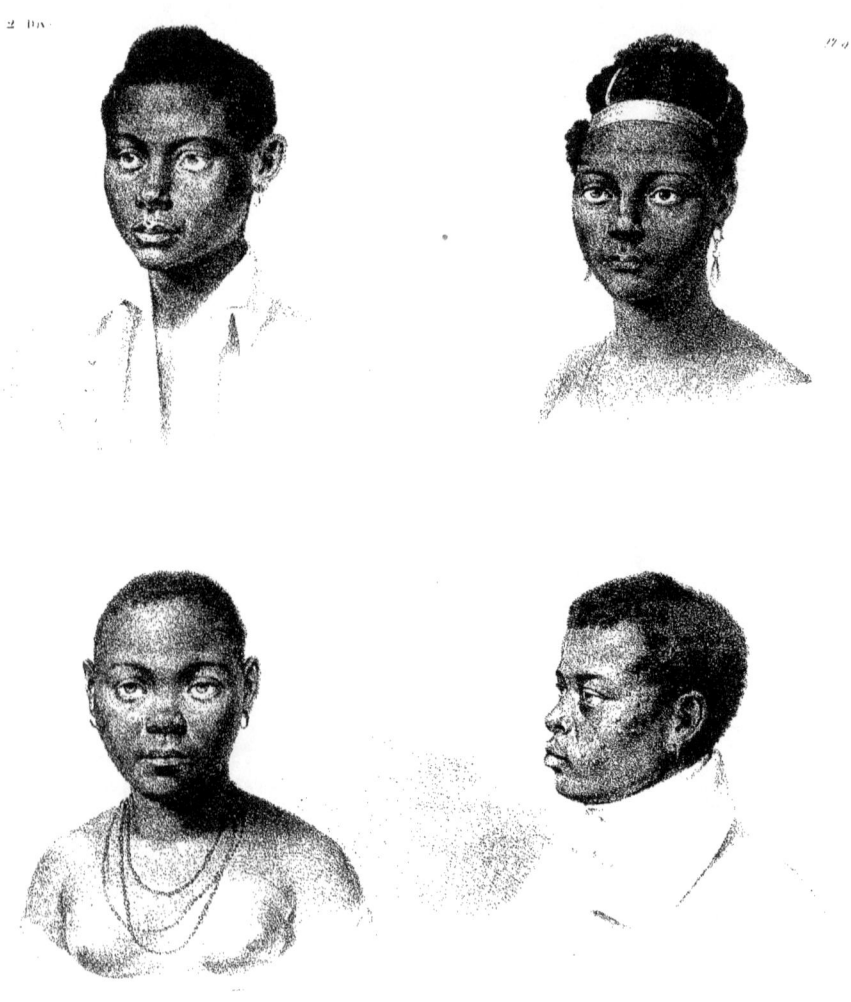

2.º Div.

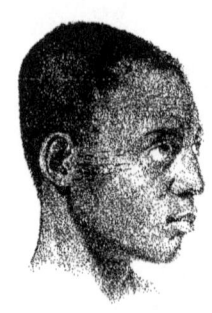

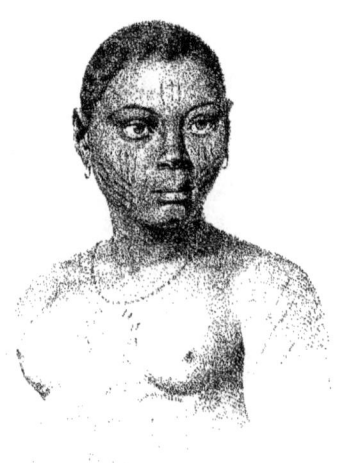

NEGROS NOVOS

2.ᵉ Div. Pl. 15. 13.

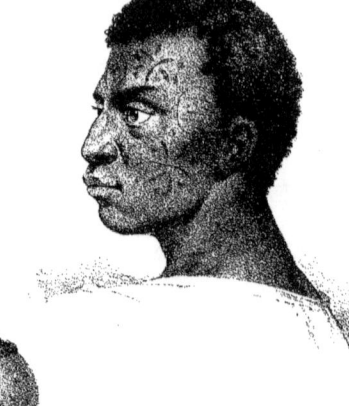
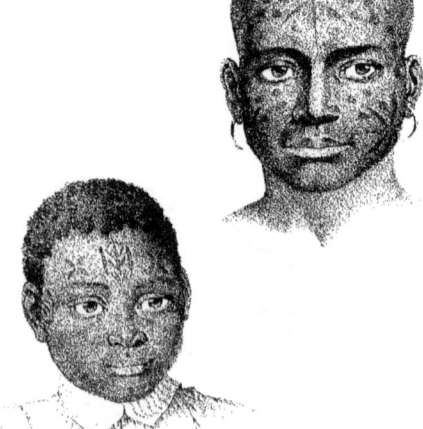
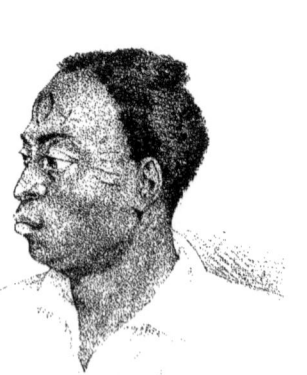

BENGUELA.

ANGOLA.

CONGO.

MONJOLO.

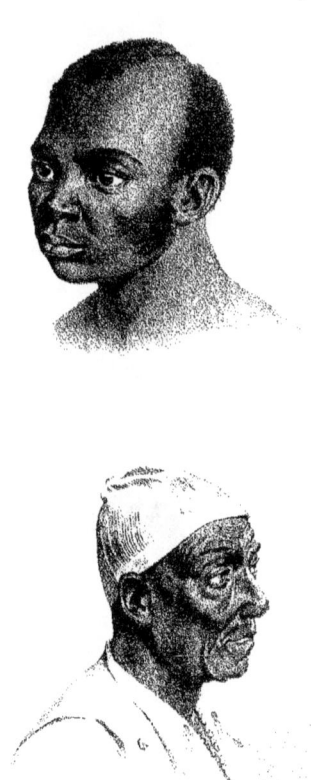

CRÉOLES

COSTUMES DE RIO JANEIRO.

COSTUMES DE SAN PAULO.

HABITANS DE MINAS.

HABITANS DE GOYAZ.

COSTUMES DE BAHIA.

RENCONTRE D'INDIENS AVEC DES VOYAGEURS EUROPÉENS.

BRAZ DOS ESCRAVOS
a Rio-Janeiro.

VUE PRISE DEVANT L'ÉGLISE DE SAN-BENTO
à Rio Janeiro.

RUE DROITE
à Rio Janeiro.

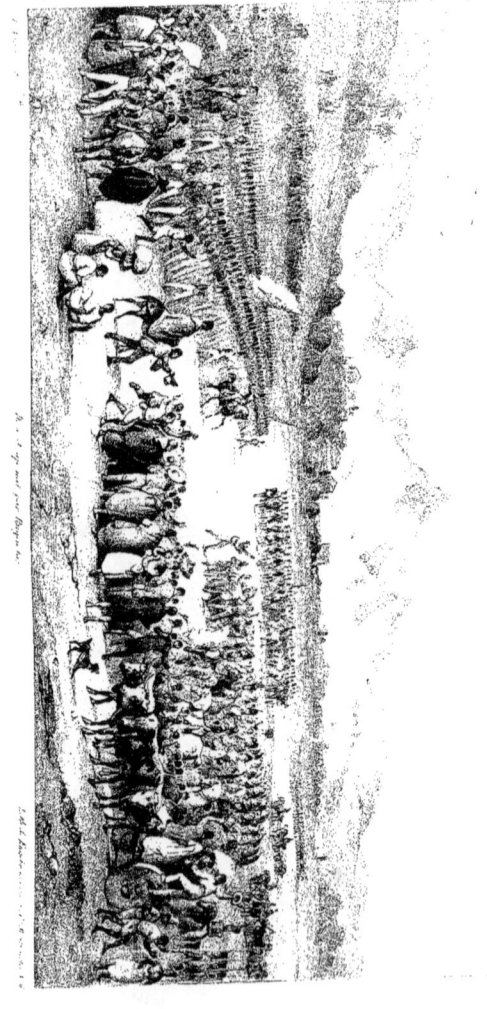

LAGOA DAS TREEAS.

REPOS D'UNE CARAVANE.

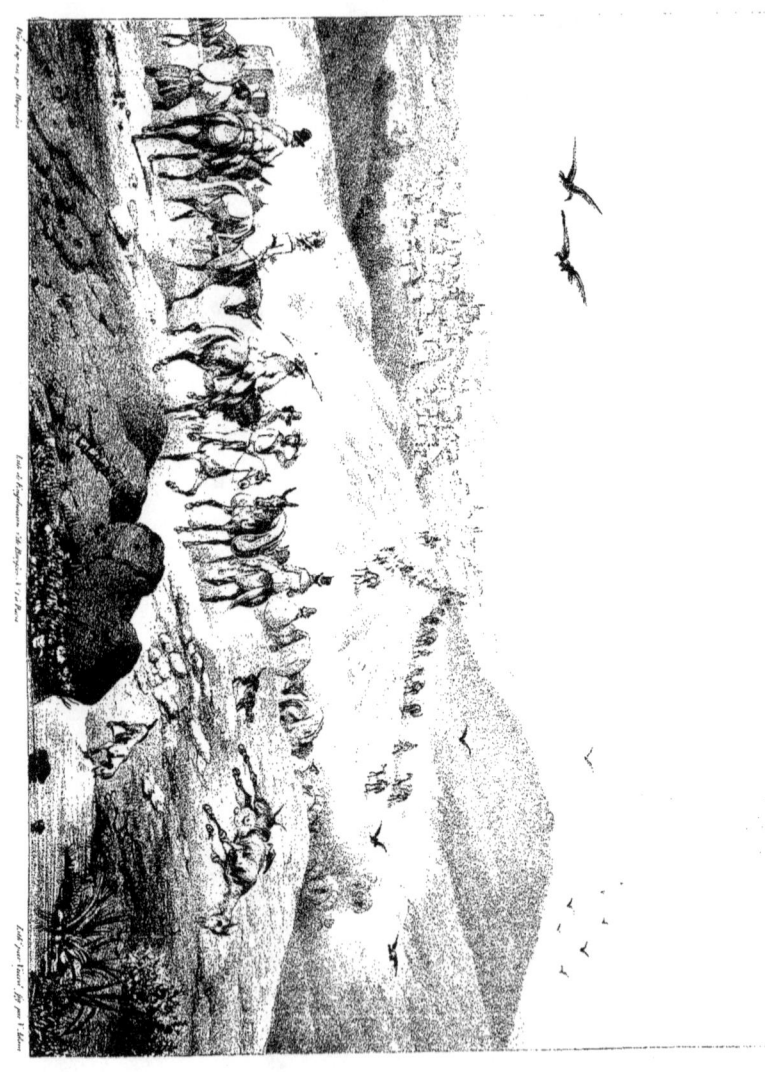

CONVOI DE DJIAMA'S PASSANT PAR CAIÈTE

près de la montagne Ravalami.

COLONIE EUROPÉENNE PRÈS DE TILLÉON

PLANTATION CHINOISE DE THÉ,
dans le Jardin Botanique de Rio-Janeiro.

HOSPICE DE N.S. DA PIEDADE A BAHIA

VENTA A REZIFFE.

MESSE DANS L'EGLISE DE N.S. DE CANDELARIA A FERNAMBOUC

INDIENS FRICHES.
Côte des Ilhéos.

EMBARKMENT.

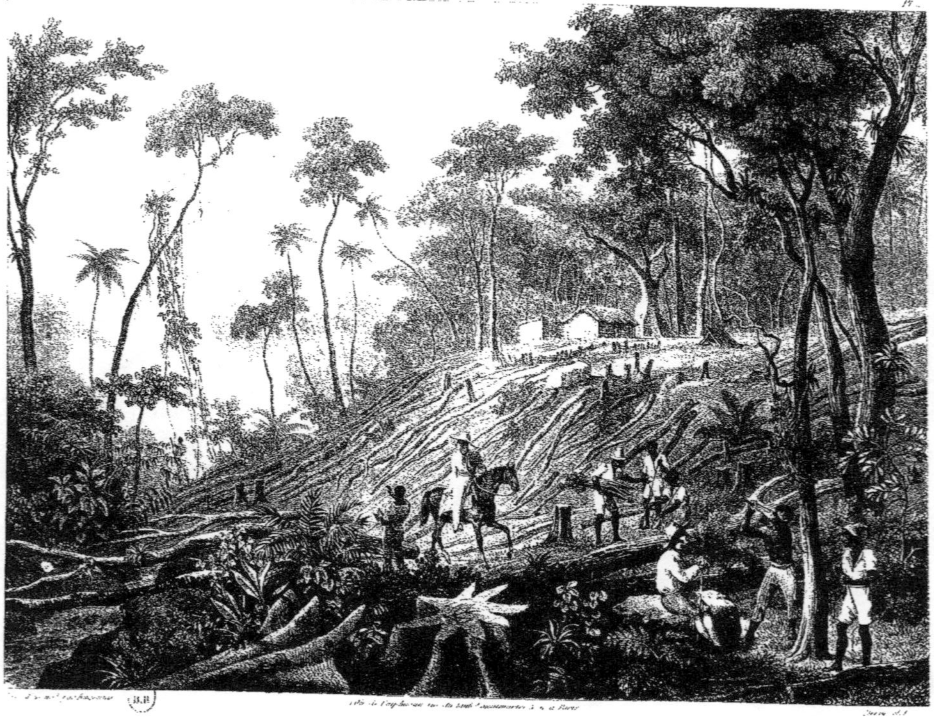

DÉFRICHEMENT D'UNE FORÊT.

BROSSES À STOCKS.

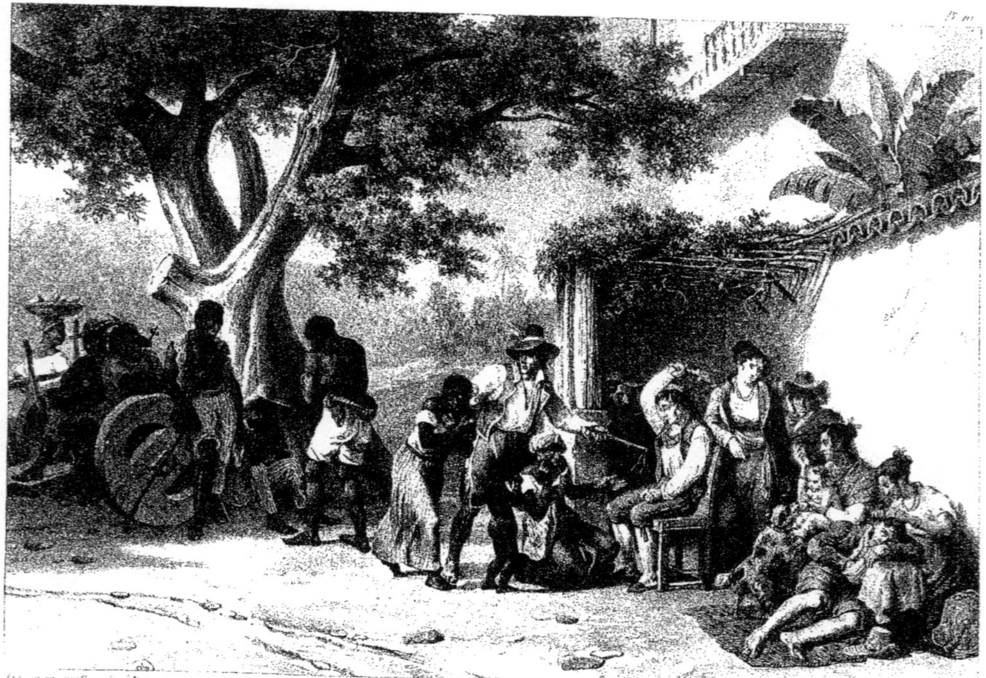

CHÂTIMENS DOMESTIQUES.

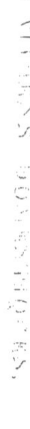

BLANCHISSEUSES À RIO JANEIRO.

PORTEURS D'EAU.

PUNITIONS PUBLIQUES
sur la Place Ste Anne.

CTAM TAPORA,
ou danse de la guerre.

FÊTE DE STE ROSALIE, PATRONE DES NÈGRES.

ENTERREMENT D'UN NEGRE
a Bahia.

www.ingramcontent.com/pod-product-compliance
Lightning Source LLC
Chambersburg PA
CBHW050302170426
43202CB00011B/1787